W.F. NIETZSCHE

*

ZERDÜŞT BÖYLE DİYORDU

Herkesin ve Kimsenin Kitabı

Varlık Yayınları, Sayı: 974
On Üçüncü Basım: Ocak, 2008

ISBN 978-975-434-027-3

Dizgi ve Ofset Hazırlık: Varlık Yayınları A.Ş.
Baskı: Kurtiş Matbaacılık, İstanbul

VARLIK YAYINLARI A.Ş.
Piyerloti Cad. Ayberk Apt. 7-9
Çemberlitaş 34400 İstanbul
Tel: 212-516 20 04 – Faks: 212-516 20 05
E-posta: varlik@varlik.com.tr
http://www.varlik.com.tr

Ağustos 2005
idil

FRIEDRICH WILHELM NIETZSCHE

Zerdüşt Böyle Diyordu

(Also Sprach Zarathustra)

Türkçesi:
OSMAN DERİNSU

Ord. Prof. Suut Kemal Yetkin'in önsözüyle

VARLIK

Sevgili eşim Semiha'ya
emeğim armağanım olsun...
O.D.

Şair-filozof Nietzsche'yi ve bu eşsiz eserini, ilk kez, bundan otuz dokuz yıl önce *Büyük Mustaripler* adlı kitabından tanıyıp öğrendiğim, değerli hocam, üstadım ve aziz dostum Ordinaryüs Profesör Suut Kemal Yetkin'e, kıymetli teşviklerinden ve yardımlarından dolayı, sevgi ve saygıyla teşekkürlerimi sunarım.
O. D.

İÇİNDEKİLER

ÖNSÖZ

FRIEDRICH NIETZSCHE

(5 Ekim 1844 – 25 Ağustos 1900)

Osman Derinsu'yu Siyasal Bilgiler Fakültesi'nin bir öğrencisi iken tanıdım. Bugün çok sevdiğim sayılı dostlarımdan biridir. Gençliğinde okumasını pek severdi. Aranda yıllar geçti, birçok dış ülkede bulundu. Büyükelçi oldu, ama okumayı bırakmadı.

Sayın Yaşar Nabi Nayır'ın Varlık Yayınları okuyucularına sunduğu şu ölmez kitabı, Almanca aslı ile İngilizce ve Fransızca çevirilerini karşılaştırarak, büyük bir titizlikle dilimize kazandırması, Derinsu'nun yalnız düşünceye değil, sanata ve edebiyata da nasıl içten bağlı olduğunu gösterir. İlk gençlik yıllarımda yazmış olduğum, 1931 yılında Muallim Ahmet Halit Yayınları arasında çıkmış olan *Büyük Mustaripler*'i (Schopenhauer, Nietzsche, Tolstoy) okuduktan sonra Nietzsche'yi sevdiğini, o zamandan beri, özellikle *Zerdüşt Böyle Diyordu*'yu elinden bırakmadığını kendisi anlatır. İşte, okuyacağınız bu gerçekten başarılı çeviri, böyle tükenmez bir sevginin sonucudur. Dürtü benden geldiğine göre, bu ölmez eseri okuyuculara sunmak da bana düşerdi sanırım.

İşte bu ödevi şimdi yerine getiriyorum.

Her gerçek düşünür gibi Nietzsche'nin yaşamı düşüncelerinin tarihidir, düşünceleri de yaşamının yankılarıdır. Öyleyse ilkin filozofun yaşamını görelim.

YAŞAMI

15 Ekim 1844'te Leipzig'e yakın Roecken kasabasında dünyaya geldi. Okul öncesi yıllarını beş yaşına kadar, gülmesini bilmeyen asık suratlı bir Protestan papazı olan babasının mutsuz çevresinde, dokuz yaşına kadar da sofu kadınların denetiminde geçirdi. İlkokulu bitirdikten sonra, Fichte'nin,

Schelling'in yetişmiş olduğu ünlü Pforta Koleji'ne verildi. Karanlık duvarlar arasında geçen bu disiplinli öğrenim yıllarında Nietzsche, Grekçe ile Latinceyi su gibi öğrendi, güzel ve akıcı bir Almanca ile yazmasını başardı. Bunlara, musikiye olan tutkunluğunu, daha dokuz yaşındayken, geç saatlere kadar piyanosunun başından ayrılmayarak, gecenin sessizliğine bestelerinin seslerini de akıttığını eklersek, onun çocukluk ve ilkgençlik yıllarını özetlemiş oluruz. Ama Nietzsche, müzisyen olmadı. O, daha bu yaşlarda hep veya hiçin adamı olarak görünüyordu. Musikide sıradan bir kişi olmaktansa hiç olmamayı daha uygun buldu. Bunlarda olağanüstü hiçbir yön yok, diyeceksiniz, doğru, her çalışkan öğrencinin birbirini izleyen okul yılları az çok Nietzsche'ninkilere benzer. Ama ortaöğrenim bitip de (1864) Bonn Üniversitesi'ne girince durum değişir. Klasik filoloji profesörü Ritschl'in dersleri dışında hiçbir ders onu ilgilendirmez. Bu hocanın yöntemi, canlı anlatışı, ona yeni bir dünyanın kapılarını açtı. Bu etki, onu baba yolundan saptıracak kadar kuvvetli oldu ve kendisini filolojiye yöneltti. Öyle ki, haksızlıklara uğrayan Ritschl, Bonn Üniversitesi'nden Leipzig'e gidince, Nietzsche de onu izledi. Bu gerçek bilim adamının yönetiminde, filolojinin yalnız edebiyat biçimlerini inceleyen bir tarih değil, aynı zamanda sosyal kurumları ve düşünceleri de kapsayan bir bilim olduğunu, bu bilimi kavrayacak ve kısa zamanda özgün çalışmalar yapacak kadar öğrendi.

Nietzsche bu alandaki öğrenimini tamamladığı sıralarda, Basel Üniversitesi bir filoloji profesörü arıyordu; hoca, bir tez hazırlatmaksızın, ona doktor unvanını verdirdi. Onu bilim dünyasına bir dâhi diye tanıttı. Böylece Nietzsche, daha 24 yaşındayken, Basel Üniversitesi'ne, klasik filoloji profesörü olarak atandı ve bu kürsünün başında tam on yıl kaldı (1869-1879). Haftada 6 saat olan dersleri büyük ilgi topladı. Bu arada ünlü, Rönesans sanatı tarihçisi Jakob Brükhard'la, özellikle Lucerne yakınlarında, Tribschen'e yerleşmiş bulunan Richard Wagner'le yankı ilişkiler kurdu. Görüldüğü gibi, Nietzsche, dostlarını kendi yaşdaşları arasından değil, zamanın kır saçlı bilginleri ve sanatçıları arasından seçiyordu. Hiç kuşkusuz bunun nedeni, başkalarının yaşlılıklarında kazandığı olgunluğu böyle çok genç bir yaşta kazanmış olmasıdır. Nietzsche'nin giyinişinde bile, yaşlılara özgü, saygı uyandıran bir hava vardı.

Ünü yükselen Wagner, sonradan evleneceği, Liszt'in kızı Cosima ile birlikte, bu güzel yerde yaşıyordu. Nietzsche ise görünüşte durgun, ama derinliklerinde fırtınalar çağlayan, yalnızlıklardan gelmiş bir insandı. Böyle bir kişinin, aradığı kadını bulunca ona çılgınca tutulmasından daha doğal ne olabilirdi? İşte, gönül verdiği erkekle yaşamak için, her şeyi bırakan ve hiçbir kural tanımayan bu zeki ve ateşli kadına Nietzsche ilkin hayran, sonra da çılgınca âşık oldu. Ama bu tutkusunu hiç belli etmedi, içine kapadı. Ancak bilinci kısıldıktan sonradır ki Cosima adı Ariane olacak ve ona "Ariane, seni seviyorum!" diye mektuplar yazacaktır.

İkinci tutkusu da birincisi gibi oldu. 1882 yılında Lou Salomé adında, çok akıllı, çok güzel Finlandiyalı genç bir kızla tanıştırdılar onu. Nietzsche'ye düşlerinin kadını olarak, yaşamını bağlayabileceği tek varlık olarak göründü bu genç kız. Birkaç hafta hep birlikte bulundular, koruluklarin yalnızlığında dolaştılar. Ama Nietzsche'nin başını döndüren bu sevgi Lou'yu korkuttu mu nedir, genç kız hayır deyince, serüven de sert bir biçimde son buldu. Bu ilişkinin böyle ansızın kopmasında, dul kalan Elisabeth'in kıskançlıklarını ileri sürenler de olmuştur. Ama hangi nedenle olursa olsun, filozofu üç defa yaşamına kıyacak kadar umutsuzluğa boğan bu son olay, gururunu derinden yaralamıştı. Duyduğu acı, zamanla öfkeye dönüştü. Onun; "Bir kadını görmeye mi gidiyorsun? Kırbacını almayı unutma!" sözünde, bu öfkenin payı büyük olsa gerek.

İnsanın acı günlerinde mutlu günlerini anımsaması kadar acı bir şey olamaz. Nietzsche, Lou Salomé ile mutlu aydın günler yaşadığı yerleri görmemek için kaçtı. İtalya'ya sığındı. O zamanlar pek bilinmeyen küçük bir kasabaya, Cenova yakınındaki Rapallo'ya yerleşti. İşte Zerdüşt'ün burada, yanından geçtiğini sonraları yazacak olan Nietzsche, *Zerdüşt Böyle Diyordu*'nun ilk bölümünü on gün içinde bu kasabada yazdı ve Zerdüşt düşüncelerinin sözcüsü oldu. Bunlardan ileride söz edeceğim için şimdilik geçiyorum. Yalnız şu kadarını belirtmek isterim ki Nietzsche'nin düşüncelerini, onun tutkularından, iç ayaklanmalarından, hastalıklarından, coşkunluklarından ayırmaya hiçbir olanak yoktur. Felsefede salt doğruyu arayanlar, okumasınlar Nietzsche'yi! Aradıklarını bulamazlar. O yalnız kendi doğrusundan söz etmektedir. Doğru, insan dışında var olup da öğrenilmesi gereken bir şey değildir. Tam tersine, yorulmak bilmeksizin yaratılması gereken bir şeydir. Bu bakımdan filozofla sanatçı arasında bir ayrıcalık da yoktur.

Basel yıllarında Nietzsche, bütün varlığı ile Wagner'in musikisine, müzikal dramına kendisini öylesine kaptırmıştı ki, üniversitede bir sömestresini, musiki ile Yunan tragedyasının ilişkilerine ayırdı. Bu konuda verdiği dersler, *Tragedyanın Doğuşu*'nu (1872) oluşturdu. Bu kitap eleştirmenlerince iyi karşılanmadı. Ne var ki, Wagner'ciler onu göklere çıkardı. Bir süre sonra Bayreuth'e gitmek üzere Trileschon'den ayrılacak olan Wagner çifti, onu kutlamadan gitmediler. Ama bütün bunlar Nietzsche'yi sevindirmedi; çünkü o, Wagner'cilerin çizdikleri çevre içinde kalacak insanlardan değildi. Gerçi Bayreuth Tiyatrosu'nun temel atma töreninden sonra Wagner'in yönettiği tek konserde hazır bulundu; Munich'de "Tristan ve Isolda"nın ilk temsilinde şiddetli bir heyecan duydu ise de yalnız Wagnerizmin şampiyonu olarak görünmek istemiyordu. Kendisinin de söyleyecek sözü vardı. İçinde bu çatışmalar olurken, baş ağrıları da saatlerce sürüp gidiyor, biraz şiddetli ışığa karşı aşırı duyarlık, onu yarı karanlıkta çalışmaya zorluyordu. Dinlenmesi için sağlığına elverişli bir yer bulması gerekmekteydi. Sık sık kesmek zorunda kaldığı derslerine başladı O kadar ki Basel Üniversitesi onu bir yıl izinli saydı. Sağlık durumunun kötülüğüne rağmen "Nibelungen"in temsilinde bulunmak üzere gene Bayreuth'e gitti. Ama halkın kaba coşkunluğu, Wagner'in çılgın alkışlarla azgınlaşan gururu, onu çileden çıkardı. Kız kardeşi Elisabeth'e yazdığı mektupta "Her şey, burada işkence oluyor bana," diye yakınıyordu. Bayreuth'den kaçarcasına uzaklaştı ve İtalya'da Sorrente'ye gitti. Wagner'le birkaç kez daha buluştularsa da uzlaşmalarına artık olanak kalmamıştı.

İzin süresi bitip, Basel'e derslerinin başına dönünce acıları daha da arttı. Gözleri gibi sesi de zayıflamıştı; o kadar ki ders salonunda söylediklerini hemen hemen kimse duymuyordu. Bir an geldi ki, eskiden derslerini izlemek için salonu hıncahınç dolduran dinleyiciler, ilkin azaldı, sonra da görülmez oldu. Hem hastalığı yüzünden hem kendisini kendisi olmaktan alıkoyan dersleri yüzünden, üniversiteyi bırakmayı gerekli gördü. 1879 Mart'ında bir süre daha izin aldı, iki ay sonra da işinden ayrıldı. Üniversite, emeklilik süresini daha doldurmamış olan Nietzsche'den, bir insanı rahatça yaşatacak olan bir emeklilik ödeneğini esirgemedi.

Bir yıl önce kimi özdeyişleriyle düşüncelerini bir arada toplayarak, *İnsanca, Pek İnsanca* başlığı altında, 1878'de yayımlamıştı. Bu eser ertesi yıl ikinci bir cilt, onu da 1880'de *Gezgin ve Gölgesi* izledi. Profesörlüğün yükümlülüklerinden kurtulan ve geçim kaygılarından uzak kalan Nietzsche, artık bütün zamanını eserlerine verebilecekti.

Yalnız, çalışabilmesi için her şeyden önce sağlığının iyi gitmesi zorunluydu. Bu yüzden yıllarca kentlerin gürültülerinden uzak, tam bir sessizlik ve yalnızlık içinde yaşaması gerekiyordu. Aşırı duygunluğu, vücuduna ve kafasına bir barometre niteliği vermişti. Yıllarını sağlığına elverişli iklimleri aramakla geçirdi. Onu, yaz aylarında Sils Maria'da veya Engadine'de, kışın İtalya'nın ya da Fransa'nın Akdeniz kıyılarında, baharda ise Venedik'te görüyorlardı. İşte *Tan Kızıllığı* (1880), *Şen Bilgi T-III* (1883), *Zerdüşt Böyle Diyordu I-IV* (1883-1884), *İyilik ve Kötülüklerden Öte, Şen Bilgi V, Ahlakın Kökeni* (1886), *Wagner Olayı Sahte Tanrıların Çöküşü, Wagner'e Karşı Nietzsche* (1888) bu yıllarda birbirini izledi. Ayrıca Nietzsche, çok önem verdiği bir esere çalışmakta ve durmadan notlar almaktaydı. Ama ruhsal durumu bozulunca ve iyileşme umudu kalmayınca, kız kardeşi Madame Elisabeth Förster bunları kendi keyfine göre düzenledi, yani birçok parçayı atarak kalanları birbirine ekledi ve *Gücün İradesi* adı altında, daha filozof sağken yayımladı. Bu metnin düşünce mimarisi bugün şüpheli görülmektedir. Nietzsche'nin daha aklı başındayken tamamladığı *Ecce Homo* (İşte İnsan), ölümünden sonra yayımlanmıştır.

Bütün bu eserleri sağlığında hemen hemen Alman okuyucu bulamadı. Zaten bunların çoğunu kendi hesabına bastırmıştı. Oysa yabancı memleketlerde, özellikle Viyana'da, Paris'te, Sen Petersburg'da hayranlarının sayısı kabarıyordu. Hippolyte Taine, ona yazdığı mektuplarda, görüşlerindeki özgünlüğü, uygarca cesaretini övüyordu. Georg Brandes, Danimarka üniversitelerinde onun felsefesi üzerine konferanslar veriyordu. Buna rağmen Nietzsche'yi yalnızlık gittikçe sarmaktadır. Bunun asıl nedeni, her yeni kitabının ondan bir dost ayırmış olmasıdır. İlkin filologları, sonra Wagner'i, daha sonra da gençlik arkadaşlarını kaybetti, yapayalnız kaldı. Hele Lou Salomé'den ayrılması, bu yalnızlığı daha da koyulaştırdı. Artık düşüncelerini anlatabileceği, gerektiğinde işitmeye muhtaç olduğu tek kelimeyi kendisine söyleyecek hiç kimse kalmamıştı. 1889 yılının Ocak ayında, bilincini karartan olayda sinir yıpratan aşırı çalışmaların, duygusal başarısızlıkların, tepkilerin, Alman-Fransız savaşında bir süre gezici hastabakıcılık yaparken aldığı bilinmez hastalıktan kalma dayanılmaz baş ağrılarının, kullandığı ilaçların elbette payı vardır. Ama asıl neden, son yıllarının korkunç yalnızlığı, içinin baş döndüren sessiz uçurumudur. Bu sessizlikten kurtulmak için nelere başvurmamıştı Nietzsche! Tek bir ses çıksın diye, *Ecce Homo*'da, sinir bozacak biçimde yazdıklarını mı göklere çıkarmadı? Kimse aldırmadı, ses veren olmadı. Hıristiyanlığa mı saldırmadı? Gene ses yok; ahlak değerlerini mi ayaklar altına almadı? Nefes yok! O zaman çılgın bir kahkaha yükseldi Nietzsche'nin ağzından ve kendi uçurumunun üzerinde baş döndüren bir rakstır başladı. İşte 1889 yılının Ocak ayında bu uçuruma yuvarlanıverdi Nietzsche! Gösterilen bütün çabalar boşa çıktı; artık yapacak şey kalmamıştı. Onu, Naumburg'da annesinin yanına götürdüler. Anne ölünce Weimar'da oturan kız kardeşi onu yanına aldı.

Bilincin bu can çekişmesi on bir yıl daha sürdü. Kimi anlar, iyileşeceği bile umut edildi. Kimi günler yazdıklarını da hatırlıyordu; "Güzel kitaplar yazdım değil mi?" diyordu. Gelecek günler için kuruntuları bile oluyordu; çevresindekilerle konuşmaktan hoşlanır görünüyordu. Wagner'in portresini ona gösterdiklerinde: "Wagner, onu çok sevdim," cevabını veriyordu. Bir gün bu eşsiz zekânın çöküşü karşısında gözyaşlarını tutamayan kardeşine: "Ne diye ağlıyorsun Lizbeth, mutlu değil miyiz?" deyivermişti.

Nietzsche 1900 yılının 25 Ağustos'unda öldü. Hiçbir dini tören yapılmadan 'Roecken'deki aile mezarlığına gömüldü. Onun, son günlerini yaşadığı

Weimar'daki ev, kardeşi Elisabeth'in çabalarıyla müzeye çevrildi. Şair filozofun bütün elyazmaları, sayfa kenarları notlarla dolu kitapları, bütün anıları, özellikle sonsuzluğa bakarcasına kendi içine dalan gözleriyle insanı büyüleyen fotoğrafları bu müzede bulunmaktadır.

FELSEFESİ

Nietzsche'nin bütün felsefesi, birbirini tamamlayan şu iki tema üzerinde toplanır: Sonrasız dönüş ve Üstüninsan. Bütün yaşamı boyunca filozof bu kavramlar üzerinde durmuş, her duruşta onları biraz daha derinleştirerek açıklığa kavuşturmuştur.

Nedir bu sonrasız dönüş? 1881 yılı Ağustos ayında, Sils Maria'da bulunduğu sırada, kafasında bir alev gibi yükselen bu düşünceyi kendisi *Şen Bilgi*'de şöyle anlatır: "Eğer bir şeytan, gündüz veya gece, yalnızlığın en yalnızlığında yanına sokulup da deseydi sana: Şimdi şu yaşadığın ve yaşamış bulunduğun hayatı bir kez daha ve sayısızca tekrar tekrar yeniden yaşayacaksın ve bu yaşayışta hiçbir yenilik olmayacak. Ama her acı ve sevinç, her düşünce ve her özlem, yaşamının en küçük ve en büyük her şeyi, senin için yeniden dönüp gelecek, aynı sırada ve aynı düzende ve şu örümcek de, ağaçlar arasından görülen şu ay ışığı da, yaşadığın şu an da yeniden gelecek. Tükenmek bilmeyen varlık kum saatinin daima altı üstüne gelecek, – Sen de birlikte, ey tozların tozu."

Kafasında bu düşüncenin parlaması Nietzsche'yi öylesine sarstı ki gözyaşlarını tutamadı, gün batıncaya kadar bir kaya parçası üzerinde kendinden geçip kaldı. İşte onun felsefesi bu alt temel üzerinde kurulmuştur.

Filozof bu düşünceyi, çağdaş felsefenin kutsal kitabı sayılan *Zerdüşt Böyle Diyordu*'sunda daha canlı ve daha renkli olarak şöyle anlatır: "Şu kapıya bak, Cüce! İki yüzü var, iki yol birleşiyor burada. Daha hiç kimse sonuna kadar izlemedi onları. Arkamızdaki şu uzun yol bir sonrasızlık kadar sürer; önümüzdeki şu uzun yol da başka bir sonrasızlık! Birbirine karşıttır bunlar. Ve işte burada, şu kapıda karşılaşırlar. Kapının adı yukarısında yazılı, an derler ona. Ama biri çıkıp da bu yollardan birini tutsaydı, daima daha uzağa giderek, inanır mıydın bu yolların birbirine ters düşeceğine? Cüce, yukarıdan bakarak:

"– Her doğru olan şey yalan söyler, diye mırıldandı. Her gerçeklik eğiktir, zamanın kendisi bile bir çemberdir. Yürümesini bilen her insanın, daha önce geçmiş olması gerekmez mi bu yoldan? Gelebilen her şeyin daha önce gelmiş ve geçmiş olması gerekmez mi?"

Öyle ya, evreni meydana getiren güçlerin toplamı ne azalıyor, ne çoğalıyor. Azalsaydı, bugüne kadar nice zamanlar geçtiğine göre, bu güç toplamının çoktan azalmış olması gerekirdi. Onun çoğalması da düşünülemez; çünkü dünyanın dışında, rastlantı olarak gelip ona eklenecek bir şey de yoktur. Öyleyse dünyadaki güç niceliğinin belirli ve değişmez olduğu bir gerçektir. Madem ki zaman sınırsız ve güçlerin toplamı belirlidir, zorunlu olarak öyle bir an gelecektir ki bu güçlerin meydana getireceği bireşimler ne kadar değişik olurlarsa olsunlar, kör ve doğal bir oyun, eskiden gerçekleşmiş olan bireşimleri tekrar meydana getirecektir. Evrensel evrim, sonsuzca aynı evreleri yeniden getirecek ve sonrasız olarak aynı yollardan geçecektir. Demek ki şimdi var olan bir şey, önceleri de vardı. Varlığın çerçevesi içinde daima aynı biçimler görünüyor. Öyleyse neye yarar yaşamak! Mademki her şey önceden olduğu gibi gelecektir, mademki hareketlerimizin her biri evrensel mekanizmanın bir parçasıdır ve mademki hareketlerimiz vaktiyle tekrar etmiş olduğumuz aynı hareketlerdir ve tekrar göründüğüm zaman, onları tekrarlayıp duracağım, çaba neye yarar?

Ama görünüşe aldanmamalı. Bu kuram yalnız günah korkusu içinde yaşama sırt çeviren zayıf insanlar için bir kötümserlik kaynağı olacaktır. Ama yaşamasını sevenler, yaşamaktan asil bir sevinç duyanlar için, bu kuram, coşturucu bir yasadır. Nitekim filozof bu kötümserliğin iyimserliği nasıl yarattığını, *Zerdüşt Böyle Diyordu*'nun bir bölümünde yılan alegorisiyle şöyle anlatır:

"Gerçekten orada gördüğüm şeyin bir benzerini daha hiçbir yerde görmemiştim. Gördüğüm; yerde kıvranan, hırıldayan, kasılmış, perişan yüzlü genç bir çobandı; kocaman kara bir yılan sarkıyordu ağzından.

"Bir insan yüzünde böylesine bir iğrenme, böylesine renk solduran büyük bir korku hiç görmemiştim. Yılanın boğazına aktığı sırada belki de uyuyordu çoban. Şimdi de çıkmıyor oradan. Elimle yılanı çekmeye koyuldum, boşuna çekiyordum. Onu bulunduğu yerden söküp atamıyordum. O zaman bir haykırıştır koptu içimden: 'Isır! Durma ısır onu! Başını, başını ısır!' İşte, böyle haykırdılar bende korkum, nefretim, tiksintim, merhametim, bütün iyim ve kötüm tek bir ses halinde.

"Ey beni çevreleyen yiğit insanlar, atılgan ve gözüpek arayıcılar, ve kim olursanız olunuz, kurnaz yelkenlerle bilinmeyen denizlere açılan sizler! Sizler ki bilmece çözmekte ustasınız, çözün bakayım o gördüğüm bilmeceyi, ve yorumlayın bana, en yalnız kişinin gördüğünü! Çünkü o görülen, olacağı önceden bir görüştü. O zaman simge olarak gördüğüm neydi? Çoban ve bir gün gelecek olan kimdir?

"Boğazına yılan giren çoban kimdir? Boğazı böyle en kara ve en korkunç şeylerin salgınına uğrayacak olan adam kimdir?

"Haykırışıma uyanan çoban, dişlerini bütün gücü ile batırdı ve uzağa tükürdü yılanın başını; ve bir sıçrayışta ayakta buldu kendini.

"Artık ne insan, ne de çobandı o! – biçimi değişmiş, başı ışıkla taçlanmıştı; gülüyordu. Yeryüzünde onun gibi gülen bir kimse daha görmedim."

Bu güç dolu yaşam'a nasıl varmalı? Bu soruyu cevaplandırmak için, Nietzsche'nin ahlak görüşü üzerinde durmak gerekir. Filozof, bütün ahlak sistemlerini gözden geçirdikten sonra, birbirine karşıt iki ahlak örneği görüyor: Efendi Ahlakı (*Herren Moral*), Köle Ahlakı (*Herden Moral)*. Bu iki örneğe Avrupa uygarlığının başlangıcında rastlanır. Savaşçı bir ulus, barışçı bir ulusa saldırır ve onu boyunduruğu altına alır. Güçlü bir ansan, gördüklerine değer biçmeyi düşünmez. Sadece kendine yarayanı iyi, zarar vereni kötü bulur. Başka deyişle, doğal eğilimlerimizin özgürce gelişmesine, genişlemesine yardım eden her şey iyidir, engel olan kötüdür. Zaten bir yaşamın iyi olup olmadığı hakkında bir yargıda bulunmak için başvurulacak ölçü de budur. Bu bakımdan, yaşamı kısırlaştıran, daraltan her şeye hayır; onu daha yoğunlaştıran, daha güzelleştiren her şeye evet demek gerekir.

Güçlü insan, zaferlerin insanı, kendisine eşit olanları iyi, kendisine boyun eğenleri kötü sayar. Efendi ahlakı, güçlüler ahlakı zayıfları, korkakları, yılgınları, insandan saymaz. Bu ahlak serttir, insafsızdır. Kölelerin ahlakı bambaşkadır. Üstünlerin varlıklarını dolduran gurur, sevinç ve yaşam coşkunluğuna karşılık, yenilgiye uğrayanların, kölelerin içlerinde kötümserlik duygusundan ve üstünlere karşı, mayalanan nefretten başka bir şey yoktur.

Her şeyin üstesinden gelen Üstüninsanların ahlakı, en güzel biçimi ile, Romalılarda görülür. Herhangi bir Romalı için bile erdem; erkeklik, yürek, yılmazlık ve kahramanlıktı. İşte bu ahlak anlayışının sertliği altında ezilenlerdir ki bunun zıddı olan bir ahlakın doğmasına olanak hazırladı ve acımaya, yumuşaklığa, miskinliğe dayalı Hıristiyan dini ve ahlakı doğdu.

Hıristiyanlar için ahlak, yaşam için en doğal ve en gerekli içgüdüleri mahkûm eden değişmez bir kurallar topluluğundan başka bir şey değildir. Onlar için, değişmeyen ve papazların öğretilerine uygun olan doğru, bu dünyada olduğu gibi, öbür dünyada da mutluluğun ve kurtuluşun şartıdır. Nietzsche, Hıristiyanlığın bu ahlak anlayışı söz konusu oldu mu, kendisini tam bir coşkunluğa kaptırır: "(...) ve eğer doğrunun, erdemin, iyinin, bir kelime ile şimdiye kadar insanlarca sayılan bütün değerlerin yaşama zararlı olduğunu görürsem, bilime de, ahlaka da hayır diyeceğim."

İşte peşin yargılardan böylece silkinmesini bilen ve geleneksel ahlakın yığdığı bütün engelleri deviren, gücünü aralıksız artırmaya çalışan insan, ancak efendi ahlakını yaratır. Geleceğin insanı, geleceğe ışık tutan Üstüninsandır (Übermensch). İnsanlığın gerçek yöneticisi odur.

Zerdüşt, durmadan usanmadan halka tekrar eder: "Sizlere üstüninsanı öğretiyorum. İnsan, aşılması gereken bir şeydir... Size üstüninsanı öğretiyorum. Üstüninsan, dünyanın anlamıdır... Ey kardeşlerim, toprağa bağlı kalınız ve size duyumlar üstü umutlardan söz edenlere kanmayınız. Bunlar, bilerek bilmeyerek, zehirleyenlerdir. Bunlar, yeryüzünün taşımaktan yorulduğu yaşamı hor görenler, can çekişenlerdir. Kendileri de zehirlenmişlerdir. Yıkılıp gitsinler!"

İnsan, her şeyin ölçüsü olursa, Tanrı düşüncesi de gereksizleşir, böyle de olunca zararlı olur. Bu düşünce insanlığın beyninden sökülüp atılmalıdır. Nietzsche, çılgın bir coşku içinde haykırıyor: "Tanrı mı? Onu biz öldürdük, insanlık bugün şaşkınlık içinde, onun cenaze töreninde bulunuyor. Tanrı artık öldü, hepimiz Tanrı'nın katilleriyiz."

Geleceğin adamı, geleneksel ahlaktan kendisini kurtaran adamdır. Böylece bugüne kadar sayılan ve uyulan bütün ahlak kuralları; bir yıkma coşkunluğu içinde yok olacak, iyi ile kötü arasındaki ayrım da ortadan kalkacaktır. İyi ne? Kötü ne? Bunlar mutlak anlamı olmayan terimlerdir; efendilerle kölelerin ağızlarında çok ayrıksı bir değer almaktadır. Köleler, uşaklar kendilerini iyiyi aramak, kötüden kaçmakla yükümlü sayarlar. Üstüninsan, bu yükümlülükte bir kuruntudan, bir değersizlikten başka bir şey görmez. Kendi kendine varolan değişmez bir değer yoktur. Her dönemde dünyaya ve yaşama belirli bir değer veren Üstüninsandır. O değerler yaratıcısıdır. Böylece, insanlık evriminin bir anına bağıntılı olan ahlak, düşüncenin ürünüdür. Bir kelime ile, Nietzsche'nin çok sevdiği bir deyişle, Üstüninsan iyiliğin ve kötülüğün ötesindedir. Onun bütün çabası, vazife fikrini gerektiren eski baskılardan insanı kurtarmak, kişisel iradeyi egemen kılmaktır. Eski ahlaktan kurtulan insan, insanlık için, acıma duygusundan da kurtulmalıdır. Çünkü acıyan, gücünü yitirmiş olan insandır.

Sert olalım, kıyıcı olalım, ama yalnız başkalarına değil, kendimize de böyle davranalım. Çünkü sorun, insanlığın geleceğidir.

İşte Nietzsche felsefesinin dayanakları olan temalar. Bunların hepsi, sonunda değerlerin değişimi ile sonuçlanıyor.

Artık kötülük çöküşü, iyilik gücü yaratmayacak; Tam tersine, çöküş kötülüğü, güç iyiliği yaratacaktır. Geleceğin Üstüninsanı, böyle bir eğitimin çocuğu olacaktır.

Bu felsefe sistemli bir tüm olmaktan uzaktır. Bunu herkesten iyi, kendisi bilmektedir. Nitekim, "Yazdıklarıma her zaman bütün hayatımı ve bütün kişiliğimi koydum, sırf düşünce sorunlarının ne olabileceğini bilmem," derken, o andaki tutkusunun kendisine yol gösterdiğini ve esin verdiğini söylemek istemiştir. Bu yüzden, düşüncelerinde çelişkiler görenlere karşı Nietzsche'nin cevabı kesindir: "En bilge insan, çelişkilerle en zengin olan kişidir."

Bununla birlikte Nietzsche'nin özetlediğimiz düşüncelerinde bir sistem kurmaya elverişli bağlantıları görmeye de olanak yoktur. Onun durmuş kafaları tedirgin etmek için ileri sürdüğü çelişkili görünen düşünceleri, bir sistem içinde dikkate alınırsa, tepeden tırnağa mantıklı görünür. Bu sistemin ilk halkası sonrasızca yeniden gelişti; son halkası da, insanı insan yapan, Gücün İradesi'dir. Bu güç, insanın doğal içgüdüleri, tutkuları, bir kelime ile tabiatımızın iç tepilerini karşılamak iradesidir.

Kimbilir, Gücün İradesi kuramı, belki de iradesi yok olmuş bir tüm inmelinin kurduğu düştür. Herhalde, üzerinde durulmaya değer bir sorundur bu!

Hiç kuşkusuz Nietzsche, XX. yüzyılı kuvvetle etkileyen en büyük filozoftur ve şimşek çakışlarıyla yazılmış izlenimini veren *Zerdüşt Böyle Diyordu* yalnız Alman edebiyatının değil, düşünce tarihinin de bir anıtıdır. Ama onun dünya dillerine çevrildiğini, ününün gittikçe yükseldiğini gören kıskanç dargörüşlüler, düşüncelerinin şuradan buradan devşirildiğini ileri sürerek, bu yükselişi durdurmak istemişlerdir.

Gerçekten Nietzsche'de Darwin'in, Spencer'in, Schopenhauer'in etkilerini görmemek olanaksızdır. Bunlara eklenecek belki başka etkiler de vardır. Ama, her filozofun kendisinden önce gelenlerin etkisinde kalması kadar doğal bir şey olmayacağı gerçeği bir yana, Nietzsche bu esinlenmeleri kendi sıcaklığında eritmesini bilmiş, coşku ve atılım dolu bir yaşam anlayışı getirmiştir. Bu anlayışı da Üstüninsan temsil eder. Bütün bunlar filozofun kendi canı gibidir:

Bütün bu özelliklere, onun erişilmez şiir gücü de eklenirse saldırganların ne kadar miskin bir durumda oldukları anlaşılır.

Her okunuşta yeni ufuklar açar Nietzsche'nin kitapları. Onlar üzerine yazılmış olan yorumların çokluğu, bu ufuklar zenginliğini açıkça göstermektedir. Bu önsözde sadece filozofun birkaç temel sorununa değindim. Elbette yetersizdir bunlar. İyisi mi, ben aradan çekileyim; ve sizi onunla baş başa bırakayım.*

İstanbul, 28 Temmuz 1972
Suut Kemal Yetkin

(*) Osman Derinsu'nun çevirisinden daha önce yayımlanmış, iki Zerdüşt çevirisi daha vardır. Bunlardan biri Turna Oflazoğlu'nun, öbürü de Sadi Irmak'ındır.

BİRİNCİ BÖLÜM

ZERDÜŞT'ÜN ÖN KONUŞMASI

1

Zerdüşt otuz yaşına basınca yurdunu ve yurdunun gölünü terk etti ve dağlara çıktı. Orada ruhunun ve yalnızlığının zevkini tattı ve on yıl bıkmadı bundan. Ama nihayet bir değişme oldu gönlünde, –günün birinde şafak vakti kalktı, güneşin karşısında durdu ve şöyle dedi ona:

"Ey ulu yıldız! Kendilerine ışık saçtıkların olmasaydı, saadetin nerde kalırdı!

On yıldır yükselir durursun mağaramın üstüne: benim için, kartalım için ve yılanım için olmasaydı şayet, ışığından da, bu yoldan da bıkardın.

Ama her sabah bekledik seni biz, senden taşanı aldık ve takdis ettik seni bunun için.

Bak! Pek fazla bal toplamış arı gibi bilgeliğimden bıktım; onu almak için uzanmış ellere muhtacım.

İnanlar arasında bilgeler tekrar deliliklerinden, fakirler de zenginliklerinden haz duyuncaya dek memnunlukla ihsanda bulunmak ve dağıtmak isterim.

Bunun için derinliklere inmeliyim: denizin ardına batıp alt dünyaya ışığını götürürken akşamları senin yaptığın gibi tıpkı, ey zenginler zengini yıldız!

Aralarına ineceğim insanların dedikleri üzere, *batmalıyım* senin gibi.

Kutsa (takdis et) beni öyleyse, en büyük saadete dahi hasetsizce bakabilen sakin göz!

Taşmak üzere olan kâseyi kutsa ki, mutluluğunun yankısını dört bir yana götüren altın su aksın içinden!

Bak işte! Bu kâse yeniden boşalmak ister ve Zerdüşt bir insan olmak ister yeniden."

– Böyle başladı Zerdüşt'ün batışı.

2

Zerdüşt yalnız başına indi dağlardan ve kimseye rastlamadı. Fakat ormana vardığında, kutlu kulübesinden ağaç kökleri aramak üzere ormana çıkmış bir ihtiyar adam belirdi birdenbire karşısında. Ve ihtiyar adam şöyle dedi Zerdüşt'e:

"Hiç yabancı değil bu gezgin kişi bana; çok yıllar evvel geçmişti buradan. Adı Zerdüşt'tü; ama Zerdüşt değişmiş.

O zaman küllerini götürüyordun dağlara: bugün de ateşini mi götüreceksin vadilere? Korkmuyor musun kundakçılığın cezasından?

Evet, tanıdım Zerdüşt'ü! Gözü berraktır, tiksinti sinmiş değildir ağzının kenarına. Oynar gibi değil mi yürümesi Zerdüşt'ün?

Zerdüşt değişmiş, çocuk olmuş Zerdüşt, uyanmış biri Zerdüşt: uyuyanlar arasında ne işin var senin?

Denizde gibi yaşardın yalnızlığında ve deniz taşırdı seni. Yazık, karaya mı çıkacaksın şimdi? Yazık, gövdenin yükünü mü sürükleyeceksin yeniden?"

Zerdüşt cevap verdi: "Ben insanları seviyorum."

"Ben niye?" dedi ermiş, "ormana ve yalnızlığa çekildim? İnsanları aşırı sevdiğimden değil mi?

Artık Tanrı'yı seviyorum ben: insanları sevmiyorum. Benim için insan kemâlden çok uzak bir şey. İnsan sevgisi mahvım olurdu benim."

Zerdüşt cevap verdi: "Bahsettim mi ben sevgiden? Ben bir hediye götürüyorum insanlara."

"Bir şey verme onlara," dedi ermiş. "Sen onlardan bir şey al daha iyi ve onlarla birlikte taşı, – daha memnun kalırlar bundan, yeter ki sen de memnun kalasın!

Şayet vermek istersen kendilerine, bir sadakadan fazlasını verme ve bırak bunu bile dilensinler!"

"Hayır," diye cevap verdi Zerdüşt, "ben sadaka vermem. O kadar yoksul değilim."

Ermiş güldü Zerdüşt'e ve şöyle dedi: "Eh, bak ki öyleyse hazinelerini kabul etsinler! Yalnızlara karşı güvensizdirler onlar ve hediyeler vermek için geldiğimize inanmazlar.

Sokaklarında adımlarımız pek kof ses çıkarır. Geceleyin yataklarında, gün doğumundan çok evvel birinin geçtiğini işitseler, kendi kendilerine sorarlar: nereye gidiyor hırsız acep?

Gitme insanlara, ormanda kal! Hayvanlara git onlara gitmektense! Niçin benim gibi olmuyorsun – ayılar arasında bir ayı, kuşlar arasında bir kuş?"

"Ya ermiş neyliyor ormanda?" diye Zerdüşt sordu.

Ermiş cevap verdi: "Türküler besteliyor ve söylüyorum, türküler bestelerken de gülüyor, ağlıyor ve mırıldanıyorum: böylece övüyorum Tanrı'yı.

Türkü söyleyerek, ağlayarak ve mırıldanarak benim Tanrım olan Tanrı'yı övüyorum. Lakin senin bizlere getirdiğin hediye nedir ki?"

Bu sözleri işitince Zerdüşt, ermişi selamladı ve dedi:

"Size verebilecek nem olabilir ki! Ama bırak tez gideyim ki sizden bir şey almayayım! –ve böylece, gülerek ayrıldılar birbirlerinden ihtiyar adamla Zerdüşt, gülüşen iki çocuk gibi.

Ama yalnız kalınca Zerdüşt, şöyle dedi gönlüne: "Mümkün mü bu! Bu ihtiyar ermiş, ormanında işitmemiş hâlâ *öldüğünü Tanrının!*"–

3

Zerdüşt ormana en yakın şehre vardığı zaman, pazar yerinde toplanmış büyük bir kalabalık buldu: zira bir ip cambazının oynayacağı ilan olunmuştu. Ve Zerdüşt şöyle dedi halka:

"*Üstüninsanı öğretiyorum ben sizlere.* İnsan aşılması gereken bir şeydir. Onu aşmak için sizler ne yaptınız?

Bütün varlıklar şimdiye dek kendilerinden üstün bir şey yarattılar: sizler bu büyük meddin cezri olmayı ve insanı aşmak yerine hayvanlığa dönmeyi mi istiyorsunuz?

İnsana göre maymun nedir? Gülünç bir şey, ya da acı veren bir utanç. İnsan da Üstüninsana göre böyle olacaktır tıpkı: gülünç bir şey, ya da acı veren bir utanç.

Solucanlıktan insanlığa varan yolu aştınız ve içinizde sizin solucanlıktan eser yok. Bir zamanlar maymundunuz, hâlâ da insan herhangi bir maymundan daha maymun.

İçinizde en bilgeniz bile uyumsuzluktan başka bir şey değil, bir bitki ve görüntü melezi ancak. Ama sizlere ben görüntü ya da bitki olun mu diyorum?

Bakın işte, sizlere ben Üstüninsanı öğretiyorum!

Üstüninsan anlamıdır yeryüzünün. İradeniz desin ki: Üstüninsan anlamı *olacaktır* yeryüzünün.

Yalvarırım sizlere, kardeşlerim, *bağlı kalın yeryüzüne* ve inanmayın sizlere dünyaötesi umutlardan bahsedenlere! Zehir saçanlardır onlar, bilerek ya da bilmeyerek.

Hayatı hoşgörenlerdir onlar, can çekişmektedirler ve kendileri zehirlenmiştir, yeryüzü bıkmıştır onlardan: bırakın gitsinler!

Bir zamanlar Tanrı'ya karşı işlenen günah günahların en büyüğüydü, ama Tanrı öldü, onunla birlikte öldüler o günahı işleyenler de. Yeryüzüne karşı işlenen günahtır şimdi en korkuncu ve sırrına erilmezin cevherini yeryüzünün anlamından daha üstün tutmak!

Bir zamanlar ruh hor bakardı bedene: bu hor bakış en yüksek şeydi o zamanlar: – isterdi ki ruh, beden cılız, iğrenç ve ölecek halde olsun açlıktan. Böyle umardı ruh bedenden ve yeryüzünden kurtulmayı.

Ah, o ruhun kendisi cılız, iğrenç ve bitkindi açlıktan ve gaddarlık büyük zevkiydi bu ruhun!

Ama, sizler de, kardeşlerim, söyleyin bana: sizlerin bedenleriniz nasıl bahsediyor ruhlarınızdan? Ruhlarınız, fakirlik, murdarlık ve iğrenç rahatlık değil mi?

Gerçekten, kirli bir ırmak âdemoğlu. Bir umman olmalı ki insan, kendisi kirlenmeden kirli bir ırmağı içine alabilsin.

Bakın, Üstüninsanı öğretiyorum sizlere: odur bu umman, onda batabilir sizin büyük horgörünüz.

Nedir en büyük şey başınızdan geçebilecek? Büyük horgörü saatidir. Mutluluğunuzun bile sizlere iğrenç geldiği saat, aklınızın ve erdeminizin de.

Dediğiniz saat: 'Nedir ki benim mutluluğum! Fakirlik, murdarlık ve iğrenç rahatlıktır o. Ama benim mutluluğum kendisini varlığın haklı çıkarmalı!'

Dediğiniz saat: 'Nedir ki benim aklım! Arzu duyuyor mu bilgiye, aslanın yiyeceğine duyduğu üzere? Fakirlik, murdarlık ve iğrenç rahatlıktır o!'

Dediğiniz saat: 'Nedir ki benim erdemim! Çıldırtmadı beni hâlâ. Ne kadar bıkkınım iyiliğimden ve kötülüğümden! Hep fakirlik, murdarlık ve iğrenç rahatlıktır o!'

Dediğiniz saat: 'Nedir ki benim doğruluğum! Bakıyorum da, korlaşmış ateş de değilim ben, kömür de. Halbuki doğrular korlaşmış ateş ve kömürdürler!'

Dediğiniz saat: 'Nedir ki benim merhametim! İnsanoğlunu sevenin üzerine çivilendiği çarmıh değil midir merhamet? Lakin benim merhametim çarmıha germe değildir.'

Hiç böyle konuştunuz mu sizler? Böyle haykırdınız mı hiç? Ah, bir duysaydım böyle haykırdığınızı sizlerin!

Günahınız değil, kanaatkârlığınızdır haykıran göklere, günah işlemekte bile gösterdiğiniz cimriliğinizdir göklere haykıran!

Sizleri diliyle yalayacak şimşek nerede? Aşılanmanız gereken cinnet nerede?

Bakınız işte, Üstüninsanı öğretiyorum sizlere: bu şimşek odur, bu cinnet o!"

Zerdüşt böyle konuşunca halktan biri bağırdı: "Yeterince dinledik ip cambazını; haydi artık kendisini görelim!" Ve bütün halk güldü Zerdüşt'e. Ama kendinden söz edildiğini sanan ip cambazı koyuldu işine.

4

Zerdüşt ise halka bakıp hayret etti. Sonra şöyle dedi:

"İnsan, hayvanla Üstüninsan arasına gerilmiş bir iptir, – uçurum üstünde bir ip.

Tehlikeli bir geçiş, tehlikeli bir yolculuk, tehlikeli bir geri bakış, tehlikeli bir ürperiş ve duraklayış.

İnsanda büyük olan, bir köprü olmasıdır onun, yoksa bir amaç değil: sevilebilecek olan insanda, bir *karşıya geçiş* ve *batış* olmasıdır onun.

Ben, batışın dışında yaşamasını bilmeyenleri severim; çünkü bunlardır karşıya geçenler.

Ben, büyük horgörenleri severim, çünkü bunlardır taparcasına sevenler ve hasret okları karşı sahilin.

Ben, atmak ve kurban olmak için ilkin yıldızların ötesinde bir sebep aramayanları, fakat yeryüzü bir gün Üstüninsanın olsun diye, kendilerini yeryüzüne feda edenleri severim.

Ben, bilmek için yaşayanı ve bir gün Üstüninsan yaşasın diye bilmek isteyeni severim. Böyle ister o kendi batışını.

Ben, Üstüninsan için bir ocak kurmak, toprağı, hayvanı ve bitkiyi ona hazırlamak üzere çalışanı ve icat edeni severim: çünkü böyle ister o kendi batışını.

Ben, erdemini seveni severim: çünkü erdem batma iradesidir ve bir özlem okudur.

Ben, kendisi için bir nebze ruh ayırmayanı, fakat bütünüyle erdemin ruhu olmak isteyeni severim: böyle yürür o ruh olarak köprünün üstünde.

Ben, erdeminden kendine eğilim ve kader yapanı severim: böylece o, erdemi uğruna daha yaşamak ister, ya da hiç yaşamak istemez.

Ben, bir sürü erdem istemeyeni severim. Bir tek erdem iki erdemden daha çok erdemdir, çünkü kaderin bağlı olduğu daha sıkı düğümdür o.

Ben, gönlünü müsrifçe harcayanı severim, ne teşekkür ister ne de teşekkür eder: çünkü hep verir o ve esirgemek istemez kendini.

Ben, zar lehine düştüğünde utananı ve soranı severim: 'Hilekâr bir oyuncu muyum yoksa?' – çünkü yok olmak ister o.

Ben, işine girişmeden önce altın sözler saçanı ve vaadini vaat ettiğinden de çok tutanı severim: çünkü batışını ister o.

Ben, gelecektekileri haklı çıkaranı ve geçmiştekileri kurtaranı severim: çünkü bugünküler tarafından yok olmak ister o.

Ben, Tanrısına haddini bildireni severim, çünkü Tanrısını sever o: çünkü Tanrısının öfkesiyle onun yok olması gerekir.

Ben, gönlü yaralıyken bile derin olanı ve hiçten bir şeyle yok olabileni severim: böyle geçer o köprüyü seve seve.

Ben, gönlü dolup taşanı severim, öyle ki kendi kendini unutur o ve her şey içindedir onun: böylece her şey onun batışı olur.

Ben, ruhu özgür ve gönlü özgür olanı severim: böylece kafası kalbinin sadece cevheridir, kalbi ama batmaya zorlar onu.

Ben, insanların üstünde asılı kara buluttan tek tek düşen ağır damlalar gibi olanların cümlesini severim: onlar haber verirler gelişini şimşeğin ve haberciler misali yok olurlar.

Bakın işte, şimşeğin habercisi ben'im ve buluttan düşen ağır bir damlayım: bu şimşeğin adıysa *Üstüninsan.*"

5

Zerdüşt bu sözleri söyleyince yeniden halka baktı ve sustu. "Dikilmiş duruyorlar orada," dedi gönlüne, "işte gülüyorlar: anlamıyorlar beni, bu kulaklara göre ağız değilim ben.

Gözleriyle işitmeyi öğrensinler diye kulaklarını patlatmak mı gerek önce? İnsanın bir davul ya da tövbekârlık vaizi papaz gibi gürültü koparması mı gerek? Yalnız kekemeye mi inanırlar yoksa?

Bir şeyleri var ki gururlanıyorlar. Ne diyorlar o gururlandıkları şeyin adına? Kültür diyorlar, oymuş kendilerini ayırt eden keçi sürülerinden.

Bu yüzden hoşlanmazlar kendileri için 'horgörme' sözünün kullanılmasından. Ben de onların gururlarına sesleneyim o halde.

O halde ben de kendilerine en çok horgörülmeye layık şeyden söz edeceğim: bu, *son insandır.*"

Ve şöyle dedi Zerdüşt halka:

İnsanın, kendine gaye edinme zamanı erişti. İnsanın, en yüksek umudunun tohumunu ekme zamanı erişti.

Henüz toprağı bu iş için yeterince zengin. Ama günün birinde bu toprak fakirleşip kısırlaşacak ve hiç ulu ağaç yetişmeyecek artık ondan.

Yazık! İnsanın artık arzu okunu insan ötesine atamayacağı ve yay kirişinin vınlamayı unutacağı zaman geliyor!

Diyorum ben sizlere: hâlâ kargaşa olmalı ki bir insanın içinde, raks eden bir yıldız getirebilsin dünyaya. Diyorum sizlere ben kargaşa var hâlâ sizin içinizde.

Yazık! İnsanın bir daha artık dünyaya yıldızlar getiremeyeceği zaman geliyor. Yazık! İnsanların en hor görülmeye layık olanının, kendini artık hor görmeyenin zamanı geliyor.

Bakın işte! *son insanı* gösteriyorum sizlere.

'Aşk nedir? Yaratma ne? Hasret nedir? Bir yıldız ne?' – böyle sorar son insan ve göz kırpar.

Yeryüzü o zaman küçülmüş olacak ve üstünde her şeyi küçükleştiren *son insan* sıçrayacaktır. Toprak presi gibi soyu kurutulamaz onun; *son insan* en uzun yaşayandır.

'Biz mutluluğu bulduk,' – derler *son insanlar* ve göz kırparlar.

Yaşanması güç bölgelerden ayrılmışlardır onlar: çünkü sıcaklık gerekir kişiye. Kişi sever hâlâ komşusunu ve sürtünür ona: çünkü sıcaklık gerekir kişiye.

Hasta düşmek ve güvensiz olmak günah sayılır onlarca: ihtiyatla yürünür. Ahmağın biridir hâlâ ayağı taşlara ya da insanlara takılıp tökezleyen!

Azıcık zehir ara sıra: tatlı rüyalar gördürür bu. Ve çokça zehir sonunda, tatlı bir ölüm için.

Çalışılır hâlâ, çünkü iş bir eğlencedir. Ama zarar vermemesine bakılır eğlencenin.

Züğürt de, zengin de olunmaz artık: pek zahmetlidir ikisi de. Kim ister hâlâ hükmetmeyi? İtaatı kim? Pek zahmetlidir ikisi de.

Çobansız bir sürü! Herkes aynı şeyi ister, herkes eşit birbirine: başka türlü duyan, kendi arzusuyla boylar tımarhaneyi.

'Vaktiyle bütün dünya kaçıkmış,' derler en inceleri ve göz kırparlar.

Onlar akıllıdırlar ve olup bitmiş her şeyi bilirler: alaylarının sonu yoktur böylece. Kavga edilir henüz ama barışılır hemence – yoksa mideleri bozulur.

Gündüz için küçük zevkleri vardır, gece için küçük zevkleri: fakat saygılıdırlar sağlığa.

'Biz mutluluğu bulduk,' derler *son insanlar* ve göz kırparlar."

Ve burada sona erdi Zerdüşt'ün "Başlangıç" da denilen ilk konuşması: zira o anda kalabalığın yaygarası ve neşesi sözlerini kesti. "Bize ver sen bu *son insanı*, ey Zerdüşt," diye haykırıyorlardı, "bu *son insanlar* gibi kıl bizi! Bağışlarız biz de sana Üstüninsanı sonra!" Ve bütün halk delice şenleniyordu ve ağız şapırdatıyordu. Zerdüşt ise mahzunlaştı ve gönlüne dedi:

"Anlamıyorlar beni: bu kulaklara göre ağız değilim ben.

Pek uzun zaman kalmışım herhalde dağlarda, pek uzun zaman dinlemişim derelerle ağaçları: keçi çobanlarıyla konuşur gibi konuşuyorum şimdi onlarla.

Sabahleyin dağlar nasılsa ruhum öyle sakin ve duru. Fakat onlar beni soğuk ve korkunç şakalar yapan bir alaycı sanıyorlar.

Ve işte bakıp da gülüyorlar bana: gülerken de nefret ediyorlar benden. Buz gibi gülüşleri."

6

Sonradan bütün ağızları susturan ve bütün gözleri bir noktaya diktiren bir şey oldu. Bu arada çünkü ip cambazı oyununa başlamıştı: küçük bir kapıdan çıkmış, iki kule arasına, pazar yeri ile halkın üstüne gerilmiş ip üzerinde yürüyordu. Tam yarı yolda iken, küçük kapı tekrar açıldı ve alaca bulaca elbiseler giymiş, palyaçoya benzer biri fırladı dışarı ve hızlı adımlarla öncekinin ardından yürüdü. "İleri, be aksak," diye haykırdı korkunç sesi, "İleri, be miskin, hilebaz, ölü benizli, alırım ha yoksa seni ayağımın altına! Ne yapıyorsun burada kuleler arasında? Kulenin içi senin yerin, oraya tıkmalı seni, kendinden üstün olanın yolunu tıkıyorsun!" – Ve her sözle birlikte yaklaştıkça yaklaştı önündekine: fakat bir adım kala, işte bütün ağızları susturan ve bütün bakışları bir noktaya diktiren o korkunç şey oldu: bir iblis gibi çığlık kopardı palyaço ve yoluna engel olanın üstünden zıpladı. Öbürü ise rakibinin bu zaferini görünce, aklı başından, ayakları ipten gitti; sırığını fırlattı ve kendisi sırığından da tez, sanki bir kol ve bacak çevrintisi gibi aşağı yuvarlandı. Pazar yeri ile halk fırtına kopmuş bir denize döndü: kalabalık, hele vücudun düşeceği yerden darmadağın kaçıştı.

Zerdüşt ise kıpırdamadı yerinden ve paramparça olmuş ama henüz ölmemiş gövde, hemen yanı başına düştü. Az sonra, paramparça olmuş adam kendine geldi ve Zerdüşt'ü yanında diz çökmüş gördü. "Ne yapıyorsun orada?" dedi nihayet, "Çoktan biliyordum iblisin ayağımı çeleceğini. Şimdi cehenneme sürüklüyor beni: ona engel olur musun?"

"Şerefim üstüne dostum," diye cevap verdi Zerdüşt, "bahsettiğin o şeylerin hiçbiri mevcut değil: iblis de yok, cehennem de. Ruhun bedeninden bile evvel ölecek: hiçbir şeyden korkma artık!"

Adam gözlerini şüpheyle kaldırdı: "Doğru söylüyorsan eğer," dedi sonra, "hayatımı yitirmekle hiçbir şey yitirmiş olmayacağım. Dayakla ve bir lokma yiyecekle oyun öğretilmiş bir hayvandan fazla bir şey değilim pek."

"Yok canım," dedi Zerdüşt, "tehlikeyi meslek edinmişsin sen: hor görülecek bir şey yok bunda. Mesleğin yüzünden ölüyorsun şimdi de: bunun için kendi ellerimle gömeceğim seni ben."

Zerdüşt böyle söylediğinde, can çekişen adam karşılık vermedi daha fazla; ama, sanki teşekkür için Zerdüşt'ün elini arıyormuş gibi elini kımıldattı.

7

Bu ara akşam oldu ve pazar yeri karanlığa büründü: halk dağıldı, zira merak ile korku bile yorulur. Zerdüşt ise, yerdeki ölünün yanına oturmuş ve düşünceye dalmıştı: böylece zamanı unutmuştu. Ama nihayet gece oldu ve soğuk bir rüzgâr esti yalnızın üstünden. O zaman ayağa kalktı Zerdüşt ve gönlüne dedi:

"Doğrusu, mükemmel bir balık avcılığı yaptı bugün Zerdüşt! İnsan değil tuttuğu, bir ceset gerçi!

Endişelendirici insan ömrü ve anlamsız hâlâ: soytarının biri sebep olabiliyor mahvına.

Ben öğretmek istiyorum insanlara varlıklarının anlamını: Üstüninsandır bu, karanlık bir bulut olan insandan çakan şimşek.

Fakat hâlâ uzağım ben onlardan ve zekâm bir şey söylemiyor onların zekâlarına. İnsanlara göre ben deliyle ceset arası bir şeyim hâlâ.

Gece karanlık, Zerdüşt'ün yolları karanlık. Gel, soğuk ve katı yoldaş! Seni kendi ellerimle gömeceğim bir yere götüreyim."

8

Zerdüşt bunu gönlüne dedikten sonra, cesedi sırtladı ve yola koyuldu. Daha yüz adım gitmemişti ki, bir adam sokuldu yanına ve kulağına fısıldadı – ve bakın siz işe! Kuledeki palyaçoydu bu konuşan. "Git bu şehirden, ey Zerdüşt," diyordu, "senden nefret eden pek çok burada.

İyilerle doğrular senden nefret ediyorlar ve sana kendilerinin düşmanı, hor göreni diyorlar. Hak dinine inananlar nefret ediyorlar senden ve kalabalık için bir tehlike diyorlar sana. Talihin varmış ki, sana güldüler: doğrusu hani, bir soytarı gibi konuştun. Talihin varmış ki, şu gebermiş köpekle arkadaşlık ettin; böylece aşağılatmakla kendi canını kurtardın bugün. Ama git bu şehirden – yoksa yarın senin üstünden zıplarım, bir ölünün üstünden bir canlı." Ve böyle dedikten sonra, kayboldu adam; Zerdüşt ise karanlık dar sokaklardan devam etti yoluna.

Şehrin kapısında mezarcılara rastladı: bunlar meşalelerini yüzüne tuttular, Zerdüşt'ü tanıdılar ve epey alay ettiler kendisiyle. "Gebermiş köpeği götürüyor Zerdüşt. Aman ne hoş Zerdüşt'ün mezarcı olması! Çünkü bizim ellerimiz bu rostoya dokunamayacak kadar temiz. İblisin lokmasını mı aşırmak istiyor Zerdüşt? Pekâlâ! Afiyet olsun! Bari iblis daha baskın hırsız çıkmasa Zerdüşt'ten! – O, ikisini de aşırır, ikisini de yalayıp yutar!" Ve aralarında gülüşüp kafa kafaya verdiler.

Zerdüşt tek kelime söylemedi ve yoluna devam etti. Ormanlar ve bataklıklar yanından geçerek iki saat gittikten sonra, kurtların aç aç ulumalarını o kadar çok dinledi ki, kendi karnı da acıktı. Böylece, içinde ışık yanan ıssız bir evin önünde durdu.

"Açlık," dedi Zerdüşt, "bir haydut gibi bastırıyor beni. Ormanlarda ve bataklıklarda bastırıyor beni açlığım ve derin gecede.

Ne garip huyları var açlığımın. Çok defa, ancak yemekten sonra gelir bana, bugün ise bütün gün gelmedi: nerdeydi acep?"

Ve bunun üzerine Zerdüşt, evin kapısını çaldı. İhtiyar bir adam belirdi. Elinde ışık vardı ve sordu: "Bana ve kötü uykuma gelen kim ola?"

"Bir diriyle bir ölü," dedi Zerdüşt. "Yiyecek ve içecek bir şey ver bana, gündüz unuttum yemeyi. Açları besleyen kendi ruhunu canlandırır: böyle der bilgelik."

İhtiyar adam içeri gitti, ama hemen geri geldi. Zerdüşt'e ekmekle şarap ikram etti. "Açlar için kötü bir yer burası," dedi, "onun için oturuyorum burada. Hayvanla insan bana, ben yalnıza gelirler. Haydi söylesene yoldaşına da yiyip içsin, senden daha yorgun o." Zerdüşt cevap verdi: "Yoldaşım ölü, razı edemem pek kendisini yemeye." "Bundan bana ne?" dedi ihtiyar adam aksi aksi, "Kapımı çalan almalıdır verdiğimi. Yiyin ve güle güle gidin!" –

Bunun üzerine Zerdüşt, yola ve yıldızların ışığına güvenerek iki saat daha yürüdü: zira geceleyin yürümeye alışıktı ve uyuyan her şeyin yüzüne bakmayı severdi. Fakat gün ağarırken, Zerdüşt görünürde artık hiçbir yol olmayan sık bir ormanda buldu kendini. Ondan sonra ölüyü başucundaki bir ağacın kovuğuna bıraktı –korumak istiyordu çünkü onu kurtlardan,– kendi de yere yosunlar üzerine uzandı. Ve bedence yorgun, ama ruhu durgun daldı hemen uykuya.

9

Uzun zaman uyudu Zerdüşt ve yalnız pembe seher değil, sabah da geçti yüzü üstünden. Fakat nihayet gözleri açıldı: hayran hayran bakındı ormana ve sessizliğe, kendi içine bakındı hayran hayran. Sonra, birdenbire karayı gören gemici gibi, çabucak ayağa kalktı ve sevinçle haykırdı: çünkü yeni bir gerçek belli olmuştu kendisine. Ve şöyle dedi gönlüne:

"Bir ışık doğdu içime: yoldaşlar gerek bana, canlı yoldaşlar, – beraberimde istediğim yere götüreceğim ölü yoldaşlar ve cesetler değil.

Diri yoldaşlar gerek bana, kendileri izlemek istedikleri için, beni izleyecek, – ve benim dilediğim yere.

Bir ışık doğdu içime: halka değil, yoldaşlara söz söyleyecek Zerdüşt! Zerdüşt bir sürünün çobanı ve çomarı olmayacak!

Birçoklarını ayartmak sürüden, – bunun için geldim ben. Halkla sürü öfkelenecekler bana: çobanlar, haydut diyecekler Zerdüşt'e.

Ben çobanlar diyorum, onlarsa iyiler ve doğrular diyorlar kendilerine. Çobanlar diyorum ben, hak dinine inananlar diyorlar onlar kendilerine.

İyilerle doğrulara bakın siz hele! Kimden nefret ediyorlar onlar en çok? Kendilerinin kıymet levhalarını parçalayandan, bozandan, kanun bozandan: – yaratıcı odur halbuki.

Bütün inançların inançlı kişilerine bakın siz hele! Kimden nefret ediyorlar en çok. Kendilerinin kıymet levhalarını parçalayandan, bozandan, kanun bozandan: – yaratıcı odur halbuki.

Yoldaşlar arar yaratıcı, cesetler değil, sürüler değil, inançlı kişiler değil. Kendi gibi yaratıcılar arar yaratıcı: yeni levhalara yeni kıymetler kazıyanları.

Yoldaşlar arar yaratıcı ve hasat arkadaşları: çünkü ona göre her şey olgun hasat için. Ama yüz orağı yok onun: bu yüzden yolar başakları öfkeli öfkeli.

Yoldaşlar arar yaratıcı, orakların bilemesini bilen yoldaşlar. Yıkıcılar denecek onlara, iyi ile kötüyü hor görenler denecek. Hasatçılar ve şenlik edenler onlar halbuki.

Kendi gibi yaratıcılar arıyor Zerdüşt, hasat arkadaşları ve şenlik arkadaşları arıyor: sürülerle, çobanlarla, cesetlerle işi ne Zerdüşt'ün!

Ve sen, benim ilk yoldaşım, hoşçakal! Ağacının kovuğuna güzelce gömdüm seni, güzelce sakladım seni kurtlardan.

Ama veda ediyorum şimdi sana, zira vakit erişti. Bir seherle öbür seher arası yeni bir gerçek ayân oldu bana.

Ne çoban olacağım ben, ne mezarcı. Bir daha söz söylemeyeceğim artık halka; son kez konuştum bir ölüyle.

Yaratıcılara, hasatçılara, şenlik edenlere katılacağım ben: gökkuşağını göstereceğim onlara ve Üstüninsana çıkan merdiveni.

Yalnızlara söyleyeceğim türkümü ve yalnızlıkta ikişer kişi yaşayanlara; ve her kimde kulak varsa işitilmemiş için, mutluluğumla onun yüreğini ağırlaştıracağım.

Gayemin yolundayım ben, ben kendi yolumu izliyorum; duraklayanların ve geride kalanların üzerinden atlayacağım. Benim ilerleyişim, varsın böylece onların batışı olsun!"

10

Buydu Zerdüşt'ün gönlüne söylediği, güneş tam tepedeyken: sonra sorarcasına yukarı baktı – zira başının üstünde bir kuşun acı çığlığını işitmişti. Bakın hele: Bir kartal havada geniş daireler çizerek uçuyordu ve bir yılan asılmıştı ona, bir av gibi değil de, bir dost gibi: zira yılan kartalın boynuna dolanmıştı.

"Benim hayvanlarım bunlar!" dedi Zerdüşt ve yürekten sevindi.

"Güneşin altındaki en mağrur hayvanla, güneşin altındaki en akıllı hayvan – keşfe çıkmışlar.

Bilmek istiyorlar, sağ mı hâlâ Zerdüşt diye. Hakikaten, yaşıyor muyum ben hâlâ?

İnsanlar arasında yaşamayı, hayvanlar arasında yaşmaktan daha tehlikeli buldum ben; tehlikeli yollarda yürüyor Zerdüşt. Hayvanlarım bana rehberlik etsinler!"

Zerdüşt böyle deyince, ormandaki ermişin sözlerini hatırladı, içini çekerek şöyle dedi gönlüne:

"Daha akıllı olmak isterdim! Akıllı olmak isterdim bütün varlığımla, yılanım gibi tıpkı!

Fakat ben mümkün olmayanı istiyorum: onun için, daima aklımla beraber yürümesini dileyeyim gururumdan!

Ve bir gün bırakıp giderse beni aklım: –ah, bayılır uçup gitmeye o!– gururum o zaman cinnetimle birlikte kanat açsın!"

– Böyle başladı Zerdüşt'ün batışı.

ZERDÜŞT'ÜN KONUŞMALARI

ÜÇ DEĞİŞİM ÜZERİNE

Ruhun üç değişiminden söz edeceğim size: ruhun nasıl deve, devenin aslan, aslanın da nihayet çocuk olduğundan.

Nice ağır yükler vardır ruh için, içinde saygının yer ettiği; kuvvetli, tahammüllü ruh için: ağıra, en ağıra hasret çeker onun kuvveti.

Ağır olan ne? diye sorar dayanıklı ruh, deve gibi diz çöker ve iyi yüklenmek ister.

Nedir en ağır şey, ey yiğitler? diye sorar dayanıklı ruh, onu yükleneyim de zevkini tadayım kuvvetimin.

Şu değil mi: gururunu incitmek için kendini alçaltmak? Bilgeliğiyle alay etmek için cinnetini parlatmak?

Yoksa şu mu: davamız, zaferini kutlarken onu terk etmek? Ayartıcıyı ayartmak için yüce dağlara çıkmak.

Şu mu yoksa: bilgi palamutuyla, otuyla geçinmek ve hakikat uğruna ruh açlığı çekmek?

Yoksa şu mu: hasta düşmek ve teselliye gelenleri savmak ve senin istediğini hiç duymayan sağırlarla dostluk etmek?

Şu mu yoksa: hakikat suyudur diye kirli suya girmek ve içindeki soğuk kurbağalarla sıcak kurbağaları defetmemek?

Yoksa şu mu: bizi hor görenleri sevmek ve bizi korkutmak isteyen hayalete el uzatmak?

Bütün bu en ağır şeyleri yüklenir dayanıklı ruh: ve yükünü almış deve nasıl hız alırsa çöle doğru, ruh da öyle hız alır kendi çölüne.

Lakin en ıssız çölde ikinci değişim olur: burada ruh aslanlaşır, özgürlüğü zorla ele geçirmek ve kendi çölünde efendi olmak ister.

Son efendisini arar burada: düşman olmayı diler ona ve son tanrısına; zafer için büyük ejderle boğuşmak ister.

Ruhun artık efendi ve tanrı diye tanımak istemediği büyük ejder nedir? "Yapmalısın"dır bu büyük ejderin adı. Aslanın ruhu ise "İstiyorum," der.

"Yapmalısın" altın parıltılarla durur yolu üstünde onun, – üzeri pul pul bir hayvan; her pulun üstünde de altından bir "Yapmalısın" parıldar.

Binlerce yıllık kıyametler parıldar bu pullar üstünde ve şöyle der ejderlerin en güçlüsü: "Nesnelerin bütün kıymetleri bende parıldar."

Bütün kıymetler çoktan yaratılmıştır ve bütün yaratılmış kıymetlerim ben. Hakikaten, 'İstiyorum' diye bir şey olmayacak artık. Böyle der ejder.

Kardeşlerim, niçin gereği olsun aslanın ruhta? Niçin kâfi gelmesin gönlü tok ve saygılı yük hayvanı?

Yeni kıymetler yaratmak, – aslanın bile henüz harcı değil bu: ama yeni bir yaratma için kendine özgürlük yaratmak, – buna yeter işte gücü aslanın.

Özgürlük yaratmak kendine ve kutsal bir "Hayır" demek vazifeye bile: bunun için, kardeşlerim, gereği vardır aslanın.

Yeni kıymetlere hak kazanmak, – dayanıklı ve saygılı bir ruh için ele geçirileceklerin en korkuncudur bu. Hakikaten, böyle bir ruh için yağmacılıktır, yırtıcı hayvan harcıdır bu.

En kutsal şeyi olarak severdi eskiden bu "Yapmalısın"ı: şimdi sevgisinden özgürlüğünü zorla kapabilsin diye, en kutsal şeyde bile kuruntu ve ani heves görmeye mecbur: aslan gerektir işte bu yağma için.

Fakat söyleyin, kardeşlerim, çocuğun bile yapıp da aslanın yapamadığı şey nedir? Yırtıcı aslanın neden bir de çocuklaşması gerekli olsun?

Masumluktur çocuk ve unutkanlık, bir yeni başlangıç, bir oyun, kendiliğinden dönen bir çark, bir ilk hareket, bir kutsal Evet.

Evet, yaratma oyunu için, kardeşlerim bir kutsal Evet gerekir: ruh *kendi* iradesini ister artık, dünyayı kaybetmiş olan k e n d i dünyasını kazanır artık.

Size ruhun üç değişiminden söz ettim: ruhun nasıl deve, devenin aslan, aslanın da nihayet çocuk olduğundan. –

Zerdüşt böyle diyordu. Ve o sırada Alaca İnek denilen şehirde kalıyordu.

ERDEM KÜRSÜLERİ ÜZERİNE

Zerdüşt'e uyku ve erdem üzerine pek güzel konuşan bir bilgeyi övdüler: bu yüzden kendisi çok saygı ve takdir görürmüş, bütün gençler de kürsüsünün önünde otururlarmış. Ona gitti Zerdüşt ve bütün gençlerle birlikte kürsüsünün önünde oturdu. Ve şöyle dedi bilge:

"Saygı ve utanç duymalı karşısında uykunun! Budur işin başı! Ve kötü uyuyanlarla geceleri uyanık kalanların yolundan çekilin!

Hırsız bile utanç duyar karşısında uykunun: daima geceleyin çalar usulca. Gece bekçisi ise utanmaz biridir, utanmadan öttürür düdüğünü.

Küçümsenecek bir hüner değildir uyumak: bütün gün uyanık kalmak gerekir onun uğruna.

Günde on kez yenmelisin kendini: iyi bir yorgunluk verir bu ve ruhun afyonudur.

On kez yine barışmalısın kendinle; zira yenmek acıdır ve kötü uyur barışmayan.

On gerçek bulmalısın günde: yoksa gece de ararsın hakikati ve ruhun aç kalır.

On kez gülmelisin günde ve neşelenmelisin: yoksa miden, o hüzün babası, gece rahatsız eder seni.

Azdır bunu bilen: ama kişide bütün erdemlerin bulunması gerekir, iyi uyumak için. Yalancı şahitlik mi edeceğim? Zina mı edeceğim?

Komşunun hizmetçisine göz mü koyacağım? Bütün bunlar bağdaşmaz iyi uykuyla.

Ve bütün erdemler olsa bile kişide, bir şey daha vardır bilinmesi gereken: erdemlerin kendilerini de tam vaktinde uyumaya yollamak.

Birbirleriyle kavga etmesinler diye bu hanım hanımcık kadınlar! Senin yüzünden, ey talihsiz kişi!

Tanrıyla ve komşuyla barış: bunu ister iyi uyku. Ve komşunun iblisiyle bile barış! Yoksa geceleri musallat olur sana.

Yetkililere saygı ve itaat, çarpık yetkililere bile! Böyle ister iyi uyku. Çarpık bacaklarla yürümeyi seviyorsa iktidar, ne gelir elimden benim.

Ne yüksek şerefler isterim ne de büyük hazineler: safra kaynatır bunlar. Ama iyi bir şöhret ve küçük bir hazine olmadan iyi uyunmaz.

Küçük bir topluluk kötü bir topluluktan daha makbuldür bence: ama tam vaktinde gelip gitmeleri şartıyla. Bu bağdaşır iyi uykuyla.

Pek hoşuma gider ruh fakirleri de: bunlar ilerletirler uykuyu. Bahtiyardırlar, hele her zaman hak verilirse kendilerine.

Böylece geçer günü erdemlilerin. Gece olunca sakınırım uykuyu çağırmaktan! Çağrılmak istemez o, erdemlerin şahı, uyku!

Ama gündüz ne yaptığımı ve ne düşündüğümü düşünürüm. Bir inek gibi sabırlı, geviş getirirken, sorarım kendime: nelerdi senin on zaferin?

Ve gönlümün şenlendiği on barışma ve on gerçek ve on gülüş nelerdi?

Ben böyle düşünür ve kırk düşüncenin beşiğinde sallanırken, uyku bastırır beni birden, o çağrılmayan erdemler şahı.

Uyku gözlerime vurur: ağırlaşır onlar da. Uyku ağzıma dokunur: o da açık kalır.

Doğrusu, yumuşak tabanlar üstünde gelir bana hırsızların en candanı ve çalar düşüncelerimi: şu kürsü gibi aptal aptal kalırım ben de orada.

Uzun süre de kalmam ama ayakta: yatıveririm hemen. –

Bilgenin böyle konuştuğunu duyunca Zerdüşt içinden güldü: çünkü bir ışık doğmuştu içine. Ve şöyle dedi gönlüne:

Kaçığın biri bence bu bilge kırk düşüncesiyle: ama sanırım ki, uyumayı pek iyi biliyor.

Ne mutlu bilgenin yakınında oturanlara! Bu türlü uyku bulaşıcıdır, kalın bir duvardan bile geçer!

Kürsüsünde bile sihir var. Boşuna değilmiş, gençlerin bu erdem vaizinin önünde oturmaları.

Onun bilgeliği şu: iyi uyumak için uyanık kalmak! Ve gerçekten, anlamı olmasaydı hayatın eğer ve anlamsızı seçmem gerekseydi benim, seçilmeye en layık anlamsızlık olurdu bu.

İyice anlıyorum şimdi, eskiden erdem hocaları aranırken her şeyden önce neyin arandığını. İyi bir uykuydu aranan ve afyonla bezenmiş erdemler, bu uyku için!

Bütün bu övülmüş kürsü bilgelerinin bilgeliği rüyasız uykuydu: daha yüksek anlam taşıdığını bilmiyorlardı onlar hayatın.

Bugün bile bu erdem vaizinin bazı benzerleri var hâlâ, hem de onun gibi dürüst değiller her zaman: lakin geçti onların çağı. Daha fazla kalamazlar artık ayakta: yatmışlar bile işte.

Ne mutlu uyku gözünden akanlara: çünkü handiyse dalacaklardır uykuya. –

Zerdüşt böyle diyordu.

ÖTE DÜNYALILAR ÜZERİNE

Zerdüşt de bir zamanlar, öte dünyalıların hepsi gibi, hayaller kurdu insanın ötesinde. Mustarip ve azap içindeki bir Tanrı'nın eseri gibi göründü o zamanlar dünya bana.

Rüya gibi göründü bana dünya ve bir Tanrı'nın mavalı gibi; hoşnutsuz bir Tanrı'nın gözleri önündeki renk renk buğular misali.

İyi ile kötü, haz ile elem, ben ile sen – yaratıcı gözler önündeki renkli buğular gibi göründü bunlar bana. Kendinden başka yana çevirmek istedi gözlerini yaratıcı, – bunun üzerine yarattı dünyayı.

Istırap çeken için gözlerini ıstıraplarından başka yana çevirmek ve kendini kaybetmek sarhoşluk veren bir zevktir. Sarhoşluk veren bir zevk ve kendi kendini unutuş gibi göründü bir zamanlar bana dünya.

Ezelden ebede kusurlu bu dünya, bir ebedi çelişmenin sureti ve kusurlu suret – kusurlu yaratıcısı için sarhoşluk veren bir zevk: – bana dünya böyle göründü bir zamanlar.

Böylece, ben de, bir zamanlar hayaller kurdum insanın ötesinde, öte dünyalıların hepsi gibi. İnsanın ötesinde mi sahi?

Ah, kardeşlerim, benim yarattığım bu Tanrı, insan eseriydi, insan çılgınlığıydı, bütün tanrılar gibi!

İnsandı o, hem de zavallı bir insan ve Ben parçacığı, kendi külümden ve ateşimden gelmişti bana bu hayalet, hakikaten de! Öteden gelmemişti bana!

Ne oldu, kardeşlerim? Kendi kendimi aştım, mustaribi; kendi külümü götürdüm dağa, daha parlak bir alev icat ettim kendime. Bakın işte! O vakit uzaklaştı benden hayalet!

Istırap ve azap olur artık benim için, benim gibi nekâhetteki biri için, böylesi hayaletler inanmak: ıstırap olur benim için artık ve alçalış. Böyle diyorum ben öte dünyalılara.

Istırap ve acizlik, – buydu işte yaratan öte dünyalıların hepsini; ve ancak en çok ıstırap çekenin başından geçebilecek kısa bir saadet çılgınlığı.

Yorgunluk, bir sıçrayışla en sona erişmeyi isteyen, bir ölüm sıçrayışıyla; istemeyi bile artık istemeyen bir zavallı, bilgisiz yorgunluk: bu yarattı işte bütün tanrıları ve öte dünyaları.

İnanın bana, kardeşlerim! Bedenden ümidini kesen bedenin kendisiydi, – aldatılan ruhun parmaklarıyla son duvarları yoklardı el yordamıyla.

İnanın bana, kardeşlerim! Bedenin kendisiydi yeryüzünden ümidini kesen – Varlığın karnının kendisine söz söyleyişini dinlerdi o.

Ve son duvarlardan başıyla –başıyla da değil hem yalnız,– geçerek "öbür dünya"ya erişmek isterdi.

Halbuki "öbür dünya" iyice gizlenmiştir insanlardan, bu göksel bir hiç olan, insansızlaşmış, insanca olmayan dünya; ve Varlığın karnı söz söylemez hiç insanlara, meğer ki insan olarak söyleye.

Hakikaten, bütün Varlığı ispat güçtür, konuşturmak da güçtür onu. Söyleyin bana, kardeşlerim, bütün şeylerden en tuhaf olanı değil midir en iyi ispatlanan?

Evet, bu ben ve bu ben'in çelişmesi ile karmakarışıklığı en dürüst anlatır kendi varlığını, – her şeyin ölçüsü ve kıymeti olan, bu yaratan, isteyen, kıymetlendiren ben.

Ve bu en dürüst varlık, bu ben – bedenden söz eder, bedeni ister yine, hayal kurarken, coşkuyla söylenirken ve kırık kanatlarla çırpınırken bile.

Daima daha dürüst konuşmayı öğrenir bu ben: öğrendikçe de, beden ile yeryüzü için daha çok söz ve övgü bulur.

Ben'im yeni bir gurur öğretti bana; ben de insanlara öğretiyorum: başını artık göksel şeylerin kumuna gömmemeyi, yeryüzüne anlam veren, yeryüzüne ait bir baş olarak özgür taşımayı onu!

Yeni bir irade öğretiyorum insanlara: insanın körü körüne izlediği o yolu istemeyi, ona iyi demeyi ve hastalar ve can çekişenler gibi ondan sıvışmamayı!

Hastalar ve can çekişenlerdi beden ile yeryüzünü hor görenler ve ilahi şeylerle kurtarıcı kan damlalarını icat edenler: ama o tatlı ve gamlı zehirleri bile bedenden ve yeryüzünden alıyorlardı!

Yoksulluklarından kaçmak istiyorlardı ve yıldızlar onlara pek uzaktı. İç çekiyorlardı bu yüzden: "Ah, bir başka varlığa ve saadete gizlice sokulacak ilahi yollar olsaydı!" – Böylece icat ettiler hilelerini ve kanlı içkiciklerini!

Bedenlerinden ve bu yeryüzünden sıyrıldıklarını vehmettiler, bu nankör kişiler. Halbuki kime borçluydular bu kendinden geçişlerinin çırpınmasını ve sonsuz hazzını? Bedenlerine ve bu yeryüzüne.

Hastalara karşı şefkatlidir Zerdüşt. Hakikaten, onların teselli usullerine ve nankörlüklerine kızmaz. Yeter ki şifa bulsunlar, galip gelsinler ve kendilerine daha üstün bir beden yaratsınlar da! Kuruntularına muhabbetle bakan ve geceyarısı Tanrısının mezarı civarına gizlice sokulan şifa bulmuş birine de kızmaz Zerdüşt: ama gözyaşlarında onun hâlâ hastalık ve hasta bir beden vardır bence.

O hayal kuranlar ve Tanrı – tutkunları arasında birçok hastalar olmuştur her zaman; şiddetle nefret ederler bunlar gören kişilerden ve erdemlerin en yenisi olan dürüstlükten.

Daima gerilere, karanlık çağlara doğru bakarlar onlar: o zamanlar, doğrusu, başka şeydi kuruntuyla iman; aklın sapıklıkları Tanrı benzerliğiydi, şüpheyse günah.

Pek iyi tanırım bu Tanrı taslaklarını: kendilerine inanılmasını ve şüphenin günah olmasını isterler. Pek iyi bilirim kendilerinin en çok neye inandıklarını da.

Hakikaten, öte dünyalara ve kurtarıcı kan damlalarına değil: onlar da bedene inanırlar en çok; ve kendi bedenleri onlarca mutlak varlıktır.

Ama hastalıklı bir şey onlarca beden: memnunlukla da sıyrılmak isterler derilerinden. Onun için dinlerler ölüm vaizlerini, kendilerine de öte dünyaları vaaz ederler.

Sizlerse, kardeşlerim, sağlıklı bedenin sesine kulak verin; daha dürüst, daha saf sestir o.

Daha dürüst ve daha saf konuşur sağlıklı beden, mükemmel ve dik beden, ve yeryüzünün anlamından konuşur o. –

Zerdüşt böyle diyordu.

BEDENİ HOR GÖRENLER ÜZERİNE

Bedeni hor görenlere söylemek istiyorum sözümü. Ne yeniden öğrensinler, ne yeniden öğretsinler bana, ama sadece kendi bedenlerine veda etsinler – ve böylece sussunlar.

"Bedenim ben ve ruh" – böyle der çocuk. Peki neden çocuklar gibi konuşmamalı?

Halbuki uyanmış, bilen kimse der: "Tamamıyla bedenim ben, bundan başka bir şey değil, ruh ise beden içindeki şeyin adı ancak."

Büyük bir akıldır beden, tek anlamlı bir çokluk, bir savaş ile bir barış, bir sürü ile bir çoban.

Küçük aklın da senin bir aletidir bedeninin, kardeşim, o senin "ruh" dediğin, – büyük aklının küçük bir aleti ve oyuncağı.

"Ben" diyorsun ve bu sözden gurur duyuyorsun. Halbuki daha büyüktür ondan – senin inanmak istemediğin bedenin ve büyük aklı bedeninin: "ben" demez o, fakat hareket eder "ben" olarak.

Duyunun duyduğunda, ruhun bildiğinde, kendi başına gaye yoktur hiçbir zaman. Halbuki duyu ve ruh, her şeyin gayesi olduklarına inandırmak isterler seni: öylesine kendini beğenmiştir onlar.

Alet ve oyuncaktır akıl ile ruh: arkalarında Kendi vardır hâlâ. Bu Kendi duyuların gözleriyle arar, ruhun kulaklarıyla dinler.

Daima dinler Kendi ve arar: karşılaştırır, boyun eğdirir, galebe çalar, yıkar. Hükmeder, ben'in bile hâkimidir.

Düşüncelerinin ve duygularının gerisinde, kardeşim, kudretli bir başbuğ durur, bilinmeyen bir bilge, – Kendi derler adına. O senin bedeninde oturur, bedenindir o senin.

Bedeninde senin, seçkin bilgeliğinden daha çok akıl vardır. Ve kim bilir neden bedenin ille de bu seçkin bilgeliğine ihtiyaç duyar?

Kendi'n gürle ben'ine ve, onun mağrur sıçrayışlarına. "Bana ne düşüncenin bu sıçrayışlarından ve uçuşlarından?" der kendi kendine. "Dolambaçlı bir yol gayem için. Ben yürütme ipiyim ben'in ve kavramlarını fısıldayanım."

Kendi, ben'e der: "Acı duy şu anda!" Ve ben acı duyar ve daha fazla acı duymamanın çaresini düşünür, – düşünmesi de yalnız bunun içindir.

Kendi, ben'e der: "Haz duy şu anda!" Ve şenlenir ben ve sık sık şenlenmenin çaresini düşünür, – düşünmesi de yalnız bunun içindir.

Bir çift sözüm var bedeni hor görenlere. Hor görmelerinin nedeni, saygılarıdır onların. Saygı ile hor görmeyi ve değer ile iradeyi yaratan nedir?

Yaratıcı Kendi, saygıyı ve hor görmeyi, hazzı ve elemi yarattı kendine. Yaratıcı beden, iradesine bir el olsun diye, kendine ruhu yarattı.

Cinnetiniz ve hor görmenizle bile, ey bedeni hor görenler, Kendi'nize hizmet ediyorsunuz. Söylüyorum size: Kendi'nizin kendisidir ölmek ve hayattan ayrılmak isteyen.

Yapmayı en çok arzuladığı şeyi yapamıyor artık o: kendinden öte yaratmayı. En çok arzuladığı budur, bütün âteşinliği bu.

Halbuki çok geç kalmıştır artık bunu yapmakta: – onun için, Kendi'niz batmak istiyor, ey bedeni hor görenler.

Batmak istiyor Kendi'niz; ve onun için bedeni hor görenler oldunuz siz! Zira kendinizden öte bir şey yaratamazsınız siz artık.

Onun için kızıyorsunuz hayata ve yeryüzüne. Bilinçsiz bir haset var şaşı bakışında hor görmenizin.

Sizin yolunuzdan gitmiyorum ben, ey bedeni hor görenler! Siz benim için köprü değilsiniz Üstüninsana! –

Zerdüşt böyle diyordu.

ZEVKLER VE İHTİRASLAR ÜZERİNE

Kardeşim, senin bir erdemin varsa ve senin kendi erdeminse bu, ona hiç kimseyle ortak değilsin.

Elbet ona ad vermek ve onu okşamak istersin; kulağını çekmek ve onunla eğlenmek istersin.

Ve bak işte! Artık onun adına halkla ortaksın ve sen, halktan ve sürüden biri oldun erdeminle!

Daha iyi ederdin şöyle deseydin: "Tarif edilmez ve adsızdır gönlüme acı ve tat veren, içimin de açlığı olan."

Erdemin, adların laubali olamayacağı kadar yüksekte olsun ve bahsetmen gerekirse ondan, kekelemekten utanma.

Şöyle konuş ve kekele: "*Bu benim* iyi'm, budur benim sevdiğim, böyle tam hoşuma gidiyor o, ancak böyle istiyorum *ben* iyiyi.

Bir Tanrı kanunu olarak istemiyorum onu, bir insan kanunu ya da ihtiyacı için de istemiyorum: o benim için üstün dünyalar ve cennetler yolunun işareti olmayacak.

Bu dünyaya ait bir erdemdir benim sevdiğim: sağgörü azdır onda, sağduyu ise daha da az.

Ama bu kuş benim yanımda kurdu yuvasını: onun için sever, bağrıma basarım onu, – işte yanımda altın yumurtaları üstünde kuluçkada."

Böyle kekelemelisin işte ve övmelisin erdemini.

Bir zamanlar ihtirasların vardı ve kötü derdin onlara. Şimdiyse sırf erdemlerin var, ihtiraslarından doğdular onlar senin.

En yüksek gayeni bu tutkuların bağrına yerleştirmiştin: derken erdemlerin ve zevklerin oldu senin bunlar.

Ve sen ister hiddetliler, ister şehvetliler, ister mutaassıp dindarlar, ya da kindarlar soyundan ol:

Sonunda bütün ihtirasların erdem, bütün iblislerin de melek oldular.

Bir zamanlar mahzeninde azgın köpekler vardı: ama sonunda bunlar kuşlara, sevimli türkücülere dönüştüler.

Zehirlerinden kendine bir merhem kardın; ineğini, ıstırabı sağdın, – tatlı sütünü içiyorsun şimdi memelerinin.

Ve kötülük doğmaz artık senden, meğer ki bu, erdemlerinin çatışmasından doğan bir kötülük ola.

Kardeşim, talihin varsa eğer, bir tek erdemin olur, fazla olmaz: böyle daha kolay geçersin köprüyü.

Birçok erdemi olmak seçkinliktir, ama çetin bir talihtir, ve niceleri çöle gidip kendi canlarına kıymışlardır, erdemlerinin savaşı ve savaş meydanı olmaktan bıktıkları için.

Kardeşim, savaş ve çarpışma kötü mü? Fakat gerekli bu kötülük, erdemlerinin arasında haset, güvensizlik ve iftira gerekli.

Bak, erdemlerinin her biri nasıl tutkulu en yüksek yer için: *kendi* habercisi olsun diye bütün ruhunu ister senin; öfkede, nefrette ve sevgide senin bütün gücünü ister.

Her erdem diğer erdemleri kıskanır ve korkunç bir şeydir kıskançlık. Erdemler bile mahvolabilirler kıskançlık yüzünden.

Kıskançlık alevinin sardığı kimse, sonunda, akrep gibi, zehirli iğnesini kendine çevirir.

Ah! Kardeşim, kendine iftira eden ve kendini hançerleyen bir erdem görmedin mi sen hiç?

İnsan aşılması lazım bir şeydir: onun için seveceksin erdemlerini, çünkü onlar yüzünden yok olacaksın.–

Zerdüşt böyle diyordu.

UÇUK BENİZLİ SUÇLU ÜZERİNE

Hayvan başını eğmeden öldürmek istemiyor musunuz, ey hâkimler ve kurban edenler? Bakın, uçuk benizli suçlu eğdi başını: büyük hor görme konuşuyor gözlerinden.

"Benim ben'im aşılması gereken bir şeydir: benim ben'im büyük hor görülmesidir insanın bence,"– böyle diyor bu gözler.

En yüce anıydı onun, kendi hakkında hüküm verdiği an: yücelmiş olan, aşağılık haline dönmesin yeniden!

Kendi elinden böylesine ıstırap çeken için kurtuluş yoktur, tez bir ölüm olmadıkça.

Öldürmeniz sizin, ey hâkimler, merhamet olmalı, intikam değil. Ve öldürürken, kendiniz hayatı haklı çıkarmaya bakın!

Öldürdüğünüzle uzlaşmanız kâfi değil. Kaderiniz Üstüninsan için sevgi olsun; kendi sağ kalışınızı böyle haklı çıkarırsınız!

"Düşman" deyiniz, ama "rezil" değil; "illetli" deyiniz, ama "bayağı" değil, "kaçık" deyiniz, ama "günahkâr" değil.

Ve sen, ey kızıl hâkim, zihninde yaptıklarının hepsini vursan, açığa, herkes şöyle haykırır: "Defedin şu murdarı, şu zehirli kurdu!"

Halbuki düşünce başka şeydir, eylem başka bir şey, eylem tasarımı ise daha başka bir şey. Sebep ve netice çarkı dönmez aralarında.

Bu uçuk benizli adamın benzini solduran tasarımdır. Eylemini işlerken eyleminin dengi adamdı: ama eylem işlendikten sonra dayanamadı onun tasarımına.

Kendini artık hep bir eylemin yapıcısı olarak görüyordu. Delilik derim ben buna: istisna, kaide olup çıktı onda.

Bir çizgi büyüler tavuğu; suçlunun indirdiği vuruş da büyüledi onun zavallı aklını. Eylemden *sonraki* cinnet derim buna ben.

Dinleyin, ey hâkimler! Bir başka cinnet daha vardır: eylemden *önceki* cinnettir bu da. Ah, yeterince inmediniz siz derinliklerine bu ruhun!

Şöyle der kızıl hâkim: "Neden öldürdü bu suçlu? Çalmak istiyordu o." Ama söyleyeyim ben size: ruhu onun kan istiyordu, çapul değil: bıçağın mutluluğuna susamıştı o!

Fakat zavallı aklı kavrayamadı bu çılgınlığı ve kandırdı kendisini. "Ne kıymeti var kanın!" dedi, "Bir şey çalmak istemez misin bari, hiç değilse; intikam almak ya da?"

O da zavallı aklına uydu: sözler kurşun gibi çökmüştü üstüne, – bunun üzerine, çaldı öldürürken. Cinnetinden utanmak istemiyordu.

Ve işte suçu yine kurşun gibi üzerinde, yine zavallı aklı öyle uyuşmuş, öyle kötürüm, öyle ağır.

Kafasını bir sallayabilse, yükü yuvarlanıverecek üstünden: fakat kim sallayabilir ki bu kafayı?

Nedir bu adam? Ruhtan dünyaya yayılan hastalıklar yığını: orada avlanmak isterler.

Nedir bu adam? Bir arada nadir rahat duran bir azgın yılanlar kangalı, – onun için kendi başlarına çıkarlar ve av ararlar dünyada.

Şu zavallı bedene bakın! Istırabını ve özlemini çektiği şeyi, kendine göre yorumladı, – öldürme arzusu ve bıçak mutluluğuna duyulan hırs ile yorumladı.

Şimdi hasta düşenin başına bugünün kötülüğü olan kötülük gelir: kendine ıstırap verenle ıstırap çektirmek ister. Ama başka çağlar da vardı, başka bir kötü de, iyi de.

Bir zamanlar kötüydü şüphe ve Kendi iradesi. O zaman hastalar dinsiz ve büyücü oldular: dinsiz ve büyücü olarak ıstırap çektiler ve ıstırap çektirmek istediler.

Fakat bu sizin kulaklarınıza girmez: iyi kişilerinizi incitirmiş, böyle diyorsunuz bana. Ama sizin iyi kişilerinizden bana ne!

İyi kişilerinizdeki birçok şey beni tiksindiriyor; ve gerçekten, onların kötülükleri değil! İsterdim ki, yok olabilecekleri bir cinnetleri olsun, şu uçuk benizli suçlu gibi!

Gerçekten, cinnetlerinin adına hakikat, yahut sadakat, ya da adalet denmesini isterdim: halbuki onların erdemi uzun yaşamak ve miskin bir rahatlık içinde yaşamak içindir.

Ben nehir kıyısında bir parmaklığım: kavrayabilen kavrasın beni! Ama koltuk değneğiniz değilim ben. –

Zerdüşt böyle diyordu.

OKUMA VE YAZMA ÜZERİNE

Yazılmış şeylerden ben yalnız, kanla yazılmışı severim. Kanla yaz: göreceksin ki kan, ruhtur.

Kolay değildir yabancı kanı anlamak: nefret ederim haylaz okurlardan.

Okuru tanıyan, başka bir şey yazmaz artık okur için. Bir okurlar yüzyılı daha geçsin, – ve ruhun kendisi kokuşacak.

Herkesin okuma öğrenebilmesi, zamanla yalnız yazmayı değil, düşünmeyi de berbat eder.

Bir zamanlar ruh tanrıydı, sonra insanlaştı, şimdiyse yığınlaşıyor hatta.

Kanla ve özdeyişlerle yazan, okunmak değil, ezberlenmek ister.

Dağlarda en kısa yol doruktan doruğadır: ama bunun için uzun bacaklarının olması gerek. Özdeyişler, doruklar olmalı: ve kendilerine söz söylenen kişiler, levent olmalılar.

Hava hafif ve berrak, tehlike yakın ve ruh neşeli bir muziplikle dolu: iyi uyar bunlar birbirine.

Cinler isterim ben etrafımda, cesurum çünkü ben. Hayaletleri kaçırtan cesaret, cinler yaratır kendine, – cesaret gülmek ister.

Sizin gibi duymuyorum ben artık; altımda gördüğüm şu bulut, kendisine güldüğüm şu karartı ve ağırlık, – fırtına bulutunuzdur işte bu sizin.

Yukarılara bakarsınız siz, yücelmek isteyince: Bense aşağılara bakarım, çünkü yücelmişim ben.

Kim içinizden aynı zamanda gülebilir ve yücelmiş olabilir?

En yüce dağlara tırmanan, güler bütün acıklı oyunlara ve acıklı gerçeklere.

Cesur, kaygısız, alaycı, zorba, – böyle olmamızı ister bilgelik: bir kadındır o ve hep bir savaşçıyı sever ancak.

Bana diyorsunuz: "Hayata tahammül güçtür." Peki ama neye yarardı yoksa sabahleyin gururlanmanız, akşamsa boyun eğmeniz?

Güçtür hayata tahammül: ama bu kadar nazlı olmayın siz de! Bizler hepimiz, yük çeken mükemmel erkek ve dişi eşekleriz!

Üzerindeki bir çiğ damlasıyla titreyen gül goncasıyla nemiz var bizim müşterek?

Doğru: severiz biz hayatı, ama yaşamaya alışmış olmamızdan değil, sevmeye alışmış olduğumuzdan.

Daima biraz delilik vardır sevgide. Ama delilikte de biraz akıllılık vardır daima.

Ve bana, hayatı seven bana öyle geliyor ki, kelebekler, sabun köpükleri ve bunlara benzeyen daha ne varsa insanlar arasında, onlardır mutluluğu en iyi bilenler.

Bu hafif, oynak, narin canlı minicik ruhların uçuştuğunu görmek – gözlerini yaşartır bu Zerdüşt'ün ve türküler söyletir ona. –

Raks etmesini bilen bir Tanrı'ya ancak inanırdım ben.

Ve ben iblisimi gördüğüm zaman, onu ciddi, titiz, derin ve ağırbaşlı buldum: ağırlığın ruhuydu o, – Her şey ondan ötürü düşer.

Hiddetle değil, gülmekle öldürür kişi. Haydi öldürelim ağırlığın ruhunu!

Yürümeyi öğrendim ben: o zamandan beri koştururum kendimi. Uçmayı öğrendim ben: o zamandan beri kımıldamam için itilmem gerekmez.

Hafifim artık, uçarım artık, kendimi artık ben kendi altımda görürüm, bir tanrı raks eder artık içimde. –

Zerdüşt böyle diyordu.

DAĞ BAŞINDAKİ AĞAÇ ÜZERİNE

Zerdüşt, bir delikanlının kendisinden kaçındığını fark etmişti. Ve bir akşam, "Benekli İnek" denilen kenti çevreleyen dağlarda yalnız başına gezerken, bakın hele, orda bir ağaca yaslanarak oturmuş ve yorgun bakışlarla vadiyi süzerken buldu o delikanlıyı. Zerdüşt, delikanlının yaslanarak oturduğu ağaca doladı kolunu ve şöyle dedi:

"Ellerimle sarsmak isteseydim bu ağacı, sarsamazdım.

Ama gözle görmediğimiz rüzgâr, onu istediği gibi kıvrandırır ve eğer. Görünmeyen eller eğer ve kıvrandırır bizi en çok."

Bunun üzerine delikanlı, şaşkın bir halde ayağa kalktı ve dedi: "Zerdüşt'ü işitiyorum, ben de onu düşünüyordum tam şimdi!" Zerdüşt cevap verdi:

"Neye korkuyorsun öyleyse? – Ağaç için neyse olan, insan için de aynı.

Ne kadar çok isterse yükseklere ve ışığa çıkmayı, o kadar kuvvetle dalmaya çabalar kökleri toprağa, aşağılara, karanlığa, derinliğe – kötülüğe."

"Evet, kötülüğe!" diye bağırdı delikanlı. "Nasıl oldu da keşfettin ruhumu sen?"

Zerdüşt gülümsedi ve dedi: "Nice ruhlar keşfedilmeyecek hiçbir zaman, meğer ki onları önce icat ede insan."

"Evet, kötülüğe!" diye bağırdı delikanlı bir daha.

"Doğru söyledin, Zerdüşt. Yükseklere çıkmak isteyeli beri, güvenim kalmadı artık kendime, kimsenin de güveni kalmadı bana artık – nasıl oldu bu?

Pek çabuk değişiyorum: bugünüm, dünümü yalanlıyor. Merdivenleri çıkarken basamakları atlıyorum sık sık, – hiçbir basamak affetmiyor beni bundan ötürü.

Yukardayken, yalnız buluyorum kendimi hep. kimse konuşmuyor benimle, yalnızlığın ayazı titretiyor beni. Ne arıyorum yükseklerde?

Hor görmemle hasretim birlikte büyüyorlar; ne kadar çok yükseğe çıkarsam, o kadar çok hor görüyorum yükseleni. Ne arıyor yükseklerde?

Nasıl utanıyorum yükselmemden ve sendelememden! Nasıl alay ediyorum soluk soluğa kalışımla! Nasıl nefret ediyorum uçandan! Ne kadar yorgunum yükseklerde!"

Burada sustu delikanlı. Zerdüşt, yanında durdukları ağaca baktı, baktı da şöyle dedi:

"Yapayalnız duruyor bu ağaç şu dağ başında; insanla hayvanın epey üstünde yetişmiş.

Ve konuşmak isteseydi eğer, kimse bulunmayacaktı kendisini anlayacak: öylesine yükselmiş.

Şimdi bekler, bekler, – neyi bekler? Bulutların durduğu yere pek yakın oturur: ilk şimşeği mi bekler acep?"

Zerdüşt bunları dediğinde, elini kolunu hızlı hızlı sallayarak, delikanlı bağırdı: "Evet, Zerdüşt, doğruyu söylüyorsun sen. Mahvımı arzulamış oldum ben yükseklerі istediğimde, beklediğim şimşek de sensin! Bak, sen aramızda görüneli neyim ben? Seni *kıskanmamdır* beni yıkan!" – Böyle dedi delikanlı ve acı acı ağladı. Zerdüşt ise kolunu beline doladı ve götürdü onu.

Bir müddet beraber yürüdükten sonra, şöyle konuşmaya başladı Zerdüşt:

Yüreğim parçalanıyor. Gözlerin, sözlerinden daha iyi anlatıyor bana içinde bulunduğun tehlikeyi...

Özgür değilsin sen henüz, hâlâ özgürlüğü *arıyorsun* sen. Ama kötü içgüdülerin de susamış özgürlüğe.

Azgın köpeklerin serbest olmayı isterler; ruhun, bütün zindan kapılarını açmaya uğraşırken, mahzenlerinde onlar sevinçle havlıyorlar.

Benim gözümde sen hâlâ, zihninde serbestliği tasarlayan bir mahpussun: ah, kurnaz olur böyle mahpusların gönülleri, ama hilekâr ve kötü de olur.

Özgürlüğüne kavuşmuş ruh bile kendisini saf kılmaya muhtaç henüz. Zindandan epey iz ve küf vardır hâlâ içinde: gözlerinin saflaşması gerektir hâlâ.

Evet, biliyorum karşılaştığın tehlikeyi. Fakat sevgim ve ümidim başı için yalvarırım sana: sevginle ümidini bir kenara atma!

Kendini sen soylu hissediyorsun hâlâ, başkaları da soylu buluyorlar hâlâ seni, sana kin bağlayanlar, kem gözle bakanlar da. Bil ki, herkesin yolu üstünde bir soylu kişi dikilmiş durur.

İyilerin de yolları üstünde bir soylu kişi durur dikilmiş: ve iyi derlerken bile ona, ortadan kaldırmak için öyle derler.

Yeni bir şey yaratmak ister soylu kişi ve yeni bir erdem. Eskiyi ister iyiler ve eskinin korunmasını.

Ama tehlike, soylu kişinin iyi bir kişi olması değil, bir yüzsüz, bir alaycı, bir yıkıcı olmasında.

Ah! En yüksek umutlarını yitirmiş soylu kişiler tanıdım ben. Ve sonradan onlar bütün yüksek umutlara iftira ettiler.

O gün bugündür hayasızca yaşadılar geçici zevkler içinde ve gündelik ömürlerinden öte hemen hiçbir gaye edinmediler.

"Ruh da şehvettir," – böyle diyorlardı onlar. Sonra ruhlarının kanatları kırıldı; ve yerde sürünüyor şimdi ruhları ve kemirdiği her şeyi kirletiyor.

Bir zamanlar kahraman olmayı kurarlardı: Şehvet düşkünleridirler şimdi. Dert ve dehşettir kahraman onlarca.

Fakat sevgim ve ümidim başı için yalvarırım sana: gönlündeki kahramanı bir kenara atma! Kutsal tut en yüksek ümidini! –

Zerdüşt böyle diyordu.

ÖLÜM VAİZLERİ ÜZERİNE

Ölüm vaizleri vardır. Ve yeryüzü, hayattan el çekmeleri vaaz edilecek kişilerle dolu.

Gereksiz kişilerle dolu yeryüzü, bu fazla kişilerle fesatlaşmış hayat. "Ebedi Hayat"la ayartılıp çekilsinler bari bu hayattan!

"Sarılar" diyorlar ölüm vaizlerine, yahut "karalar". Ama onları başka renklerde de göstermek isterim ben sizlere.

İşte içlerinde yırtıcı hayvan taşıyan, şehvet ya da nefsine ezâdan gayrı seçecekleri yol olmayan korkunç kişiler. Şehvetleri bile onların nefse ezâdır.

Henüz insan bile olmamışlardır, bu korkunç kişiler: vaaz etsinler de yüz çevirmeyi hayattan, kendileri güçsünler!

İşte ruhu veremliler. Daha doğmadan başlarlar ölmeye ve bezginlik ile feragat öğretilerini özlerler.

Severek isterler ölmeyi, bizim de uygun bulmamız gerek onların bu arzularını! Bu ölüleri uyandırmaktan ve bu canlı tabutlara zarar vermekten sakınalım!

Bir hasta, yahut bir ihtiyar, ya da bir ceset çıktı mı karşılarına, – deyiverirler hemen: "Ne boş hayat!"

Boş olan halbuki kendileri ve varlığın yalnız bir yüzünü gören gözleridir.

Koyu hüzne bürünmüş ve ölüm getirecek küçük tesadüflere istekli: böyle beklerler işte ve dişlerini sıkarlar.

Ya da kapıverirler şekerlemelerini ve alay ederler böylece kendi çocuklarıyla: hayatlarının saman çöpüne tutunurlar ve alay ederler saman çöpüne tutunmalarıyla.

Şöyle der onların bilgeliği: "Sağ kalan delidir; ama o kadar deliyiz işte biz de! Ve en büyük delilik de bu zaten hayatta!"

"Hayat yalnız acı çekmektir" – böyle derler diğerleri ve yalan değil söyledikleri: siz *kendiniz* bakın öyleyse bitmeye! Yalnız acı çekmek olan hayatı bitirmeye bakın öyleyse!

Erdeminin öğretisi de şu olsun. "Kendini sen kendin öldüreceksin! Sen kendin kendinden kaçıp kurtulacaksın!"

"Şehvet günahtır," – böyle derler ölüm vaaz edenlerden bazıları, – "Çekilelim bir yana ve çocuk yapmayalım!"

"Doğum zahmetlidir," – derler diğerleri – "ne diye doğurmalı hâlâ? Dünyaya sırf bahtsızlar getirdikten sonra!" Bunlar da ölüm vaizleridir.

"Merhamet gerek," – böyle derler üçüncüler, "Alın neyim varsa! Neysem ben alın! Böylece daha az bağlanırım hayata!"

Tam merhametli olsaydılar, hayattan bezdirirlerdi komşularını. Kötü olmak, – bu olurdu işte onların gerçek iyiliği.

Lakin onlar kurtulmak istiyorlar hayattan: zincirleriyle ve armağanlarıyla başkalarını daha sıkı bağlıyorlarmış hayata, umurlarında mı?

Ve, ya sizler, hayatları amansız bir çaba ve tedirginlik olan sizler, iyice usanmadınız mı hayattan? Tam ergin değil misiniz ölüm vaazı için?

Hepiniz ey, amansız çabayı ve hızlıyı, yeniyi ve yabancıyı seven sizler, – kendinize pek katlanamıyorsunuz; gayretiniz kaçıştır, kendinizi unutma iradesidir.

Daha çok inansaydınız hayata, kendinizi daha az verirdiniz içinde bulunulan ana. Ama beklemek için, yeterli cevher yok içinizde, – tembellik için de!

Her tarafta çınlıyor sesleri ölümü vaaz edenlerin; ve yeryüzü, kendilerine ölüm vaaz edilmesi gerekenlerle dolu.

Ya da "Ebedi Hayat": hepsi bir bence, yeter ki tez göçüp gideler! – Zerdüşt böyle diyordu.

SAVAŞ VE SAVAŞÇILAR ÜZERİNE

Ne en iyi düşmanlarımızca esirgenmek dileriz, ne de ta gönülden sevdiklerimizce. Öyleyse doğruyu size ben söyleyeyim!

Savaştaki kardeşlerim benim! Sizi ben ta gönülden severim, oldum olası ben sizdenim. Ve sizin en iyi düşmanınızım da. Öyleyse size ben doğruyu söyleyeyim!

Bilirim kalplerinizin kin ve hasedini. Kin ve hasedi bilmeyecek kadar büyük değilsinizdir. Bunlardan utanmayacak kadar büyük olun bari!

Ve bilgi ermişleri olamıyorsanız, hiç değilse savaşçıları olun. Onlardır bu ermişliğin yoldaşları ve müjdecileri.

Pek çok asker görüyorum: pek çok savaşçı görebilsem keşke! "Üniforma" diyorlar giydiklerine: üniformanın gizledikleri *aynı – formadan* olmasalar bari!

Gözleri hep bir düşman arayan kişiler olmalısınız, – *kendi* düşmanınızı. Ve bazılarınız aranızdan daha ilk bakışta kin bağlar.

Kendi düşmanınızı aramalısınız, kendi savaşınızı yapmalısınız ve kendi düşünceleriniz uğruna! Ve şayet yenilirse düşünceleriniz, yine de dürüstlüğünüz zafer nâraları atmalıdır bunun için!

Yeni savaşlara bir araç diye sevmelisiniz siz barışı. Ve kısa bir barışı uzunundan daha çok.

Size işi değil, savaşmayı öğütlerim. Barışı değil, zaferi öğütlerim size. İşiniz bir savaş, barışınız bir zafer olsun!

Kişi, okla yayı olunca ancak susar ve sakin oturabilir: yoksa gevezelik ve kavga eder. Varsın barışınız bir zafer olsun!

Savaşı bile kutsayan iyi bir dava mı diyorsunuz? Ben size derim: iyi bir savaştır her davayı kutsayan.

Savaşla cesaret, komşu sevgisinden daha büyük şeyler başarmıştır. Merhametiniz değil, yiğitliğiniz kurtarmıştır bugüne dek çaresizliğe düşenleri.

"İyi nedir?" diye soruyorsunuz. Cesur olmak iyidir. Bırakın küçük kızlar desinler: "İyi olmak, hem güzel hem dokunaklı olmaktır."

Kalpsiz diyorlar size: ama tertemizdir sizin kalbiniz ve içtenliğinizdeki utangaçlığı seviyorum ben. Siz yükselişinizden utanıyorsunuz, başkalarıysa inişlerinden.

Çirkin misiniz? Pekâlâ, kardeşlerim! Yüceye bürünün öyleyse, çirkinlerin örtüsüne!

Ruhunuz büyüdü mü kibirlenir, yüceliğinizde ise kötülük vardır. Bilirim sizi ben.

Kötülükte kibirli kişiyle aciz kişi buluşur. Ama yanlış anlarlar birbirlerini. Bilirim sizi ben.

Ancak nefret edilebilecek düşmanlarınız olmalı sizin, hor görülebilecek düşmanlar değil. Övünç duymalısınız düşmanlarınızla: o zaman düşmanınızın başarısı sizin de başarınız olur.

İsyan, – kölenin soyluluğudur bu. Sizin soyluluğunuz itaat olmalı. Emredişiniz bile sizin, itaat olmalı!

"Yapmalısın", "istiyorum"dan daha hoş gelir iyi bir savaşçının kulağına. Ve sizce sevilen her şeyi, önce emrettirmelisiniz kendinize.

Hayata olan sevginiz de en yüksek düşüncesi olsun hayatın!

En yüksek düşüncenizi ise ben emretmeliyim size, – o da şudur: insan aşılması gereken bir şeydir.

Böyle yaşayın itaat ve savaş hayatınızı! Ne önemi var uzun ömrün! Hangi savaşçı diler ki esirgensin!

Esirgemem sizi ben, sizi ta gönülden severim, savaştaki kardeşlerim benim! –

Zerdüşt böyle diyordu.

YENİ PUT ÜZERİNE

Bazı yerlerde hâlâ uluslar ve sürüler mevcut, ama bizde yoktur kardeşlerim: burada devletler vardır.

Devlet mi? O da ne? Peki! Kulak verin şimdi bana, zira size ben ulusların ölümünden söz edeceğim.

Bütün soğuk canavarların en soğuğuna devlet denir. Soğuk soğuk da yalan söyler o: ve şu yalan sürünerek çıkar ağzından: "Ben, devlet, ulus'um ben."

Yalan! Yaratıcılardı ulusları yaratanlar ve üstlerine onların bir iman ve bir sevgi asanlar: böylece hizmet ettiler onlar hayata.

Yıkıcılardır, buncalara tuzaklar kuranlar ve bunlara devlet diyenler: üstlerine onların bir kılıç ve yüz arzu asarlar.

Nerde hâlâ ulus varsa, orada devlet anlaşılmaz; kem göz gibi, törelere ve yasalara karşı işlenmiş bir günah gibi nefret edilir ondan.

Şu işareti veririm ben size: her millet kendi iyilik ve kötülük dilini konuşur: anlamaz bunu komşu. Törelerinde ve yasalarında olduğunca dilini yaratmıştır o kendine.

Ama devlet bütün iyilik ve kötülük dilleriyle yalan söyler; her ne derse yalan der, – ve her nesi varsa çalmadır.

Onda her şey sahtedir; çalınmış dişlerle ısırır bu ısırgan. İçindeki uzuvları bile sahte onun.

İyilik ve kötülük dillerinin karışıklığı: devletin alâmeti olarak bu işareti veririm ben size. Gerçekte, ölüm idaresini gösterir bu işaret! Ölüm vaizlerini çağırır o gerçekte!

Gereğinden fazla insan doğuyor: gereksizler için icat edilmiştir devlet!

Bakın, nasıl tatlılıkla çekiyor kendine devlet bu gereksizleri: Nasıl yalamadan yutuyor onları ve çiğneyip geviş getiriyor!

"Yeryüzünde benden büyük bir şey yoktur: düzenleyen parmağıyım ben Tanrının" – böyle kürer o canavar. Ve yalnız uzun kulaklılarla kısa görüşlüler değildir diz çökenler!

Ah, size bile fısıldar, ey ulu ruhlar, karanlık yalanlarını o! Ah, kendilerini harcamayı seven zengin gönüllüleri bulup çıkarır o!

Evet, sizi bile bulup çıkarır o, siz eski Tanrıyı yenenleri! Yorgun düştünüz siz savaştan, yorgunluğunuz şimdi yeni puta yarıyor! Kahramanlar ve şerefli kişiler dizmek ister etrafına o, yeni put! İyi vicdanların güneşinde ısınmayı sever o, – bu soğuk canavar!

Her şeyi verir size bu yeni put, kendisine taparsanız şayet: erdeminizin parıltısını ve mağrur gözlerinizin bakışını böylece satın alır.

Yem diye kullanır sizi, gereksizleri ayartmada! Evet, bir cehennem marifeti uydurulmuştur burada, tanrısal şereflerin süslü koşu takımı içinde şıngırdayan bir ölüm atı!

Evet, birçokları için bir ölüm bulunmuştur burada, kendini hayat gibi över: doğrusu, candan bir hizmet bütün ölüm vaizlerine!

Devlet derim ben ona, herkesin zehir içtiği yer, iyilerin de kötülerin de: devlet, herkesin kendini yitirdiği yer, iyilerin de kötülerin de: devlet, herkesin yavaş yavaş intiharına "hayat" denen yer.

Şu gereksizlere bir bakın! Meydana yeni bir şey getirenlerin eserlerini ve bilgelerin hazinelerini çalarlar: Kültür derler çaldıklarına, – ve her şey maraz ve musibet gelir onlara!

Bir bakın şu gereksizlere! Her zaman hastadır onlar; safralarını kusarlar ve gazete derler buna. Birbirlerini yutarlar ve kendilerini bile hazmedemezler.

Şu gereksizlere bir bakın! Servet edinirler ve bununla züğürtleşirler. İktidar isterler ve her şeyden önce de iktidar manivelasını, bol parayı, – bu iktidarsızlar!

Tırmanışlarına bakın şu çevik maymunların! Birbirinin sırtına binerek tırmanırlar, böylece balçığa ve uçuruma sürüklerler birbirlerini.

Tahta erişmek ister hepsi de: delilikleridir bu onların, – mutluluk oturururmuş sanki tahtın üstünde! – Çokluk taht çamurun üstünde oturur.

Çılgın görünür bunların hepsi bana, tırmanan maymunlar ve azgınlar. Kötü kokar burnuma putları, o soğuk canavar: hepsi de burnuma kötü kokar putperestlerin.

Kardeşlerim, onların ağızlarının ve iştahlarının pis kokusunda boğulmak mı istiyorsunuz? Pencereleri kırıp dışarı fırlayın daha iyi!

Çekilin yolu üstünden bu pis kokunun! Uzaklaşın putperestliğinden gereksizlerin!

Çekilin yolu üstünden bu pis kokunun! Uzaklaşın bu insan kurbanlarının buğusundan!

Ulu ruhlar için yeryüzü henüz açık duruyor. Yalnızlar ve yalnız çiftler için, etrafında sakin denizlerin kokusu esen nice yerler henüz boş duruyor.

Özgür bir hayat henüz açık duruyor ulu ruhlar için. Gerçekten, aza sahip olanın kulluğu az olur: övgüler olsun küçük yoksulluğa!

Orda, devletin bittiği yerde, orda başlar gereksiz olmayan insan: orda başlar türküsü gerekli kişilerin, o eşsiz ve benzersiz ezgi.

Oraya, devletin *bittiği* yere – oraya bakın, kardeşlerim! Görmüyor musunuz gökkuşağını ve köprülerini Üstüninsanın? –

Zerdüşt böyle diyordu.

PAZAR YERİNDEKİ SİNEKLER ÜZERİNE

Kaç, dostum, yalnızlığına! Büyük adamların gürültüsünden sersemlemiş ve küçüklerin iğneleriyle de delik deşik olmuş görüyorum seni.

Ormanla kaya pek iyi bilirler nasıl susulacağını seninle? O sevdiğin ağaca benze sen yine, o dalları geniş ağaca: sessiz ve dinlercesine sarkar o, denizin üstüne.

Yalnızlığın bittiği yerde, pazar yeri başlar; pazar yerinin başladığı yerde de büyük oyuncuların şamatası ve zehirli sineklerin vızıltısı başlar.

Dünyada en iyi şeyler bile kıymetsizdir, bir göstereni olmazsa: bu göstericilere halk büyük adam der.

Pek anlamaz halk büyükten, yani: yaratıcılıktan. Ama büyük şeylerin bütün göstericilerinden ve oyuncularından zevklenir.

Yeni değerler yaratanlar çevresinde döner dünya: – görünmeden döner. Ama oyuncuların çevresinde döner halk ve şan: böyledir "dünyanın gidişi".

Ruh vardır oyuncuda, ama ruhun vicdanı yoktur pek. En çok inandırdığı şeye inanır o daima, – *kendine* inandırdığı!

Yarın yine bir inanç edinir, öbür gün daha da bir yenisini. Kıvrak zekâsı vardır, halk gibi, ve hercai mizacı.

Devirmek, – onca bu, kanıtlamak demek. Çıldırtmak, bu onca: ikna demek. Kan ise, kanıtların en iyisi onca.

Yalnız duyarlı kulaklara sızan bir gerçeğe, yalan ve hiç der o. Gerçekten dünyada büyük gürültü koparan tanrılara inanır o ancak!

Şatafatlı soytarılarla doludur pazar yeri, – ve halk övünür büyük adamlarıyla! Bunlar, ânın efendileridir onca.

Ama an sıkıştırır onları: onlar da seni sıkıştırırlar. Ve senden Evet ya da Hayır isterler. Yazık, "... yana olma" ile "... karşı olma" arasına mı koymak istiyorsun sen iskemleni?

Bu zorbaları ve sıkıştırıcı kişileri kıskanma, ey gerçek âşığı! Zorbanın koluna hiçbir zaman asılmamıştır gerçek.

Bu tez canlılar yüzünden, dön güvenliğine: kişi ancak pazar yerinde uğrar baskına, "Evet mi?" ya da "Hayır mı?" ile.

Ağırdır duyuşu bütün derin pınarların: derinliklerine *neyin* düştüğünü bilmek için uzun zaman beklemeleri gerekir.

Pazar yerinden ve şöhretten uzakta oluşur bütün büyük şeyler: pazar yerinden ve şöhretten uzakta kalmışlardır daima yeni değerler yaratanlar.

Kaç, dostum, yalnızlığına: görüyorum ki zehirli sinekler sokmuş her yerini. Rüzgârın sert ve yaman estiği yere kaç!

Yalnızlığına kaç! Küçük ve acınacak kişilere sen pek yakın yaşadın. Görünmez öçlerinden kaç onların! Sana karşı onlar öçten başka bir şey değillerdir.

El kaldırma artık onlara! Sayısızdı onlar, ve senin nasibin sineklik olmak değildir.

Sayısızdır bu küçük ve acınacak kişiler; nice mağrur binaların mahvına sebep olmuştur yağmur damlalarıyla yabanıl otlar.

Taş değilsin sen; ama şimdiden oymuşlar seni sayısız damlalar. Sayısız damlalarla kırılıp parçalanacaksın da.

Zehirli sineklerden bitkin hale geldiğini görüyorum; kanlar içinde, yüz yerinden sıyrık içinde görüyorum seni; ve gururun öfkelenmek bile istemiyor.

Kan isterler senden tam bir masumlukla; kansız ruhları susamış kana, – onun için de sokarlar tam bir masumlukla.

Ama sen, ey derin kişi, küçük yaralardan bile çok derin acı duyarsın: ve henüz şifa bulmadan, aynı zehirli kurt elinin üstünde yürür sürünerek.

Bu oburları öldürmeyecek kadar gururlusun sen. Ama sakın, nasibin onların bütün zehirli insafsızlıklarına katlanmak olmasın!

Övgüleriyle onlar vızıldarlar senin etrafında: sırnaşıklıktır onların övgüsü. Onlar senin derine ve kanına yakın olmak isterler.

Bir Tanrıya veya iblise yaltaklanır gibi yaltaklanırlar sana; bir Tanrının veya iblisin önünde gibi ağlayıp sızlanırlar önünde. Neye yarar? Dalkavuklar ve sızlananlardır onlar, başka bir şey değil.

Çok defa da şirin gösterirler sana kendilerini. Ama bu olmuştur daima korkakların kurnazlığı. Evet, kurnaz olur korkaklar!

Dar ruhlarıyla seni çok düşünürler, – daima kuşkulanırlar senden! Çok düşünülen her şey kuşku yaratır.

Bütün erdemlerinden ötürü cezalandırırlar seni. Kusurların için ancak seni yürekten affederler.

Sen iyi kalpli ve dürüst olduğun için dersin: "Suçsuzdur onlar küçük varlıklarından ötürü." Lakin onların dar ruhları düşünür: "Suçludur bütün büyük varlıklar."

İyi kalpli davranırken bile onlara sen, kendilerini hor gördüğünü sanırlar; ve senin iyiliğini sinsi kötülüklerle öderler.

Senin sessiz gururun aykırıdır hep zevklerine onların; bir kerecik bile hafiflik edecek kadar alçakgönüllülük gösterirsen, sevinirler.

Bir insanda bulduğumuz bir şeyi, biz tutuştururuz da ondan. Onun için sakın küçüklerden!

Önünde senin küçük hissederler kendilerini, ve bir görünmez hınçla parıl parıl yanar sana karşı bayağılıkları.

Fark etmedin mi, çok kereler nasıl sustuklarını yaklaşınca sen yanlarına, ve sönen bir ateşin dumanı gibi, güçlerinin onlardan nasıl çekilip gittiğini?

Evet, dostum, komşularının tedirgin vicdanısın sen; çünkü sana layık değillerdir onlar. Onun için nefret ederler senden ve seve seve emmek isterler kanını.

Komşuların senin zehirli sinekler olacaktır hep; sende büyük olan, – işte o, daha zehirli yapacak onları ve daha çok sinekleştirecek.

Kaç, dostum, yalnızlığına, –rüzgârın sert ve yaman estiği, oraya. Sineklik olmak değildir senin nasibin.–

Zerdüşt böyle diyordu.

NAMUS ÜZERİNE

Severim ormanı. Şehirlerde yaşamak kötü: oralarda şehvet düşkünü pek çoktur.

Bir katilin eline düşmek, şehvetli bir kadının rüyalarına girmekten daha yeğ değil midir?

Şu adamlara bakın hele: gözlerinden okunuyor, – dünyada bir kadınla yatmaktan daha iyi bir şey bildikleri yok.

Gönüllerinin dibi çirkef, ve yazık; çirkefliklerinde ruh da varsa eğer!

Hiç değilse hayvanlar gibi mükemmel olsaydınız bari! Ama hayvanlara vergidir masumluk.

Duygularınızı öldürmeyi mi salık veriyorum size ben? Size ben duygularınızda masumluğu salık veriyorum.

Namusu mu salık veriyorum size ben? Namus, bazılarınca bir erdem, ama birçoklarınca hemen hemen bir ayıptır.

Bunlar kendilerini tutarlar, doğru: fakat yaptıkları her şeyden, şehvet denen kancık it hasetle bakar.

Erdemlerinin zirvelerine ve soğuk ruhlarının ta içine dek izler onları kendi tedirginliğiyle bu hayvan.

Ve bir parça et esirgenince kendisinden, bir parça ruh için ne sevimlice bilir dilenmesini bu kancık şehvet iti!

Siz acıklı oyunları ve bütün yürek parçalayan şeyleri mi seversiniz? Ama benim güvenim yok sizin şehvet itinize!

Pek zalim gözleriniz var, şehvetle bakarsınız acı çekenlere. Şehvetiniz sadece kılık değiştirip merhamet demedi mi adına?

Şu değişmeceli benzetiyi de veririm size: iblislerini defetmek isterken, kendileri hınzırlaşanlar az değildir.

Namusu güç bulan, vazgeçirilmeli bundan: cehenneme götüren yol olmasın diye, – yani çirkefe ve gönül azgınlığına.

Kirli şeylerden mi bahsediyorum? Bu değil bence beteri.

Gerçek sularına, kirli olduğu zaman değil, sığ olduğu zaman girmek istemez aklı eren kişi.

Gerçekten, tümüyle namuslu olanlar vardır: bunlar yufka yüreklidirler, sizden daha sevimli, ve daha çok gülerler.

Namusa dahi gülerler onlar ve sorarlar: "Nedir namus?

Delilik değil midir namus? Ama bu delilik bize geldi, biz gitmedik ona.

Barınak ve gönül verdik biz bu misafire: bizimle oturuyor şimdi, – kalsın istediği kadar!" –

Zerdüşt böyle diyordu.

DOST ÜZERİNE

"Biri daima fazladır etrafımda" – böyle düşünür yalnız kişi. "Daima bir kere bir, – sonunda bu iki olur gider!"

"Ben" ile "Beni" pek hararetli görüşürler daima: nasıl tahammül edilirdi, bir dost olmasa?

Yalnız için dost, daima bir üçüncü kişidir: üçüncü, iki kişi arasındaki konuşmanın derinlere dalmasını önleyen bir mantardır.

Ah! Pek çok derinlikler vardır bütün yalnızlar için. Onun için, bunca özlem duyarlar bir dosta ve onun yüksekliklerine.

Başkalarına inancımız, kendimizde inanmak istediğimizi açığa vurur. Bir dosta özlemimiz bizi ele verir.

Ve çok kez insan sevmekle hasedi aşmak ister. Çok kez de saldırır ve düşman edinir, kendine saldırılabileceğini gizlemek için.

"Hiç değilse düşmanım ol!" – böyle der, dostluk dilemeye cesaret edemeyen gerçek saygı.

Dost edinmek isteyen, onun uğruna savaşmaya da istekli olmalı: savaşmak için de düşman *olabilmeli.*

Kişi dostundaki düşmana dahi saygı göstermeli. Dostuna, onun tarafına geçmeden, yaklaşabilir misin?

Dostunda insan en iyi düşmanını bulmalı. Gönlünle ona en yakın olmalısın, karşı koyduğunda dostuna.

Dostunun önünde çıplak durmak mı istersin? Dostunun şerefine mi, kendini olduğun gibi göstermen ona? Ama bu yüzden sana dostun "şeytan görsün seni" der!

Kendisini hiç gizlemeyen, kişiyi deli eder; öylesine hakkınız var çıplaklıktan korkmaya! Evet, Tanrı olsaydınız, o zaman utanabilirdiniz giysinizden!

Dostun için yeterince süslenemezsin; zira onun için sen, bir ok ve bir özlem olmalısın Üstüninsana.

Dostunu uyurken gördün mü hiç, – bilmek için nasıl göründüğünü Nasıldır sahi yüzü dostunun? Kendi yüzündür o senin, pürüzlü ve kusurlu bir aynada.

Uyurken gördün mü hiç dostunu? Korkmadın mı dostunu öyle görünce? Ah dostum, aşılması gereken bir şeydir insan.

Sezmekte ve susmakta usta olmalı dost. Görmeyi istememelisin her şeyi. Sana rüyan açıklamalı dostunun uyanıkken ne yaptığını.

Bırak merhametin bir sezgi olsun: dostun merhamet diliyor mu, önce onu bilmen için. Belki o sendeki keskin göz ve ebediyet bakışını seviyor.

Bırak dostuna merhametin sert bir kabuk altında saklansın; üzerinde sen bu kabuğun bir diş kırmalısın. Böylece lezzetlenir ve tatlılaşır o.

Dostun için sen temiz hava ve yalnızlık ve ekmek ve deva mısın? Niceleri kendi zincirlerini çözemezler de, dostlarının azatçısıdırlar.

Köle misin? Öyleyse dost olamazsın. Zorba mısın? Öyleyse dost edinemezsin.

Köleyle zorba pek uzun zaman gizlenmiştir kadında. Onun için kadın hâlâ yeterli değildir dostluğa; yalnız aşkı bilir o.

Kadının aşkında sevmediği her şeye karşı insafsızlık ve körlük vardır. Kadının bilinçli aşkında bile, ışığın yanı sıra, daima umulmazlık, şimşek ve gece vardır hâlâ.

Kadın hâlâ yeterli değildir dostluğa: kediler ve kuşlardır kadınlar daha hâlâ. Ya da, olsa olsa, inekler.

Kadın hâlâ yeterli değildir dostluğa. Ama, söyleyin bana, ey erkekler, hanginiz yeterlisiniz dostluğa?

Yazık sizin züğürtlüğünüze, ey erkekler, ve ruh cimriliğinize! Dostunuza verdiğiniz kadarını sizin, düşmanıma veririm en, züğürtleşmem de hem.

Arkadaşlık var: dostluk olaydı! –

Zerdüşt böyle diyordu.

BİNBİR GAYE ÜZERİNE

Nice ülkeler ve nice uluslar gördü Zerdüşt: nice uluslara göre iyi ile kötü nedir, o böylece anladı. İyi ile kötüden daha büyük bir güce rastlamadı Zerdüşt yeryüzünde.

Hiçbir ulus, önce değerlendirmeden, yaşayamaz; ama varlığını korumak isterse, komşusu gibi değerlendirmemesi gerekir.

Bir ulusun iyi saydığı birçok şeyi, diğer bir ulus küçüklük ve düşüklük sayıyordu: böyle gördüm ben. Burada kötü denen pek çok şeyin, başka yerde erguvani şereflerle süslendiğini gördüm.

Komşu komşuyu anlamıyordu hiçbir zaman: komşusunun deliliğine ve kötülüğüne şaşıyordu ruhu hep.

Her ulusun üstünde bir iyiler levhası asılıdır. İşte bakın, zaferlerinin levhasıdır bu onların. Bakın işte, onlardaki güç isteminin sesidir bu.

Övgüye değerdir, güç saydıkları şey; pek gerekli ve güç olana iyi derler; ve en büyük sıkıntıdan kurtaranı, eşsiz ve en güç olanı, – kutsal diye överler.

Onlara hükmettiren ve zafer kazandıran ve parıldatan, komşularını yıldıran ve kıskandıran şey: onlarca bu en yüce ve en başta gelen sayılır, her şeyin ölçüsü ve manası sayılır.

Gerçekten, kardeşim, bir ulusun ihtiyacını, toprağını, göğünü ve komşusunu bilirsen eğer, o zaman anlarsın zaferlerinin kanununu ve neden bu merdivenle umuduna tırmandığını.

"Daima önde gelmelisin ve başkalarını geçmelisin: kıskanç gönlün kimseyi sevmemeli, dosttan gayrı," – Yunanlı'nın ruhunu titretirdi bu: böyle yürüdü o büyüklük yolunda.

"Doğruyu söylemek ve yayla oku kullanmakta usta olmak" – hem sevimli hem çetin gelirdi bu, bana adımı veren ulusa – bana hem sevimli hem çetin gelen adı.

"Ata ile anayı saymak ve canı gönülden onların arzularını yerine getirmek," – bu zafer levhasını astı üstüne bir başka ulus ve bununla kudretli ve ölümsüz oldu.

"İçten bağlanmak ve bağlılık uğruna kötü ve tehlikeli hallerde bile şereften ve kandan olmayı göze almak," – bunu öğreterek kendine başka bir ulus kendini yendi, ve yenerken böyle kendini, büyük umutlara gebe kaldı, ağırlaştı.

Gerçekten, her türlü iyi ve kötülerini insanlar kendileri vermişlerdir kendilerine. Gerçekten, onları almadılar, bulmadılar onları, gökten bir ses gibi inmedi onlar kendilerine.

Korumak için kendini değer biçti insan önce eşyaya, – o yarattı önce anlamını eşyanın, insanca anlamı! Bunun için kendine "insan" der, yani: değerlendiren.

Değerlendirmek, yaratmaktır: işitin, ey yaratıcılar! Değerlendirmenin kendisi, bütün değerlendirilmiş şeylerin hazinesi ve cevheridir.

Değerlendirmeyle ancak değer var olur: değerlendirme olmasaydı, varlık cevizi koflaşırdı! Ey yaratıcılar, işitin!

Değerlerin değişmesi, – yaratıcıların değişmesidir bu. Yaratıcı olması gereken, yıkar her zaman.

Önce uluslardı yaratıcılar, son zamanlarda ancak bireyler yaratıcı oldular: gerçek, bireyin kendisi en son yaratmadır daha.

Bir zamanlar uluslar üstlerine iyinin levhasını asarlardı. Hükmetmek isteyen sevgi ile itaat etmek isteyen sevgi, ikisi birlikte yarattılar bu türlü levhaları.

Sürüdeki haz daha eskidir "Ben"deki hazdan: ve iyi vicdan sürü diye nitelendikçe, ancak kötü vicdan "Ben" der.

Gerçek, kendi çıkarını çokluğun çıkarında arayan o kurnaz, o sevgisiz Ben – sürünün kaynağı değil, batışıdır.

Sevenlerdi daima, yaratıcılardı, iyi ile kötüyü yaratanlar. Bütün erdemlerin, adlarında aşk ateşi yanar, ve öfke ateşi.

Nice ülkeler ve nice uluslar gördü Zerdüşt: sevenlerin yaratmalarından daha büyük bir güce rastlamadı yeryüzünde: "İyi" ile "kötü" derler bunların adına.

Gerçek, bir canavardır bu övme ve yerme gücü. Söyleyin bana, kim hakkından gelecek bu canavarın, ey kardeşler! Söyleyin, kim bu hayvanın boynuna boyunduruk vuracak?

Bin gaye vardı şimdiye dek, bin ulus olduğundan. Ancak bin boyuna vurulacak boyunduruk eksik henüz, o tek gaye eksik. Gayesi yok henüz insanlığın.

Ama söyleyin bana, kardeşlerim, insanlığın gayesi yoksa henüz, yok değil midir, – henüz insanlığın kendisi de? –

Zerdüşt böyle diyordu.

KOMŞU SEVGİSİ ÜZERİNE

Komşunuzun etrafına üşüşür ve güzel sözler bulursunuz onun için. Ama ben size derim: sizin komşu sevginiz, kötü sevmenizdir kendinizi.

Kendinizden, komşunuza kaçarsınız ve bir erdem yaratmak istersiniz bundan: ama "özgeciliğiniz"in içyüzünü bilirim ben.

"Sen" daha eskidir "Ben"den; "Sen" kutsanmıştır ama, "Ben" henüz değil: onun için insan sokulur komşusuna.

Komşu sevgisini mi salık vereyim size ben? Yeğ olarak ben size komşudan kaçmayı ve en uzaktakileri sevmeyi salık veririm!

Komşu sevgisinden daha üstündür en uzaktakilere ve gelecektekilere duyulan sevgi! İnsan sevgisinden de üstündür bence, eşyaya ve hayaletlere duyulan sevgi.

Önünden koşup giden şu hayalet, kardeşim, daha güzeldir senden; niçin etini ve kemiklerini vermezsin ona? Ama sen korkarsın ve komşuna kaçarsın.

Tahammül edemezsiniz kendinize ve kendinizi yeterince sevemezsiniz: şimdi komşunuzu sevgiye ayartmak ve yanlışıyla onun süslemek istersiniz kendinizi.

Hiçbir yakınınıza ve onların komşularına tahammül etmez olsaydınız keşke; dostunuzu ve taşkın gönlünü dostunuzun kendi kendinizden yaratırdınız o zaman.

Bir tanık çağırırsınız iyi şeyler söylemek isteyince kendiniz için; ve onu hakkınızda iyi şeyler düşünmeye ayarttınız mı, siz de iyi şeyler düşünürsünüz kendiniz için.

Yalan söyleyen, bildiğine aykırı konuşan değildir yalnız, bilmediğine aykırı konuşan daha çok yalan söyler. Ve böyle söz edersiniz kendinizden ilişkilerinizde ve komşunuzu aldatırsınız kendinizle.

Şöyle der deli: "İnsanlarla ilişki bozar kişiliği, hele kişilik yoksa."

Kimi kendisini aradığı için gider komşusuna, kimi de kendisini yitirmek istediğinden" Kötü sevmeniz kendinizi zindan eder size yalnızlığı.

En uzaktakilerdir, yakınlarınıza sevginizi ödeyin; ve beşiniz bir araya geldiniz mi, daima bir altıncının ölmesi gerek.

Bayramlarınızı da sevmem ben sizin: pek çok oyuncu gördüm orada, ve seyirciler de çok kez oyuncular gibi davranıyorlardı.

Komşuyu değil, dostu öğretiyorum ben size. Yeryüzünün bayramı olsun size dost ve Üstüninsanın hissedilmesi önceden.

Size ben dostu ve onun taşkın gönlünü öğretiyorum. Ama insan, taşkın gönüllerce sevilmeyi istiyorsa, sünger olmayı bilmelidir.

Kendisinde dünyanın tamamlanmış durduğu, iyinin bir zarfı olan dostu öğretiyorum size, – daima armağan edecek tamamlanmış bir dünyası olan, yaratıcı dostu.

Ve onun için dünya nasıl açılıp serildiyse, halka halka toplanır yine onun için, iyinin kötüden oluşumu gibi, gayenin tesadüften oluşumu gibi.

Varsın gelecek ve en uzak, bugününün nedeni olsun: dostunda sen Üstüninsanı nedenin olarak seveceksin.

Kardeşlerim, komşu sevgisini salık vermem ben size, – size ben en uzağı sevmeyi salık veririm! –

Zerdüşt böyle diyordu.

YARATICININ YOLU ÜZERİNE

Yalnızlığa çekilmek mi istersin, kardeşim? Kendine varan yolu aramak mı istersin? Biraz daha oyalan da dinle beni.

"Arayan kendisi kolayca kaybolabilir. Her türlü yalnızlık suçtur," –böyle der sürü. Ve uzun zaman sen sürüdendin.

Sürünün sesi daha yansıyacak sende. Ve sen desen: "Benim ortak vicdanım yok artık sizinle," – bir şikâyet ve ıstırap olacak bu.

Bakın, aynı vicdan doğurdu bu ıstırabı ve son parıltısı o vicdanın senin kederinde yanıyor hâlâ.

Ama sen kederinin yolunu, yani kendine varan yolu mu yürümek istersin? Öyleyse göster bana buna hakkın ve kudretin olduğunu!

Yeni bir kudret yeni bir hak mısın sen? Bir ilk hareket misin? Kendi kendine dönen bir çark mısın? Yıldızları da zorlayabilir misin sen kendi etrafında dönmeye?

Ah! Öyle çok ki yücelikler için hırs! Öyle çok ki çırpınışları muhterislerin! Aç gözlünün ve muhterisin biri olmadığını göster bana!

Ah! Körükten fazla bir iş görmeyen büyük düşünceler öyle çok ki: körüklerler ve daha da boşaltırlar.

Özgür mü diyorsun kendine? Egemen düşünceni işitmek isterdim ben senin, bir boyunduruktan kurtulduğunu değil.

Boyunduruktan kurtulmaya *layık* biri misin sen? Köleliklerini atarken, niceleri, son değerlerini de attılar.

Ne'den özgür? Zerdüşt'e ne bundan? Açıkça ama gözlerin söylesin bana: ne'ye özgür?

Kendi kötün ile iyini edinebilir misin sen kendine ve bir yasa olarak kendi iradeni asabilir misin kendi üstüne? Kendi kendinin yargıcı olabilir misin, ve kendi yasanın intikamcısı?

Korkunç, kendi yasasının yargıcı ve intikamcısı ile yalnız kalmak. Bir yıldız böyle fırlatılır işte ıssız uzaya ve yalnızlığın buzlu soluğuna.

Bugün mustaripsin henüz kalabalıktan, ey tek adam: tam daha cesaretin bugün ve umutların.

Ama bir gün yalnızlık seni bezdirecek, iraden eğilecek bir gün ve cesaretin kırılacak. Haykıracaksın bir gün: "Ben yalnızım!"

Bir gün yüksekliğini görmeyeceksin artık, alçaklığını ise pek yakından göreceksin; kendi yüceliğin korkutacak seni bir hayalet gibi. Haykıracaksın bir gün: "Her şey sahte!"

Yalnızı öldürmek isteyen duygular vardır; başaramazlarsa eğer, kendileri ölmeliler! Ama buna senin yeter mi gücün, – katil olmaya?

Kardeşim, "hor görme" kelimesinin ne olduğunu bilir misin? Ve adaletinin, seni hor görenlere karşı adil olmanın azabını?

Başka türlü düşünmeleri için hakkında, nicelerini zorlarsın; bunu pahalıya mal ederler sana. Onlara yaklaştın, ama geçip gittin yanlarından: bunun için seni affetmezler hiçbir zaman.

Sen onların ötesine geçersin: fakat sen yükseldikçe, daha küçük görür seni hasedin gözü. En çok ama uçandan nefret edilir.

"Nasıl adil olabilirsiniz bana karşı!" –demelisin sen,– "Adaletsizliğinizi ben nasibim olarak seçtim kendime."

Yalnıza onlar haksızlık edip çamur atarlar: ama, kardeşim, bir yıldız olmak istersen, buna karşın ışılda sen onlara!

Ve iyilerle adillerden sakın! Kendi erdemlerini yaratanları severek çarmıha gererler onlar, – nefret ederler yalnızdan.

Kutsal basitlikten de sakın! Basit olmayan her şey kutsuzdur onca; ateşle oynamayı da sever, – odun yığının ve bağlanılan kazığın ateşi ile.

Kendi sevginin baskınlarından da sakın! Rastladığına pek çabuk el uzatır yalnız kişi.

Birçoklarına elini değil, pençeni vermelisin ancak; ve pençenin dilerim tırnakları olsun.

Ama rastlayabileceğin en yaman düşman kendin olacaksın daima; mağaralarda ve ormanlarda sen pusu kurarsın kendine.

Ey yalnız kişi, kendine varan yolda yürürsün sen! Ve kendi önünden geçer yolun senin, ve yedi iblisin önünden!

Sen kendine karşı inkârcı, büyücü ve falcı, deli ve kuşkucu, uğursuz ve alçak olmalısın.

Kendi alevinle yakmaya hazır olmalısın kendini: önce kül olmadan nasıl yeni olabilirsin ki?

Ey yalnız kişi, yaratıcının yolunda yürürsün sen: bir tanrı yaratacaksın kendine o yedi iblisinden!

Ey yalnız kişi, âşıkın yolundan yürürsün sen: kendini seversin sen ve bu yüzden hoş görünsün kendini, ancak âşıkların hor görmesi gibi.

Yaratmayı ister seven, o çünkü hor gören! Sevdiğini hor görmek zorunda kalmamış kişi ne bilir ki sevmeyi!

Sevginle git yalnızlığına, kardeşim, yaratmanla git; ve ancak daha sonra adalet topallar senin ardından.

Gözyaşlarımla benim, git yalnızlığına, kardeşim, kendinden öte yaratmak isteyeni severim ben, ve yok olanı böylece. –

Zerdüşt böyle diyordu.

İHTİYAR VE GENÇ KADINLAR ÜZERİNE

Neden öyle ürkek ürkek sıvışırsın alacakaranlıkta, Zerdüşt? Ve ne saklarsın böyle özenle hırkanın altında?

Sana armağan edilmiş bir hazine mi? Yeni doğmuş bir çocuğun mu yoksa? Yoksa şimdi sen de uğruların yolunu mu tutarsın, ey kötülerin dostu? –

Gerçek, kardeşim! dedi Zerdüşt, armağan edilmiş bir hazine bu bana: küçük bir gerçek taşıdığım.

Ama küçük bir çocuk gibi yaramaz; ve kapamazsam eğer ağzını, basar feryadı.

Bugün yalnız başıma giderken yolda, güneşin battığı saatte, bir ihtiyar kadın çıktı karşıma ve şöyle dedi gönlüme:

"Biz kadınlara da hayli şeyler söyledi Zerdüşt, ama kadınlar üzerine hiçbir şey söylemedi bize."

Ben de cevap verdim ona: "Kadınlar üzerine erkeklerle konuşulur ancak."

"Bana da bahset kadınlardan," dedi; "söyleyeceklerini hemencecik unutacak kadar ihtiyarım."

Ben de isteğini yerine getirdim ihtiyar kadının ve şöyle dedim ona:

Kadında her şey bir bilmecedir ve kadındaki her şeyin bir tek çözüm yolu vardır: gebelik denir buna.

Kadın için erkek bir vasıtadır; gaye daima çocuktur. Peki, kadın nedir erkek için?

İki şey ister gerçek erkek: tehlike ve oyun. Onun için, en tehlikeli oyuncak diye ister o kadını.

Erkek savaş için yetiştirilmeli, kadınsa savaşçının dinlenmesi için: bundan gerisi deliliktir.

Pek tatlı yemişler – bunları sevmez savaşçı. Onun için sever kadını, – en tatlı kadın bile acıdır.

Erkekten daha iyi anlar kadın çocukları, ama erkek kadından daha çocuktur.

Bir çocuk gizlidir içinde gerçek erkeğin: oynamak ister. Haydi kadınlar, bulun erkekteki çocuğu!

Bırakın oyuncak olsun kadın, henüz erişmemiş bir dünyanın erdemleriyle ışıldayan temiz ve güzel bir mücevher gibi tıpkı.

Bırakın sevginizde bir yıldızın ışığı parıldasın! Umudunuzsa desin: "Üstüninsanı ben dünyaya getirsem!"

Bırakın cesaret olsun sevginizde! Sevginizle yürümelisiniz size korku salanın üstüne.

Bırakın sevginizde olsun şerefiniz! Başka türlü kadın pek anlamaz şereften. Şu olsun ama sizin şerefiniz: daima sevildiğinizden fazla sevmek ve asla ikinci olmamak.

Bırakın korksun erkek, seven kadından: sevince yapar her fedakârlığı kadın ve geri kalan her şeyi değersiz sayar.

Bırak korksun erkek, nefret eden kadından: zira gönlünün ta derinliğinde erkek sadece kötüdür; kadınsa aşağılık.

Kimden nefret eder kadın en çok? – Demir mıknatısa şöyle demiş: "En çok senden nefret ederim, çünkü sen çekersin, ama gücün yok kendine çekecek kadar."

Erkeğin mutluluğu: "İstiyorum"dur. Kadının mutluluğu: "İstiyor" dur.

"Bakın, şimdi artık mükemmelleşti dünya!" – Böyle düşünür tam sevgiyle itaat eden her kadın.

İtaat etmeli kadın ve sathiliğine bir derinlik bulmalı. Sathidir kadının gönlü, sığ bir su üstünde oynak, fırtınalı bir yüzey.

Erkeğin gönlü ise derindir, yeraltı mağaralarında çağlar onun suları: ondaki gücü sezinir kadın, ama anlayamaz. –

O zaman cevap verdi bana ihtiyar kadın: "Epey güzel şeyler söyledi Zerdüşt, hele genç olanlar için.

Ne tuhaf! Zerdüşt az tanır kadınları, ama haklı onlar için söylediklerinde! Bunun böyle olması, kadınlarda hiçbir şeyin imkânsız olmayışından mı acep?

Şimdi teşekkür yerine sen de bir küçük gerçeği kabul et! Onu verecek kadar ihtiyarım ben!

Sıkıca sar da ağzını kapa: yoksa basar feryadı bu küçük gerçek."

"Ver, küçük gerçeğini, kadın!" dedim. Ve şöyle dedi ihtiyar kadın:

"Kadınlara mı gidiyorsun? Kırbacını unutma!" –

Zerdüşt böyle diyordu.

ENGEREĞİN SOKMASI ÜZERİNE

Bir gün Zerdüşt, hava sıcak olduğu için kolları yüzünde, uykuya dalmıştı bir incir ağacının altında. O sırada bir engerek yılanı geldi ve ensesinden soktu, öyle ki can acısıyla feryat etti Zerdüşt. Kolunu yüzünden çekince, yılanı gördü: o zaman Zerdüşt'ün gözlerini tanıdı yılan, beceriksizce kıvrılıp savuşmak istedi. "Olmaz," dedi Zerdüşt, "sana teşekkür etmedim ki henüz! Beni vaktinde uyandırmış oldun; yolum uzun daha." "Yolun kısa," dedi engerek hüzünle, "benim zehirim öldürücüdür." Zerdüşt gülümsedi. "Bir ejder, ne zaman ölmüştür ki yılan zehirinden?" dedi. "Ama geri al sen şu zehirini! Onu bana armağan edecek kadar zengin değilsin." O zaman yılan tekrar dolandı boynuna Zerdüşt'ün ve yarasını yaladı.

Zerdüşt bunu bir gün çömezlerine anlatınca, ona sordular: "Peki bu öyküden alınacak ahlak dersi nedir, ey Zerdüşt?" Zerdüşt de şöyle cevap verdi onlara:

Ahlak yıkıcısı, derler bana iyilerle adiller. Ahlaka aykırıdır benim öyküm.

Ama, bir düşmanınız olursa, kötülüğüne iyilikle karşılık vermeyin: utandırır bu çünkü onu. Tersine, size iyilik ettiğini kanıtlayın ona.

Ve utandırmaktansa, siz kızın! Ve size beddua edildiğinde, sizin hayır duası etmek isteyişiniz hoşuna gitmez. Öyle yapacağınıza biraz da siz beddua edin!

Ve büyük bir haksızlık yapılacak olursa size, beş küçük haksızlık da siz ekleyin buna. Korkunç, haksızlıkla yalnız başına ezilen birini seyretmek.

Biliyor muydunuz bunu hiç? Paylaşılan haksızlık, yarı haktır. Ve buna katlanabilen, kendisi yüklenmeli haksızlığı!

Küçük bir intikam, hiç intikam almamaktan daha insancadır. Ve şayet ceza, saldırgan için aynı zamanda bir hak ve şeref olmazsa, eksik olsun cezanız da.

Kendini haksız çıkarmak, hak iddiasından daha soyluca bir iştir, hele insan haklı olunca. Yalnız, bunu yapacak kadar zengin olmak gerek.

Hoşlanmam sizin soğuk adaletinizden; yargıçlarınızın gözlerinden cellat ve celladın soğuk satırı bakar hep.

Söyleyin, gören gözü sevgi olan adaleti nerde bulmalı?

Yalnız bütün cezaya değil, bütün suça da katlanan sevgiyi yaratın o halde bana!

O halde, yargıçtan gayrı herkesi beraat ettiren adaleti yaratın bana!

Şunu da işitmek ister misiniz? Tamamen adil olmak isteyen için, yalan bile insanseverlik olur.

Fakat nasıl adil olabilirim ki! Nasıl herkesin hakkını verebilirim ki! Şu yetsin bana: herkese ben kendi hakkımı veririm.

Nihayet, kardeşlerim, yalnızlara haksızlık etmekten sakının! Yalnız, nasıl unutur! Nasıl çıkarır acısını!

Derin bir kuyu gibidir yalnız. Taş atmak kolaydır içine: ama dibe inecek olursa o taş, söyleyin bana, kim çıkarabilir onu tekrar?

Yalnızı incitmekten sakının! İncitecek olursanız ama, eh, bari öldürün de! –

Zerdüşt böyle diyordu.

ÇOCUK VE EVLİLİK ÜZERİNE

Yalnız bir sorum var sana, kardeşim: derinliğini anlamak için, bir iskandil gibi atıyorum bu soruyu ruhuna.

Gençsin, ve çocuk ve evlilik istersin. Ama sorarım sana: çocuk istemeyi *hak etmiş* bir adam mısın sen?

Sen muzaffer misin, nefsini yenen misin, duygularına söz geçiren misin, erdemlerine buyuran mısın? Böyle sorarım sana ben.

Yoksa arzunda dile gelen hayvan mı, ihtiyaç mı? Yalnızlık mı yoksa? Yoksa nefsinle bağdaşmazlık mı?

Dilerim ki, zaferinle özgürlüğün çocuk özlesin. Zaferine ve kurtuluşuna canlı anıtlar dikesin.

Sen kendinden öte inşa etmelisin. Ama kendin inşa edilmelisin önce, beden ve ruhça dimdik.

Sadece ileri doğru değil, yukarı doğru da üretmelisin kendini! Bunun için, evlilik bahçesi yardımcın olsun senin!

Bir üstün beden yaratmalısın, bir ilk hareket, kendi kendine dönen bir çark, bir yaratıcı yaratmalısın sen.

Evlilik diye ben, yaratıcılarından daha üstün olanı yaratma iradesine derim iki kişinin. Böyle bir iradeyi isteyenlerin birbirine duyduğu saygıya derim ben evlilik.

Senin evliliğinin anlam ve gerçeği bu olsun. Fakat şu gereksizlerin evlilik dediğine, şu fazlaların, – ah, buna ben ne ad vereyim?

Ah, o ruh züğürtlüğü çiftteki! Ah, çiftteki o ruh pisliği! Ah, o acınacak rahat düşkünlüğü çiftteki!

Evlilik derler bütün bunlara; ve nikâhlarının cennette kıyıldığını söylerler.

İyi ama, benim hoşuma gitmez bu cenneti fazlaların! Hayır, hoşuma gitmezler benim, göksel ağlara takılmış bu hayvanlar!

Birleştirmediği kimseleri topallaya topallaya kutsamaya gelen Tanrı da benden uzak olsun!

Gülmeyin böyle evliliklere! Ana babasından ötürü hangi çocuğun nedeni yoktur ağlamaya?

Değerli göründüğü şu adam bana, ve yeryüzünün anlamı için olgun: ama karısını görünce, tımarhane gibi geldi bana yeryüzü.

Evet, bir ermişle bir kaz çiftleşirken, dilerdim ki dünya çırpınmalarla sarsılsın.

Şu adam, bir kahraman gibi gerçeği aramaya çıktı, ve sonunda küçük, süslü bir yalan geçirdi eline: evliliğim diyor buna.

Şu adam, ilişkilerinde çekingendi ve güç beğenirdi. Ama birdenbire derneğini sonsuzca bozdu: evliliğim diyor buna.

Şu adam, melek erdemleri olan bir hizmetçi arıyordu. Ama birdenbire bir kadının hizmetçisi oluverdi, ve şimdi kendisinin de melek olması gerekli.

İhtiyatlı buldum ben bütün alıcıları, kurnaz gözleri var hepsinin de. Ama en kurnazı bile torbada satın alıyor karısını.

Bir sürü kısa delilikler, – aşk diyorsunuz buna siz. Ve evliliğiniz, bu bir sürü kısa deliliklere, uzun bir ahmaklıkla son veriyor.

Sizin kadına aşkınız ve kadının erkeğe aşkı, – ah, mustarip ve gizlenen tanrılara acıma olsaydı keşke bu! Ama çoğu zaman iki hayvan birbirini buluyor.

Fakat sizin en güzel aşkınız bile, kendinden geçmiş bir benzeti ve ıstıraplı bir ateştir. Size daha yüksek yolları aydınlatacak bir meşale.

Kendinizden öte seveceksiniz bir gün! Onun için sevmeyi *öğrenin* önce! Aşkınızın acı kadehini bu yüzden içmek zorunda kaldınız.

En güzel aşkın kadehinde de acılık vardır: Üstüninsana özlemi böyle uyandırır o sende, böyle susatır seni o, ey yaratıcı!

Yaratıcı susuzluğu, ok ve özlem. Üstüninsana: söyle bana, kardeşim, evlilik meramın bu mudur senin?

Kutsal derim ben böyle bir merama ve böyle bir evliliğe. –

Zerdüşt böyle diyordu.

GÖNÜLLÜ ÖLÜM ÜZERİNE

Çokları pek güç ölürler, bazıları da pek erken. Hâlâ garip geliyor şu öğreti: "Vaktinde öl!"

Vaktinde öl: işte bunu öğretir Zerdüşt.

Elbette, hiçbir zaman vaktinde yaşamayan, nasıl ölebilir vaktinde? Keşke hiç doğmasaydı! – Bunu salık veririm gereksiz kişilere.

Ama gereksiz kişiler bile ölümlerini önemsiyorlar, ve en kof ceviz bile kırılmak istiyor.

Herkes önemli sayıyor ölmeyi; ama ölüm henüz bayram değil. En güzel bayramların nasıl kutsandığını öğrenmediler insanlar henüz.

Tamamlayan ölümü göstereceğim size ben, yaşayanlara bir mahmuz ve adak olacak ölümü.

Kendi ölümünü ölür tamamlayan kişi, zafer kazanmışçasına, umanlar ve adayanlarla çevrili olarak.

Böyle ölmeyi öğrenmeli insan; ve böyle ölen birinin, yaşayanların adaklarını kutsamadığı bir bayram olmamalı hiç!

Böyle ölmek en iyisidir, ikincisi de savaşta ölmek ve büyük bir ruhu harcamak.

Fakat muzaffer için olduğu gibi savaşana da aynı iğrençlikle gelen, sizin o sırıtan ölümünüzdür, hani hırsız gibi sokulan, – yine de bir efendi gibi gelen.

Kendi ölümümü överim size ben, gönüllü ölümü, *ben* istediğim için bana gelen.

Ne zaman isteyeceğim peki ben onu? – Kimin bir gayesi ve bir mirasçısı varsa, bu gaye ve mirasçı uğruna ölmek ister vaktinde.

Ve gayesiyle mirasçısına saygısından ötürü, solmuş çelenkler asmaz artık hayat mabedine.

Gerçekten, ip bükenlere benzemek istemem ben: iplerini uzatırken onlar geri giderler hep.

Bazıları gerçeklerine ve zaferlerine göre pek fazla yaşlanırlar; dişsiz bir ağzın her gerçeğe hakkı yoktur artık.

Ve her kim şan sahibi olmak isterse, zamanında veda etmeli şerefe, ve alışmaya bakmalı o güç sanata, – vaktinde ayrılmaya.

Tadının âlâ olduğu zamanda, kişi kendini yedirmeyi kesmeli: uzun süre sevilmek isteyenler bilirler bunu.

Ekşi elmalar vardır şüphesiz, nasipleri sonbaharın son gününe kadar beklemektir: aynı zamanda olgunlaşır, sararır ve buruşur da bunlar.

Bazılarında gönül kocar önce, diğerlerindeyse ruh. Kimi de gençliğinde kocamıştır: ama geç gençleşen uzun süre genç kalır.

Birçoklarınca boşa gitmiştir hayat: zehirli bir kurt kemirir yüreklerini. Öyleyse bunlar ölümlerinin daha başarılı olmasına baksınlar.

Birçokları tatlanmazlar hiç, daha yazın çürürler. Korkaklıklarıdır, onları dallarında sıkı tutan.

Pek fazla kişi yaşıyor, ve pek uzun zaman asılı kalıyorlar dallarında. Bir fırtına gelse de hani, bütün bu çürümüşlüğü, bu kurt yenikliğini silkse ağaçtan!

Tez ölüm vaizleri gelse keşke! Onlar olurlar hayat ağaçlarının uygun fırtınaları ve silkicileri bence! Ama ben ancak yavaş ölümün ve "yeryüzüne ilişkin" her şeye katlanmanın öğütlendiğini duyuyorum.

Ah! Yeryüzüne ilişkin olana katlanmayı mı öğütlüyorsunuz? Bu yeryüzü ilişkinliğinin kendisidir size pek fazla katlanan, ey küfürbazlar!

Gerçekten, yavaş ölüm vaizlerinin saydığı o Yahudi erken öldü pek: o zamandan beri de birçoklarının felaketi oldu onun erken ölümü.

Daha ancak gözyaşlarını tanımıştı o, ve iyilerle doğruların kinleriyle birlikte, Yahudilerin gönül üzgünlüğünü henüz tanımıştı. Yahudi İsa: derken ölüm özlemine tutuluverdi.

Çölde kalsaydı keşke, iyilerden ve doğrulardan uzakta! O zaman, belki, öğrenirdi yaşamayı ve yeryüzünü sevmeyi, – ve gülmeyi de!

İnanın bana, kardeşlerim! Pek erken öldü o: kendi öğretisini kendi geri alırdı, benim yaşıma erseydi! Geri alacak kadar soyluydu o.

Ama henüz olgunlaşmamıştı. Ham olur sevgisi gencin, insana ve yeryüzüne nefreti dahi ham olur. Gönlü ve ruhunun kanatları henüz bağlı ve ağırdır.

Lakin olgun adamda, delikanlıdan daha fazla çocukluk, daha az hüzün vardır: daha iyi anlar o ölümü ve hayatı.

Ölmeye özgür ve ölümde özgür; Evet'e vakit kalmadığında, bir kutsal Hayır diyen: böyle anlar o ölümü ve hayatı.

Ölümünüz, insana ve yeryüzüne karşı imansızlık olmasın, dostlarım: bunu dilerim ben gönlünüzün balından.

Ölümünüzde, ruhunuz ve erdeminiz parlamalı daha, akşamın yeryüzünü saran kızıllığı gibi tıpkı: başarısız demektir yoksa ölümünüz.

Kendim böyle ölmek isterim ben, siz dostlarım, yeryüzünü benim hatırım içim daha çok sevesiniz diye; ve toprak olmak isterim yine, beni dünyaya getirenin içinde dinleneyim diye.

Gerçek, bir hedefi vardı Zerdüşt'ün; attı topunu: siz olun şimdi, dostlarım, hedefimin mirasçıları; size atıyorum altın topu.

En çok, dostlarım, altın topu sizin attığınızı görmek isterim! Bundan ötürü biraz daha ayak sürtüyorum yeryüzünde, – bağışlayın! –

Zerdüşt böyle diyordu.

ARMAĞAN EDEN ERDEM ÜZERİNE

1

Zerdüşt, gönül verdiği "Alaca İnek" adındaki kentten ayrıldığı zaman, kendilerine Zerdüşt'ün çömezleri diyen birçokları onu takip ettiler ve yoldaşlık ettiler ona. Böylece bir dörtyol ağzına geldiler: o zaman Zerdüşt onlara artık yalnız başına yürümek istediğini söyledi; zira yalnız yürümeyi severdi.

Fakat ayrılırken, çömezleri ona, altın kabzasında, güneşin çevresine bir yılan dolanmış bir asa armağan ettiler. Zerdüşt memnun oldu asaya, ve ona dayandı; sonra şöyle dedi çömezlerine:

Söyleyin bana: nasıl oldu da altın en yüksek değere ulaştı? Nadir ve faydasız, parıl parıl ve tatlı bir parlaklığı olduğundan; armağan eder kendisini hep.

Ancak en yüksek erdemin alameti olarak erişti altın en yüksek değere. Altın gibi parıldar armağan edenin bakışları. Ayla güneş arasında barış sağlar altın parıltısı.

Az bulunur en yüksek erdem ve yararsızdır, parıldar ve tatlıdır parıltısı: armağan eden erdem en yüksek erdemdir.

Gerçekten, anlıyorum sizi, çömezlerim: armağan eden erdem için çırpınıyorsunuz siz de benim gibi. Kedilerle kurtlarla ortak sizin neniz olabilir ki?

Siz kendiniz kurbanlar ve armağanlar olmaya susamışsınız: bunun içindir bütün servetleri ruhunuzda toplamaya susamanız.

Doymak bilmeden ruhunuz hazineler ve mücevherler için çırpınır, çünkü erdeminiz armağan etmek arzusuna doymak bilmiyor.

Bütün şeyleri zorluyorsunuz kendinize ve içinize dolmaya, sevginizin armağanları olarak yeniden çeşmenizden aksınlar diye.

Gerçek, böyle armağan eden sevgi, bütün değerlerin çapulcusu olmalıdır; ama sağlam ve kutsal derim ben böylesi bencilliğe.

Bir başka bencillik daha vardır, züğürdün züğürdü ve aç, çalmak isteyen hep, – hastaların bencilliği, hasta bencillik.

Parlayan her şeye hırsız gözüyle bakar; rızkı bol olanı açlık hırsıyla süzer; ve armağan edenlerin masaları etrafında sinsi sinsi dolaşır hep.

Hastalık dile gelir bu hırsta, ve görünmez yozlaşma; bir hasta bedenden söz eder bu bencilliğin hırsızca hırsı.

Söyleyin bana, kardeşlerim, nedir bizce kötü ve en kötü? *Yozlaşma* değil mi? – Ve armağan eden ruhun bulunmadığı yerde yozlaşmadan şüphe ederiz daima.

Yükseklere doğru gider bizim yolumuz, bir türden daha üst türe. Ama, "Her şey benim için" diyen yozlaşmış duygu korkunçtur bizim için.

Yükseklere doğru uçar bizim duyumuz: böylece bedenimizin bir simgesi olur, bir yükselişin simgesi. Bu yükselişlerin simgeleri erdemlerin adlarıdır.

Böyle geçer tarihten beden, bir oluşan ve savaşan halinde. Ya ruh, – nesidir o bedenin? Savaşlarının ve zaferlerinin habercisi, yoldaşı ve yankısı.

Simgelerdir, iyi ile kötünün bütün adları; açık konuşmaz onlar, sezdirirler sadece. Delidir, bilgi isteyen onlardan!

Ruhunuzun simgelerle konuşmak istediği her saate dikkat edin, kardeşlerim: kaynağı ordadır erdeminizin.

Yükselir o zaman bedeniniz ve yeniden dirilir; mutluluğuyla ruhu kendinden geçirir, böylece o, yaratan ve değerlendiren ve seven ve her şeyin iyilikçisi olur.

Gönlünüz geniş ve dolgun bir nehir gibi taşıp aktığında, kıyısındakiler için bereket ve tehlike: ordadır kaynağı erdeminizin.

Övgünün ve yerginin üstüne yükseldiğinizde, ve iradeniz, seven birinin iradesi gibi, her şeye hükmetmek istediğinde: ordadır kaynağı erdeminizin.

Bir tek iradeyle istediğinizde, ve her ihtiyacın değişmesine zorunluluk dediğinizde: ordadır kaynağı erdeminizin.

Gerçek, yeni bir iyi ve kötüdür o! Gerçek, yeni bir derin çağıltı ve yeni bir kaynağın sesi!

Kudrettir, bu yeni erdem; hâkim bir fikirdir o, ve çevresinde bir uyanık ruh: bir altın güneş ve çevresinde bilgi yılanı.

2

Burada Zerdüşt durdu biraz ve muhabbetle çömezlerine baktı. Sonra şöyle devam etti konuşmasına: – sesi değişmişti.

Bağlı kalın yeryüzüne, kardeşlerim, erdeminizin gücüyle! Armağan eden sevginiz ve bilginiz yeryüzünün anlamına hizmet etsin! Böyle diler ve yalvarırım size.

Yeryüzüyle ilgili şeylerden kaçırtıp da ebedi duvarlara çarptırmayın kanatlarını! Ah, öteden beri daima öylesine çok erdem kaçmıştır ki!

Benim gibi, siz de, kaçmış erdemi geri getirin yeryüzüne, – bedene ve hayata: yeryüzüne kendi anlamını versin diye, insanca bir anlamı.

Erdem gibi ruh da yüzlerce defa kaçmış şimdiye dek ve yanlışlara dalmıştır. Heyhat! Bütün bu kuruntular ve yanlışlar barınır hâlâ bedenimizde: beden ve irade olmuşlardır orada.

Erdem gibi ruh da yüzlerce defa denemiş şimdiye dek ve yanılmıştır. Evet, bir denemeydi insan. Heyhat, nice bilgisizlikle yanılma bedenleşmiştir bizde!

Binlerce yılın aklı değil yalnız, – çılgınlığı da patlak verir içimizde. Tehlikelidir mirasçı olmak.

Adım adım boğuşuyoruz tesadüf deviyle hâlâ; ve bugüne kadar hâlâ bütün insanlığa anlamsızlık, anlam yokluğu hükmetmiştir.

Ruhunuz ve erdeminiz yeryüzünün anlamına hizmet etsin, kardeşlerim: ve her şeyin değeri sizce takdir edilsin yeniden! Bunun için savaşçılar olmalısınız sizler! Yaratıcılar olmalısınız sizler bunun için!

Bilerek temizler beden kendini; bilgi ile deneyerek kendini yükseltir; anlayan kişide bütün içgüdüler kutsallaşır; yükselen kişide ruh şen olur.

Hekim, kendine yardım et sen; hastalarına da yardım etmiş olursun böylece. En iyi yardımı onun, kendi kendini şifalandıranı kendi gözüyle görmek olsun.

Binlerce yol vardır hiç ayak basılmamış henüz, binlerce sağlığı ve gizli adası hayatın. İnsan ile insanın dünyası henüz tükenmemiş ve keşfedilmemiştir.

Uyanın da dinleyin, ey yalnızlar! Gelecekten rüzgârlar esiyor gizli kanat çırpıntılarıyla ve duyarlı kulaklara iyi haberler açıklanıyor.

Ey bugünün yalnızları, ey ayrı duranlar, bir gün bir ulus olacaksınız siz: sizden, kendini seçmiş kişilerden, bir seçkin ulus doğacak: – bu ulustan da, Üstüninsan.

Gerçek, bir şifa yeri olacak yeryüzü daha! Şimdiden bir yeni koku sarmış çevresini, bir şifa getiren koku, – ve bir yeni umut!

3

Bu sözleri söylediğinde, henüz son sözünü söylememiş biri gibi durdu Zerdüşt; kuşkulu kuşkulu uzun zaman tarttı asasını elinde. Sonunda şöyle dedi: – ve değişmişti sesi.

Yalnız gidiyoruz artık, çömezlerim! Siz de gidin şimdi, yalnız gidin! Böyle istiyorum ben.

Gerçek, size ben salık veririm: ayrılın enden, ve karşı koyun Zerdüşt'e! Daha iyisi: utanç duyun ondan! Aldatmıştır o belki sizi.

Bilgi adamı sadece düşmanlarını sevebilmekle kalmamalı, dostlarından da nefret edebilmelidir.

Hocasına borcunu iyi ödememiş sayılır insan, sırf öğrenci kalırsa. Ve siz benim çelengimi niye yolmayasınız?

Saygı gösteriyorsunuz bana; ya saygınız çökerse ama bir gün? Bir heykel altında ezilip kalmayasınız sakın!

İnandığınızı mı söylüyorsunuz Zerdüşt'e? Ama ne önemi var Zerdüşt'ün! Sizler bana inanan kişilersiniz: ama bütün inanan kişilerin ne önemi var!

Siz kendinizi henüz aramamıştınız: o zaman buldunuz beni. Böyle yaparlar bütün inananlar; onun için bu kadar azdır önemi bütün inançların.

Beni kaybetmenizi ve kendinizi bulmanızı diliyorum şimdi sizlerden; ve ancak hepiniz inkâr ettiğiniz zaman beni, döneceğim sizlere.

Gerçekten, başka gözlerle, kardeşlerim, arayacağım o zaman kaybettiklerimi; başka bir sevgiyle seveceğim o zaman sizleri.

Ve bir gün yeniden benim dostlarım olacaksınız, ve bir tek umudun çocukları: o zaman, üçüncü bir kez aranızda olacağım, sizinle kutlamak için büyük öğleyi.

Büyük öğle ise, insanın, hayvanla Üstüninsan arasındaki yolunun ortasında bulunduğu ve akşam yolunu en büyük umudu olarak kutladığı andır: zira, yeni bir sabahın yoludur bu.

O zaman batan kişi kutsar kendini, karşıya ve öteye geçen biri olduğu için; ve bilgisinin güneşi tepesinin üstünde durur tam.

"*Öldü bütün tanrılar: Üstüninsanın yaşamasını istiyoruz artık.*" –O büyük öğlede son arzumuz bu olsun!–

Zerdüşt böyle diyordu.

İKİNCİ BÖLÜM

"–ve ancak hepiniz inkâr ettiğiniz zaman beni, döneceğim sizlere. Gerçekten, başka gözlerle, kardeşlerim, arayacağım o zaman kaybettiklerimi; başka bir sevgiyle seveceğim o zaman sizleri.–"

"Armağan Eden Erdem Üzerine" (Birinci Bölüm, s. 76)

AYNA TUTAN ÇOCUK

Bundan sonra Zerdüşt dağlara ve mağarasının yalnızlığına döndü yine, insanlardan uzağa çekildi: tohumunu saçmış bir ekinci gibi bekliyordu. Fakat gönlü sabırsızlıkla ve sevdiklerinin özlemiyle doluydu: zira onlara verecek çok şeyi vardı daha. En zoru, doğrusu şu: sevgiden ötürü açık eli kapamak ve armağan etmeye utanmak.

Böyle geçti ayları ve yılları yalnızın; ama bilgeliği arttı ve dolgunluğuyla ıstırap verir oldu kendisine.

Fakat bir sabah, pembe seherden önce uyandı, ve döşeğinde uzun uzun düşündü, ve nihayet şöyle dedi gönlüne:

Neden sıçradım da rüyamda, uyandım? Ayna tutan bir çocuk gelmedi mi yanıma?

"Ey Zerdüşt" –diyordu çocuk bana– "kendine bak aynada!"

Fakat ben aynaya bakınca bir çığlık kopardım ve yüreğim çarptı: zira gördüğüm kendim değil aynada, bir şeytanın surat ekşitmesi ve alaycı gülüşüydü.

Gerçekten, pek iyi anlıyorum bu rüyanın manasını ve uyarısını: *öğretim* tehlikede; delice otlar buğday yerine geçmek istiyor!

Düşmanlarım güçlenmişler ve öğretimin şeklini bozmuşlar, öyle ki, kendilerine verdiğim armağanlardan utanır olmuşlar sevdiklerim.

Kaybetmişim dostlarımı; kaybettiklerimi arayacağım saat gelmiş! –

Bu sözlerle Zerdüşt fırladı yerinden, ama soluk almaya çalışan korkmuş biri gibi değil de, ruhun esinlediği bir ermiş ve bir türkücü gibi. Kartalı ile yılanı hayretle bakıyorlardı kendisine: zira yaklaşan bir mutluluk, pembe seher gibi yayılıyordu yüzüne.

Ne oldu bana, ey hayvanlarım? – diyordu Zerdüşt. Değişmedim mi ben? Bir kasırga gibi gelmedi mi bana mutluluk?

Mutluluğum çılgındır ve çılgınca şeyler söyleyecektir: pek genç daha o – sabırlı olun ona karşı!

Mutluluğumla yaralandım: bütün acı çekenler benim hekimlerim olsunlar!

Dostlarıma inebilirim yine, düşmanlarıma da! Zerdüşt yine konuşabilir ve armağan edebilir ve candan sevgisini gösterebilir sevdiklerine!

Benim sabırsız sevgim çağıl çağıl akar, – aşağılara, doğan güne ve batan güne doğru. Sessiz dağlardan ve ıstırap fırtınalarından vadilere doğru çağlar ruhum.

Pek uzun zaman özlem çektim ve uzaklara baktım. Pek uzun zaman kaldım yalnızlık içinde: böylece unuttum susmayı.

Ağız kesildim baştan aşağı, ve bir derenin yüce kayalardan çağlayışı: aşağılara, vadilere fırlatacağım sözlerimi.

Varsın sevgi ırmağım ıssız yollardan aksın! Sonunda bir ırmak yolunu bulmaz olur mu denize!

Bir göl var içimde gerçi, yalnız, kendi kendine yeten bir göl; ama sevgi ırmağım sürükler onu da aşağılara, denize!

Yeni yollarda yürüyorum ben, bana yeni bir dil geliyor: usandım, bütün yaratıcılar gibi, eski dillerden. Aşınmış tabanlar üstünde yürümek istemiyor artık ruhum.

Pek yavaş geliyor bana her türlü konuşma: – ey fırtına, atlıyorum arabana! Seni bile kamçılamak istiyorum kötülüğümle!

Bir nara ve bir sevinç çığlığı gibi geçmek istiyorum engin denizler üzerinden, dostlarımın kaldıkları Mutluluk Adalarını buluncaya dek: –

Onların aralarındaki düşmanlarımı da! Kendileriyle konuşabileceklerimin her birini nasıl seviyorum şimdi! Düşmanlarım bile benim mutluluğuma vesile!

Ve en azgın atıma binmek istediğimde, mızrağımdır en çok yarayan işime: ayağımın her zaman hazır uşağıdır o: –

Düşmanlarıma savurduğum mızrak! Ne kadar müteşekkirim düşmanlarıma, mızrağımı nihayet savurabileceğim onlara!

Pek büyüktü bulutumdaki gerilim: şimşeklerin kahkahaları arasında dolu sağnakları yağdırmak istiyorum derinliklere.

Heybetle kabaracak o zaman göğsüm; heybetle estirecek fırtınasını dağlar üzerinden: böylece ferahlayacak.

Gerçek, bir fırtına gibi geliyor benim mutluluğum ve özgürlüğüm! Ama düşmanlarım başlarının üstünde *iblisin* kükrediğini sanacaklar.

Evet, sizler de korkacaksınız, dostlarım, benim vahşi bilgeliğimden; belki de, düşmanlarımla birlikte kaçacaksınız.

Ah, çobanların kavalıyla sizi geri çekmeyi bilsem! Ah, dişi aslanım, bilgeliğim, yumuşakça kükremeyi bir öğrense! Daha şimdiden pek çok şeyler öğrendik biz onunla birlikte!

Benim vahşi bilgeliğim ücra dağlarda gebe kaldı; sert taşlar üzerinde doğurdu yavrusunu, en küçüğünü.

Deli deli dolaşır şimdi çorak çölde ve yumuşak çimeni arar da arar, – benim eski, vahşi bilgeliğim!

Yüreklerinizin yumuşak çimeni üstüne, dostlarım! –sevginizin üstüne yatırmak ister o en sevdiğini! –

Zerdüşt böyle diyordu.

MUTLU ADALARDA

İncirler düşer ağaçlardan, iyi ve tatlı incirler; ve düşerken kırmızı kabukları çatlar. Kuzey rüzgârıyım ben olgun incirler için.

İncirler gibi, bu öğretiler düşmede sizlere, dostlarım: emin şimdi onların özünü ve tatlı etini! Ortalık sonbahar, gök temiz, vakit ikindi.

Bakın, ne bereket var çevremizde! Ve bu bolluğun ortasından uzak denizlere bakmak ne kadar hoş.

Eskiden Tanrı denirdi, insan uzak denizlere bakarken; şimdi ama size ben Üstüninsan demeyi öğrettim.

Tanrı bir sanıdır: lakin sizin sanınızın, yaratıcı iradenizi aşmasını dilemem.

Siz bir Tanrı *yaratabilir* misiniz? – Öyleyse bana tanrılardan söz etmeyin! Pekâlâ; halbuki Üstüninsanı yaratabilirsiniz.

Belki, siz kendiniz değil, kardeşlerim! Ama siz kendinizden Üstüninsanın babalarını ve atalarını yaratabilirsiniz: en iyi yaratmanız da bu olsun!

Tanrı bir sanıdır: ama dilerim ki ben, sanınız sizin, düşünülebilenle sınırlı olsun.

Bir Tanrı *düşünebilir* misiniz? – Ama bu, Gerçek İradesi manasına olsun sizce: ki her şey insanca düşünülebilene, insanca görülene ve insanca duyulana dönüşebilsin! Kendi duygularınızla düşünmelisiniz siz sonuna dek!

Ve dünya dediğiniz şeyi kendiniz yaratmalısınız siz: aklınız, benzeriniz, iradeniz, sevginiz olmalıdır o sizin! Gerçekten de, sizin mutluluğunuz için, ey anlayışlı kişiler!

Ve nasıl katlanırdınız hayata bu umut olmadan, ey anlayışlı kişiler? Ne aklın almayacağının içine doğabilirdiniz siz, ne de akla uymayacağın içine.

Ama size ben yüreğimi tam açayım, dostlarım: tanrılar olsaydı eğer, nasıl tahammül edebilirdim ben Tanrı olmamaya! *Demek ki* tanrılar yoktur.

Evet, ben çektim çıkardım bu sonucu: şimdi ama o çekiyor beni. –

Tanrı bir sanıdır: fakat bu sanının bütün ıstırabını kim içebilir ölmeden? Yaratıcının elinden inancı alınmalı mıdır, ve kartalın elinden kartal – yüksekliklerine uçuşları?

Tanrı bir düşüncedir, – her doğruyu eğriltir, ve her duranı döndürür. Nasıl? Zaman geçip gidecek, ve fani olan her şey yalan mı olacak?

Böyle düşünmek sersemletir insanı, başını döndürür, ve midesini bulandırır: gerçek, başdönme hastalığı derim buna ben, böyle sanmaya.

Kötü derim ben ona, insan düşmanlığı derim: tek ve dolu, hareketsiz ve tok ve ölümsüzle ilgili bütün bu öğretilere!

Her ne varsa ölümsüz, –bin benzetmeden başka bir şey değildir! Şairlerse pek çok yalan söylerler.–

Fakat zaman'dan ve oluş'tan bahsetmeli en iyi benzetmeler: her faniliğin övgüsü ve savunusu olmalı onlar.

Yaratma, – büyük kurtuluştur bu ıstıraptan, yatıştırıcısıdır hayatın. Ama yaratıcının ortaya çıkması için ıstırap gerek, hayli değişme gerek.

Evet, pek acı ölmeler olmalı hayatınızda, ey yaratıcılar! Böylece savunucusu ve haklı çıkarcısı olursunuz her faniliğin.

Yaratıcının kendisi yeni doğmuş çocuk olabilmek için, çocuk doğuran olmayı da istemeli, çocuk doğuranın sancılarına da katlanmalı.

Gerçek, yüzlerce ruhtan geçtim yolum boyunca ben, yüzlerce beşikten ve doğum sancısından. Birçok vedalar ettim; bilirim ben o yürek parçalayan son saatleri.

Ama böyle istiyor benim yaratıcı iradem, kaderim. Yahut size daha içtenlikle söyleyeyim: tam böyle bir kaderi arzuluyor benim iradem.

Her duygu ıstırap çeker bende ve zindanlar içindedir: lakin benim *istemem* daima kurtarıcım ve sevinç getirenim olarak gelir bana.

İsteme azatlar: budur gerçek öğretisi iradenin ve azatlığın, – böyle öğretiyor size Zerdüşt.

Artık istememek, artık değerlendirmemek, ve artık yaratmamak! Ah, bu büyük yorgunluk ırak olsun benden hep!

Bilmede dahi ancak irademin doğurma ve olma hazzını duyarım; ve bilgimde masumluk varsa eğer, kendisinde doğurma iradesi olmasındandır bu.

Tanrıdan ve tanrılardan beri çekti bu irade beni; yaratacak zira ne kalırdı, – tanrılar olsaydı?

Fakat insana yöneltir beni hep yeniden, benim ateşli iradem; böylece yöneltir o çekici, taşa.

Ah, ey insanlar, bir heykel uyur taşın içinde, heykellerimin heykeli! Ah, en çetin, en çirkin taşın içinde uyumalıdır o!

Zalimce saldırıyor çekicim şimdi zindanına. Parçacıklar uçuyor taştan: bana ne?

Tamamlamak istiyorum onu ben: bir gölge geldi bana zira, – bütün şeylerin en sessiz, en hafifi geldi bir gün bana!

Üstüninsanın güzelliği geldi bana bir gölge gibi. Ah, kardeşlerim! Artık bana ne, –tanrılardan!–

Zerdüşt böyle diyordu.

ACIYANLAR ÜZERİNE

Dostlarım, şöyle bir yergi çıkarmışlar dostunuz için ortaya: "Zerdüşt'e bakın! Hayvanlar arasındaymış gibi dolaşmıyor mu aramızda?

Ama şöyle dense daha iyi: "Gören kişi insanlar arasında, hayvanlar arasındaymış *gibi* dolaşır."

Gören kişi için şudur insanın kendisi: al yanaklı bir hayvan.

Nasıl gelmiştir bu, insanın başına? Pek çok kereler utanması gerekmiş olduğundan değil mi?

Ey dostlarım; Şöyle der gören kişi: utanç, utanç, utanç, – insanın tarihi budur!

Ve onun için soylu kişi başkalarını utandırmamayı emreder kendine: bütün ıstırap çekenlerin önünde utancı emreder kendine.

Gerçekte, sevmem onları, o acıyanları, mutlu olanları merhametlerinde: pek yoksundurlar onlar utançtan.

Acımam gerekirse, istemem bana merhametli denmesini; ve merhametliysem eğer, uzaktan olmasını tercih ederim.

Tercih ederim başımı örtmeyi ve daha tanınmadan kaçmayı: böyle yapmanızı dilerim sizin de, dostlarım!

Bahtım daima, yoluma sizler gibi dertsizleri çıkarsın, kendileriyle umut, yemek ve bal *paylaşabileceklerimi!*

Gerçekten, mustaripler için şunu yaptım bunu yaptım: fakat daha iyi bir şey yapmışım gibi geldi bana hep, neşelenmeyi daha iyi öğrendiğimde.

İnsanlık var olalı beri, pek az neşelenmiştir insan: sadece bu, kardeşlerim, bizim ilk günahımızdır!

Neşelenmesini daha iyi öğrenince de, daha iyi unuturuz başkalarına ıstırap vermeyi ve ıstırap icat etmeyi.

Onun için yıkarım elimi mustaribe yardım edince; onun için silerim ruhumu da.

Çünkü mustaribi ıstırap çeker görünce, onun utancından ötürü ben utandım; ve yardım ederken ona, pek fena yaraladım gururunu.

Büyük iyilik borçları iyilik borçlusu yapmaz, kinci yapar insanları; ve küçük bir iyilik, unutulmazsa, kemiren bir kurt olur.

"Çekingen olun kabulde! Kabul ederken gösterin kendinizi!" – bunu salık veririm armağan edecek şeyi olmayanlara.

Ama ben, armağan edenim: dostun dostlara vermesi gibi armağan etmeyi severim. Fakat yabancılarla fakirler, meyveyi ağacımdan kendileri koparabilirler: daha az utandırır bu.

Dilencileri ama tamamen kaldırmalı ortadan! Gerçek, onlara vermek rahatsız eder insanı, onlara vermemek de insanı rahatsız eder.

Günahkârlarla kötü vicdanlar da öyle! İnanın bana, dostlarım: vicdan azabı, azap çektirmeyi öğretir kişiye.

Ama en berbatı, küçük düşüncelerdir. Gerçekten, kötülük etmek daha yeğdir küçük düşünmekten.

Elbet, siz dersiniz: "Küçük kötülüklerden duyulan haz, nice kötülüklerden esirger bizi." Ama burada kişi esirgenmek istememeli.

Bir çıban gibidir kötü iş: kaşınır, diken gibi batar ve parlar, – dürüst konuşur o.

"Bak, ben hastalığım," der kötü iş: bu onun dürüstlüğüdür.

Ama mantar gibidir küçük düşünce: sürünüp sokulur, büzülüp saklanır ve hiçbir yerde olmak istemez, – küçük mantarlarla bütün vücut çürüyecek, sararıp soluncaya dek.

Fakat iblise kapılmış kişinin kulağına şu sözü fısıldamak isterim: "İblisini büyütsen daha iyi edersin! Senin için bile henüz büyüklük yolu mevcut!" –

Ah, kardeşlerim! Kişi herkesi biraz fazla tanır! Ve nice kimseler saydamlaşırlar bize göre, yine de asla giremeyiz biz onların içlerine.

İnsanlarla yaşamak güç, çünkü susmak çok güç.

Ve biz aleyhimizde olana etmeyiz en çok haksızlık, bizi hiç ilgilendirmeyene ederiz.

Ve mustarip bir dostun varsa eğer, dinlenme yeri ol ıstırabına; sert bir yatak gibi ama, asker yatağı gibi: böyle yararsın en çok onun işine.

Ve bir dost kötülük ederse sana, şöyle de: "Bana ettiğini bağışlıyorum; *kendine* ettiğini ama, – onu nasıl bağışlarım!"

Böyle der her büyük sevgi: bağışlamayı da, merhameti de yener o.

Sıkı tutmalı yüreğini insan; kaçırdı mı bir kere çünkü onu, kafası da insanın kaçıp gider çabucak!

Ah, neresinde dünyanın acıyanların çılgınlıklarından daha büyük çılgınlıklar görülmüştür? Ve dünyada acıyanların çılgınlıklarından daha çok ne ıstırap vermiştir?

Yazıklar olsun bütün o seven ve merhametlerinin üstüne yükselemeyen kişilere!

Bir gün iblis şöyle dedi bana: "Tanrının bile kendi cehennemi var: insana olan sevgisidir bu."

Şöyle dediğini işittim geçenlerde de: "Tanrı öldü: insana merhametinden öldü Tanrı." –

Onun için sakının merhametten: insanların üstüne *o taraftan* bir kara bulut gelecek daha! Gerçekten, anlarım ben havanın belirtilerinden!

Şu söze de ama mim koyun; her büyük sevgi, bütün merhametinin üstündedir: sevilen çünkü o, – yaratmak ister!

"Kendimi ben sunuyorum sevgime, *komşumu da kendim gibi*" – böyle konuşurlar yaratıcıların hepsi.

Yaratıcıların ise hepsi merhametsizdirler. –

Zerdüşt böyle diyordu.

RAHİPLER ÜZERİNE

Günün birinde Zerdüşt çömezlerine bir işaret verdi ve şu sözleri söyledi onlara:

"İşte rahipler: gerçi benim düşmanlarım da olsalar, sessizce ve kılıcınız kınında geçin yanlarından!

Onların dahi aralarında kahramanlar vardır; çoğu pek fazla ıstırap çekmiştir: – onun için başkalarına ıstırap çektirmek isterler.

Kötü düşmanlardır onlar: hiçbir şey onların alçakgönüllülüklerinden daha kindar değildir. Ve çabucak lekeler kendini onlara saldıran.

Ama benim kanım akraba onlarınkine; ve ben kanımın, onların kanında dahi yüceldiğini bilmek isterim." –

Ve rahipler geçince, bir ağrı tuttu Zerdüşt'ü; fakat acısıyla kısa bir müddet uğraştıktan sonra, şöyle konuşmaya başladı:

Yüreğim sızlıyor şu rahiplere. Hoşuma da gitmiyorlar; ama insanlar arasına gireli beri, en önemsiz şey bence bu.

Fakat ben onlarla birlikte acı çektim ve çekerim; esirdirler bence onlar, damgalıdırlar. Kurtarıcı dedikleri, onları zincire vurmuş: –

Sahte değerler ve aldatıcı sözler zincirine! Ah, biri onları kurtarıcılarından kurtarsa!

Deniz kendilerini sağa sola yalpalarken, bir adaya çıktıklarını sanmışlardı bir zamanlar; oysa bakın; uyuyan bir canavardı o!

Sahte değerler ve aldatıcı sözler: faniler için en kötü canavarlar bunlar, – uzun müddet uyur ve bekler onlarda felaket.

Fakat nihayet gelir, ve üstüne barınaklar yapanları uyandırır, yer ve yutar.

Ah, rahiplerin kendilerine yaptıkları şu barınaklara bakın! Kilise diyorlar baygın kokulu mağaralarına!

Ah, o bozulmuş ışık, o küf kokulu hava! Ruhun kendi yüceliğine uçamadığı yer!

Bilakis şöyle emreder imanları: "Dizleriniz üstünde çıkın merdivenleri, ey günahkâr kişiler!"

Gerçek, utançlarının ve dindarlıklarının çarpık gözlerini görmektense, utanmaz birini görmeyi yeğ bulurum!

Bu mağaraları ve tövbe merdivenlerini kimler yarattı kendilerine? O kendilerini saklamak isteyenler ve duru göğün altında utanç duyanlar değil mi?

Ve ancak duru gök yıkık çatılar arasından harap duvarlardaki otlara ve kızıl gelinciklere baktığı zaman, – o zaman gönlümü tekrar bu Tanrının barınaklarına yöneltirim.

Kendilerine karşı koyana ve ıstırap verene onlar Tanrı dediler: gerçekten de, kahramanlıktan hayli şeyler vardı ibadetlerinde!

Ve Tanrılarını, insanları çarmıha germekten başka türlü sevmeyi bilmiyorlardı!

Cesetler halinde yaşamak istiyorlardı; siyaha bürüyorlardı cesetlerini, konuşmalarında bile, ölü odalarının kötü kokusunu duyarım hâlâ.

Ve onlara yakın yaşayan, kara kurbağanın tatlı bir hüzünle türkü söylediği kara havuzlara yakın yaşar.

Kurtarıcılarına inanabilmem için benim, daha güzel türküler söylemeleri gerek: onun çömezlerinin daha bir kurtulmuş görünmeleri gerek bana!

Çıplak görmek isterim onları: zira güzellik ancak tövbe vaaz etmelidir. Kimi inandırır halbuki şu gizlenmiş keder!

Gerçekten, onların kurtarıcılarının kendileri özgürlükten ve özgürlüğün yedinci göğünden gelmemişlerdi! Gerçekten, kendileri bilgi halıları üstünde yürümemişlerdi hiç!

Boşluklardan meydana gelmişti o kurtarıcıların ruhu; ama her boşluğa kendi kuruntularını, Tanrı dedikleri tıkaçlarını yerleştirmişlerdi.

Merhametlerinde boğulmuştu ruhlar; ve merhametle onlar kabarıp şiştikçe, daima büyük bir delilik çıkardı yüze.

Büyük bir istekle ve bağırışa çağırışa sürerlerdi sürülerini köprülerinin üstünden; geleceğe sanki bir tek köprü varmış gibi! Gerçek, bu çobanlar kendileri sürüdendiler!

Küçük ruhları ve geniş gönülleri vardı bu çobanların: ama, kardeşlerim, en geniş gönüller bile ne küçük ülkeler olmuşlardır şimdiye dek!

Yürüdükleri yola kandan işaretler yazarlardı, ve çılgınlıkları onlara gerçeğin kanla kanıtlanacağını öğretirdi.

Oysa, kan en kötü kanıtıdır gerçeğin; kan en saf öğretiyi zehirler, onu kuruntuya ve yürek kinine çevirir.

Ve insan, ateşten geçse öğretisi uğruna, – ne kanıtlanır bununla! Gerçek, marifet aslında, kendi öğretisinin kendi yangınından çıkmasında!

Sıkıntılı sıcak bir yürekle soğuk bir kafa: bunların buluştuğu yerde çıkar ortaya o deli rüzgâr, o "Kurtarıcı".

Gerçekten, halkın kurtarıcılar dediği o kişilerden o deli rüzgârlardan, daha büyük ve daha soylu kimseler olmuştur!

Ve siz özgürlük yolunu bulmak isterseniz, kardeşlerim, kurtarıcıların hepsinden daha büyük kişiler tarafından kurtarılmalısınız!

Bir türlü gelmedi Üstüninsan henüz. Çıplak gördüm her ikisini de, en büyük insanla en küçük insanı: –

Pek benziyorlar hâlâ birbirlerine. Doğrusu, pek insan buldum, – en büyüğünü bile! –

Zerdüşt böyle diyordu.

ERDEMLİLER ÜZERİNE

Gökgürültüsü ve göksel donanma fişekleriyle seslenmeli gevşek ve uyuşuk hislere.

Güzelliğin sesi yavaşça konuşur halbuki: en uyanık ruhlara ancak sokulur o.

Yavaşça titredi ve güldü bugün kalkanım; güzelliğin kutsal gülüşü ve titreyişidir bu.

Size, ey erdemliler güldü bugün güzelliğim! Ve şöyle geldi sesi bana: "Onlar karşılık almak da istiyorlar!"

Siz karşılık almak da istiyormuşsunuz, ey erdemliler! Siz erdem için ödül, yeryüzü yerine cennet ve bugününüz için ebediyet mi istiyorsunuz?

Ve ödül verenin de, veznedarın da olmadığını öğretiyorum diye ben, kızıyor musunuz şimdi bana? Ve doğrusu, erdem kendi kendinin ödülüdür bile demem ben.

Ah, benim üzüntüm şu: her şeyin temeline ödül ve ceza sokulmuş hileyle, – ruhlarınızın en derinliğine bile, ey erdemliler!

Fakat yaban domuzunun burnu gibi, deşecek sözlerim ruhlarınızın en derin yerini; saban demiri diyeceksiniz bana.

İçinizin bütün sırları günışığına çıkarılacak: ve deşilmiş, paramparça olmuş yatarken siz güneş altında, yalanınız da gerçeğinizden ayrılacak.

Çünkü şudur sizin gerçeğiniz: siz *fazla temizsiniz* şu sözlerin pisliğine göre: intikam, ceza, ödül, dengiyle karşılık.

Bir ananın çocuğunu sevmesi gibi seversiniz erdeminizi; ama bir ananın, sevgisine karşılık istediği ne zaman duyulmuş?

En sevdiğinizin kendisidir, sizin erdeminiz. Halkanın susuzluğu var sizde: yine kendine ulaşmak için çabalar, döner her halka.

Ve sönen bir yıldız gibidir her eseri erdeminizin: ışığı hep yoldadır hâlâ, yol alır da alır, – peki ne zaman bitirecek yolunu?

İşte böyle yoldadır hâlâ erdeminizin ışığı da, ışı bittikten sonra bile. Unutulsa da, ölse de, ışınları yaşar hâlâ, yol alır.

Erdeminizin sizin kendiniz olduğu, yabancı bir şey, bir zar ve bir örtü olmadığı: ruhlarınızın en derinliğindeki gerçek budur, ey erdemliler! –

Fakat elbet ki erdemi kırbaç altında kıvranma bilen insanlar da var: ve onların feryatlarına siz pek fazla kulak verdiniz!

Ayıplarının miskinleşmesine erdem diyenler de vardır; ve bunların kinleriyle kıskançlıkları gerindi mi bir kez, "insaf"ları uyanır da uykulu gözlerini ovuşturur.

Kimileri de vardır ki, aşağılara doğru çekilirler: iblisleri çeker onları. Fakat ne kadar çok batarlarsa, o kadar ateşli parlar gözleri ve Tanrılarına özlemi.

Ah, feryatları onların sizin kulağınıza da erişti, ey erdemliler. "*Ne değilsem* ben, odur, odur işte benim Tanrım, erdemim!"

Kimileri de vardır ki, yokuş aşağı taş taşıyan arabalar gibi ağır ağır, gıcırdaya gıcırdaya giderler: çok söz ederler haysiyet ve erdemden, – tekerlek çarıklarına erdem derler!

Kimileri de vardır ki, kurulan saatler gibidirler tik tak ederler, ve bu tik taka erdem denmesini isterler.

Gerçekten, bunlardan hoşlanırım ben: nerede bulursam böyle saatleri, alaycılığımla kuracağım; varsın hırlasınlar işte!

Kimileri de birazcık adaletleriyle gururlanırlar, ve onun uğruna her şeye saldırırlar, öyle ki dünya haksızlıkları içinde boğulur!

Ah, ne kötü çıkar "erdem" sözü ağızlarından! Ve dediklerinde: "Ben adalet sahibiyim," daima şöyle gelir sanki bu: "İntikamım alındı!"

Erdemleriyle düşmanlarının gözlerini oymak isterler; ve ancak başkalarını alçaltmak için yükseltirler kendilerini.

Ve yine öyleleri vardır ki, bataklıklarında otururlar ve şöyle derler kamışlar arasından: "Erdem – sessiz oturmaktır bataklıkta.

Biz kimseyi ısırmayız ve ısırmak isteyenin yolundan çekiliriz; ve her konuda kanaatimiz, bize aşılanmış olandır."

Ve yine öyleleri vardır ki, tavırlar takınmayı severler, ve bir tür tavır takınma sayarlar erdemi.

Dizleri daim ibadette, elleriyse erdemin övgüsündedir, ama yüreklerinin hiçbir haberi yoktur bundan.

Ve yine öyleleri vardır ki, erdem sayarlar şöyle demeyi: "Erdem gereklidir," – oysa gerçekte ancak polisin gerekli olduğuna inanırlar.

Ve insandaki yüksekliği göremeyen birçokları, ondaki aşağılıklığı pek yakından görmeye erdem derler: böylece onlar erdem derler kem gözlerine.

Bazıları da yetiştirilmek ve yükseltmek isterler, ve erdem derler buna; başkalarıysa aşağı atılmak isterler, – onlar da buna erdem derler.

Ve böylece hemen hepsi erdeme katıldığını sanır; ve herkes en azından uzmanı olmak ister "iyi" ile "kötü"nün.

Ama Zerdüşt, bütün o yalancılara ve delilere şöyle demeye gelmedi: "Ne bilirsiniz *siz* erdemi! Siz erdemi nasıl *bilebilirsiniz!*" –

Siz, dostlarım, delilerden ve yalancılardan öğrendiğiniz o köhne sözlerden bıkasınız diye geldi o:

"Ödül", "dengiyle karşılık", –"ceza", "haklı intikam" sözlerinden bıkasınız diye geldi.–

"Bencil olmadığı için bir eylem iyidir," demekten bıkasınız diye geldi.

Ah, dostlarım! *Sizin* Kendiniz olsun diye eyleminizde, ananın çocuğunda olması gibi: bu olsun s i z i n erdem ilkeniz!

Gerçek, yüzlerce ilkeyi ve erdeminizin gözde oyuncaklarını aldım elinizden; çocuklar gibi öfkeleniyorsunuz şimdi bana.

Deniz kenarında oynuyorlar, – sonra bir dalga geldi ve aldı götürdü bütün oyuncaklarını derinliklere: şimdi de ağlıyorlar.

Ama bu aynı dalga yeni oyuncaklar getirecek onlara ve renk renk yeni deniz kabukları serecek önlerine!

Böylece teselli bulacaklar onlar; ve onlar gibi siz de, dostlarım, bulacaksınız tesellinizi – ve renk renk yeni deniz kabuklarını! –

Zerdüşt böyle diyordu.

AYAKTAKIMI ÜZERİNE

Hayat bir neşe pınarıdır; fakat ayaktakımının da su içtiği yerde bütün pınarlar zehirlenir.

Temiz olan her şeyi severim ben; ama sırıtan ağızları ve pislerin susuzluğunu görmeyi sevmem.

Pınara dikerler onlar gözlerini; işte iğrenç gülüşleri bana bakar içinden pınarın.

Kutsal suyu zehirlediler şehvete düşkünlükleriyle; ve kirli rüyalarına zevk derken, zehirlediler kelimeleri de.

Islak yüreklerini ateşe tutsalar alev öfkelenir; ayaktakımının ateşe yaklaştığı yerde ruhun kendisi köpürüp tüter.

Tatsızlaşır, ezikleşir onların ellerinde meyveler: bakışları altında onların meyve ağacı devrilecek olur, tepesi kurur.

Ve hayattan yüz çeviren niceleri, sırf ayaktakımından yüz çevirmişlerdir: pınarı, alevi ve meyveyi paylaşmak istemiyorlardı onlar ayaktakımıyla.

Ve çöle gidip vahşi hayvanlarla birlikte susuzluk çeken niceleri, sırf pis devecilerle birlikte sarnıcın başına oturmak istemiyorlardı.

Ve buğday tarlalarına bir yıkımcı, bir dolu sağanağı olarak gelen niceleri, ancak ayaklarını, ayaktakımının ağzına sokmak ve boğazını tıkamak istiyorlardı.

Ve beni en çok boğan lokma, hayatın kendine düşmanlık, ölüm ve işkence çarmıhları gerektiğini öğrenmiş olmak değildi; –

Fakat sordum günün birinde, ve boğuluyordum az kalsın kendi sorumla: Ne? Ayaktakımı da mı *gerekli* hayata?

Zehirli pınarlar gerekli mi hayata, pis kokan ateşler, kirli rüyalar ve hayat somunu içindeki kurtlar?

Nefretim değil, tiksintim kemiriyor aç aç hayatımı! Ah ayaktakımında da ruh bulunduğunu görünce, ruhtan bile bıktım çok kez!

İdare edenlere de sırt çevirdim, artık onların neyi idare etmek dediklerini görünce: iktidar alışverişini ve pazarlığını ayaktakımıyla idare etmek diyorlar!

Yabancı dil konuşan uluslar arasında kulaklarım tıkalı yaşadım: iktidar için yaptıkları alışveriş ve pazarlık konuşmaları bana yabancı kalsın diye.

Burnumu tıkadım da, asık suratla geçtim bütün dünler ve bugünler arasından: gerçek, bütün dünlerle bugünler yazıcı ayaktakımı kokarlar pis pis.

Sağırlaşmış, körleşmiş ve dilsizleşmiş bir kötürüm gibi, – böyle yaşadım ben uzun zaman; iktidar ayaktakımıyla, yazıcı ve zevk ayaktakımıyla birlikte yaşamayayım diye.

Zahmetle çıktı ruhum merdivenleri, ihtiyatlı ihtiyatlı; haz sadakaları ferahlatıcısı oldu; ve asasıyla sürünerek geçti körün ömrü.

Ne olmuştu böyle bana? Nasıl kurtardım kendimi tiksintiden? Kim gençleştirdi gözümü? Pınar başlarında artık ayaktakımının oturmadığı o yükseklere nasıl kanat açtım?

Tiksintimin kendisi miydi, bana kanatlar ve pınar bulma güçleri yaratan? Gerçek, en yükseklere uçmam gerekti, yeniden bulmak için neşe pınarını!

Ah, buldum onu ben, kardeşlerim! Burada, en yükseklerde kaynıyor benim için neşe pınarı! Ve sularından hiçbir ayaktakımının benimle birlikte içmediği bir hayat var burada!

Nerdeyse pek coşkun geliyor bana akışın, ey neşe pınarı! Ve doldurmak isterken, sık sık boşaltıyorsun kâseyi yeniden!

Benimse daha alçakgönülle yaklaşmayı öğrenmem gerek sana: gönlüm sana doğru pek coşkunca akıyor hâlâ: –

İçinde yaz'ımın yandığı gönlüm – o ömürsüz, kızgın, mahzun, mutluluk dolu yaz'ımın: yaz, gönlüm benim nasıl hasret senin serinliğine!

Geçti, tereddütlü sıkıntısı baharımın! Haziranda yağan kuşbaşı karlarının hainliği geçti! Yaz kesildim baştan aşağı, ve yaz öğlesi!

Soğuk pınarları ve mutlu sessizliği olan en yükseklerdeki bir yaz: ah, dostlarım, gelin de sessizlik daha bir mutlu olsun!

Zira *bizim* yüksekliğimiz ve yurdumuzdur bu: bütün murdarlara ve susuzluklarına göre pek yüksek ve sarp yaşıyoruz bu yerde biz.

Berrak bakışlarınızı neşe pınarıma dikin, dostlarım! Bundan ötürü bulanır mı o hiç! *Kendi* berraklığıyla karşılık verir o, sizin gülüşünüze.

Gelecek ağacına kurarız biz yuvamızı; biz yalnızlara kartallar yiyecek getirecekler gagalarında!

Gerçek, murdarların bizimle bölüşebilecekleri yiyecekler değil! Ateş yuttuklarını sanırlar onlar ve ağızlarını yakarlar!

Gerçek, murdarlar için biz yurt hazırlamıyoruz burada. Buz mağarası gibi gelir onların bedenlerine ve ruhlarına bizim mutluluğumuz!

Ve sert rüzgârlar misali yaşamak isteriz biz onların üstünde, – kartallara komşu, kara komşu, güneşe komşu: böyle yaşar sert rüzgârlar.

Ve bir rüzgâr gibi eseceğim bir gün aralarında, ruhumla ruhlarının nefesini keseceğim: böyle ister benim geleceğim.

Gerçek, sert bir rüzgârdır Zerdüşt bütün düzlükler için: ve şu öğüdü verir o düşmanlarına, bütün tükürenlere ve kusanlara: "Rüzgâra *karşı* tükürmekten sakının!" –

Zerdüşt böyle diyordu.

ZEHİRLİ ÖRÜMCEKLER ÜZERİNE

Bak işte, zehirli örümceğin mağarasıdır bu! Görmek ister misin kendisini? İşte asılı ağı: dokun da titresin.

İşte geliyor kendi isteğiyle: hoş geldin, zehirli örümcek! Kapkara duruyor sırtında üçgeninle alâmetin; ruhunda senin ne olduğunu da bilirim ben.

İntikam vardır senin ruhunda: ısırdığın yer siyah kabuk bağlar; intikamıyla zehrin başdönmesi verir ruha!

Böyle sesleniyorum size değinmece ile, ey ruha başdönmesi verenler, ey *eşitlik* vaizleri! Zehirli örümceklersiniz bence siz, sinsi sinsi kin besleyenlersiniz!

Ama yakında saklandığınız yerleri çıkaracağım ışığa: onun için gülüyorum yüzünüze karşı yükseklikler gülüşümle.

Onun için yırtıyorum ağınızı ki, öfkeniz sizi yalan mağaranızdan dışarı çıkarsın, ve "adalet" sözünüzün ardındaki kininiz ortaya çıksın.

Zira, *İnsanın kinden kurtarılması,* – en yüksek umuda köprü budur bence, uzun fırtınalardan sonraki gökkuşağı bu.

Ama başka türlü olmasını isterler, zehirli örümcekler. "Kinlerimizin fırtınalarıyla dolması dünyanın, ta kendisi olsun adaletin" – böyle konuşurlar birbirleriyle.

"Bize benzemeyenlerin hepsinden intikam alacağız, hakaret edeceğiz" –böyle antlaşırlar zehirli örümcek-yürekliler.

"Ve 'eşitlik iradesi' – erdemin adı bu olacak bundan sonra; ve kudreti olan her şeye haykıracağız!"

Ey eşitlik vaizleri, iktidarsızlığın zalim-çılgınlığı "eşitlik" diye böyle ediyor içinizde: en gizli zalim-arzularınız, erdem-kelimelerinin kılığına giriyor böyle!

Kırılmış kibir, saklanmış haset, babalarınızın kibri ve hasedi belki: alev ve intikam çılgınlığı gibi bunlar kopup çıkar içinizden.

Babanın gizlediği şey, oğulda çıkar açığa; ve çok kez babanın açıklanmış sırrını buldum ben oğulda.

Esinli kişilere benzer onlar: fakat esinleyen onları kalp değil, kindir. Ve nice ve soğuk oldukları zaman, ruh değil, hasettir onları ince ve soğuk yapan.

Kıskançlıkları onları düşünürlerin yollarına da yöneltir; kıskançlıklarının alameti de şudur – daima fazla ileri giderler: öyle ki, sonunda yorgunlukları, kar üstünde uyumak zorunda kalır.

Bütün sızlanmalarından kin yansır, bütün övgülerinde garaz vardır; yargıç olmaksa mutluluktur onlarca.

Ama size ben şu öğüdü veririm, dostlarım: içlerinde ceza vermek güdüsü kuvvetli olanların hiçbirine güvenmeyin!

Soyu sopu bozuk takımıdır bunlar; cellat ve iz süren it bakar suratlarından.

Güvenmeyin doğruluklarından çok bahsedenlere! Gerçek, bal değil yalnız onların ruhlarında eksik olan.

Kendilerine "iyiler ve doğrular" dedikleri zaman, unutmayın ki Ferisi (Mürâi) olmaları için hiçbir eksikleri yoktur, – iktidardan başka!

Dostlarım, başkalarıyla karıştırılmak ve başkaları yerine alınmak istemem ben.

Benim hayat öğretimi vaaz edenler var. Aynı zamanda eşitlik vaizleri ve zehirli örümceklerdir onlar.

Mağaralarında oturdukları ve yüz çevirdikleri halde hayattan, bu zehirli örümceklerin hayattan yana konuşmaları – zarar vermek içindir.

Şimdi iktidar sahibi olanlara zarar vermek isterler: zira ölüm vaazı hâlâ onları yadırgamaz en çok.

Böyle olmasaydı, zehirli örümcekler de başka türlü öğretirlerdi: kendileri çünkü eskiden hayata en çok iftira edenlerdi ve inançta ayrılanları yakanlardı.

Bu eşitlik vaizleriyle karıştırılmak ve onların yerine alınmak istemem ben. Zira doğruluk bana şöyle der. "İnsanlar eşit değildirler."

Böyle olmamalılar da! başka türlü konuşsaydım eğer, nerde kalırdı sevgim benim Üstüninsana?

Binlerce köprü ve dar yoldan üşüşüp koşuşmalıdırlar geleceğe, ve daima daha çok savaş ve eşitsizlik olmalıdır aralarında; büyük sevgim bana böyle söyletir!

Şekiller ve hayaletler yaratmalıdırlar düşmanlıklarında; ve bu şekiller ve hayaletlerle birbirlerine karşı en büyük savaşı gerçekleştirmelidirler daha!

İyi ile kötü, zengin ile yoksul, yüksek ile alçak, ve bütün değerlerin adları: silahlar olsun bunlar ve yankılanan işaretler, kendi kendini aşsın diye hayat, aşsın diye tekrar ve tekrar!

Hayat sütunlarla, basamaklarla yükseğe kurmak ister kendini, geniş uzaklıklara bakmak ister, mutlu güzelliklere doğru alabildiğine, – *onun için* muhtaç yüksekliğe!

Ve yüksekliğe muhtaç olduğu için, basamaklara ve basamaklarla çıkanlar arasında uyuşmazlığa muhtaç! Yükselmek ister hayat, yükselirken de kendini aşmak ister.

Ve bakın hele, dostlarım! Burada, zehirli örümcek mağarasının olduğu yerde, eski bir tapınağın yıkıntıları yükselir, – aydın gözlerle bakın ona!

Gerçek, burada bir zamanlar düşüncelerini taşla burç burç yükselten, en bilge kişiler kadar biliyordu bütün hayatın sırrını!

Güzellikte bile uğraşma ve eşitsizlik, kudret ve üstünlük için savaş olduğunu: en açık benzetiyle bunu anlatıyor o burada bize.

Kubbeyle kemer nasıl tanrıca karşıt bu güreşte birbirine: ışık ve gölgeyle nasıl girişiyorlar birbirine karşı, bu tanrıca çatışanlar. –

Böyle sağlam ve güzel, düşmanlar olalım biz de, dostlarım! Tanrıca girişelim biz de birbirimize *karşı!* –

Eyvah! Isırdı işte beni, zehirli örümcek, benim eski düşmanım! Tanrıca sağlam ve güzel, ısırdı parmağımdan!

"Ceza olmalı, adalet de olmalı," – böyle düşünür o: "Boş yere türkü söylemesin burada düşmanlık şerefine!"

Evet, aldı intikamını! Eyvahlar olsun! İntikamla şimdi sersemletecek ruhumu da!

Başım *dönmesin* diye ama, dostlarım, sımsıkı bağlayın beni şu sütuna! Kin çevrintisi olmaktansa, sütun-ermişi olurum daha iyi!

Gerçek, ne hortumdur, ne kasırga Zerdüşt; ve raks eden biriyse şayet, zehirli örümcek-köçeği değildir asla! –

Zerdüşt böyle diyordu.

ÜNLÜ BİLGELER ÜZERİNE

Halka hizmet ettiniz siz ve halkın boş inanışlarına, ey bütün ünlü bilgiler! – gerçeğe *değil!* Ve salt bu nedenle size saygı gösterdiler.

Bu nedenle de hoş gördüler inançsızlığınızı; halk için çünkü bir latifeydi bu, dolambaçlı bir yoldu. Efendi, kölelerine işte böyle fırsat verir, onların oyunbazlıklarıyla hatta eğlenir.

Ama, köpeklerin kurttan nefret etmeleri gibi, halkın nefret ettiği kişi: özgür ruhtur, zincir düşmanıdır, tapınmayandır, ormanlarda oturandır.

Onu ininden çıkarmak, – öteden beri halk buna "hak duygusu" der: onun üstüne saldırtır hâlâ en keskin dişli köpeklerini.

"Zira halk nerdeyse gerçek oradadır! Vay haline, vay arayanların! – oldum olası yankılanan bu.

Halkınızı haklı çıkarmak istediniz saygılarında: "gerçek iradesi" dediniz buna, ey ünlü bilgeler!

Gönlünüzse şöyle demiştir hep kendi kendine: "Ben halktan geldim: Tanrının sesi de oradan geldi bana."

Halktan yana olmakla, eşek gibi inatçı ve kurnazsınız oldum olası.

Ve halkla iyi geçinmek isteyen nice kudretli kişiler, atların önüne bir eşekcik – bir ünlü bilge koştular.

Ve artık, ey ünlü bilgeler, aslan postunu nihayet tamamen çıkartıp atasınız istiyorum!

Yırtıcı hayvan postunu, benekli postu, ve araştırıcının, arayıcının ve fethedenin yelesini!

Ah, "gerçekliğinize" inanmayı öğrenmem için, saygı duyan iradenizi kırmanız gerek önce.

Gerçeğin adamı diye, tanrısız çöllere gidip saygılı yüreğini parçalayan kişiye derim ben.

Sarı kumlar içinde, güneşten yanmış, – gölgeli ağaçlar altında canlıların dinlendiği, pınarları bol adalara doğru, susamışçasına bakar o özlemle.

Ama susuzluğu, bu rahat düşkünlerine benzemeye kandıramaz kendisini; zira nerde vahalar varsa, putlar da vardır orda.

Aç, zorlu, yalnız, tanrısız: böyle olmak ister aslan iradesi.

Kölelerin mutluluğundan sıyrılmış, tanrılardan ve ibadetlerden kurtulmuş, korkusuz ve korku salan, ulu ve yalnız, gerçeğin adamının budur iradesi.

Gerçeğin adamları, özgür ruhlar, oldum olası çölde oturmuşlardır hep çölün beyleri olarak: ama şehirlerde oturur güzel besili, ünlü bilgeler, – yük hayvanları.

Çünkü, eşekler gibi hep, *halkın* arabasını çekerler onlar!

Bundan ötürü öfkelenmem ben onlara: ama uşak olarak ve koşulu hayvan olarak kalırlar onlar, altın koşumlar içinde parıldasalar bile.

Çoğu zaman iyi, övülmeye değer uşak olmuşlardır da. Şöyle der çünkü erdem: "Gerekliyse eğer uşak olman, hizmetinin en yararlı olacağı kişiyi ara sor!

Efendinin ruhu ve erdemi gelişmeli, senin uşak olmanla ona: böylece kendin de gelişmiş olursun onun ruhu ve erdemiyle!"

Ve gerçek, ey ünlü bilgeler, ey halk uşakları! Siz halkın ruhu ve erdemiyle geliştiniz, – sizinle gelişti halk da! Şerefinize söylüyorum bunu! Lakin erdeminizle bile siz bence hâlâ halktansınız, aptal bakışlı halktan, – *ruhun* ne olduğunu bilmeyen halktan!

Ruh, hayatın bağrına saplanan hayattır: kendi ıstırabıyla o kendi bilgisini artırır, – biliyor muydunuz bunu?

Ruhun da mutluluğu şudur: kurbanlık bir hayvan gibi yağlanmak ve gözyaşlarıyla kutsanmak, – biliyor muydunuz bunu?

Ve körlerin körlüğü, aranmaları ve el yordamıyla yoklamaları, baktıkları güneşin kudretine tanıklık etmelidir daha, – biliyor muydunuz bunu?

Ve gören kişi dağlarla öğrenecek *kurmayı!* Ruh için dağları yerinden oynatmak işten bile değildir, – biliyor muydunuz bunu?

Ruhun ancak kıvılcımlarını bilirsiniz siz: ama onun örs olduğunu ve çekicinin yamanlığını görmezsiniz!

Gerçek, bilmezsiniz siz gururunu ruhun! Bir konuşmak isteseydi hele, hiç dayanamazdınız onun alçakgönüllülüğüne!

Daha bir defa olsun atamadınız ruhunuzu bir kar çukuruna: bunun için yeterince sıcak değilsiniz! Bu yüzden de bilmezsiniz hazzını soğukluğunun.

Ama her hususta, ruhla pek teklifsizmişsiniz gibi davranırsınız; ve bilgelikten, çok kez bir düşkünler evi ve kötü şairler için bir hastane yaptınız.

Kartal değilsiniz siz: onun için ruhun korkusundaki mutluluğu görüp geçirmediniz hiç. Kuş olmayan ise uçurumlar üstünde yuva kurmamalıdır.

Bana siz ılık geliyorsunuz: halbuki soğuk akar her derin bilgi. Buz gibi soğuktur en iç pınarları ruhun: bir serinleticidir yanan ellere ve eylemcilere.

Saygıya değer duruyorsunuz karşımda, kaskatı ve dimdik, ey ünlü bilgeler! – Hiçbir güçlü rüzgâr, ya da irade sizi önüne katıp sürmüyor.

Yuvarlak ve şişkin, rüzgârın şiddetiyle titreşen bir yelkenin denizde yol aldığını görmediniz mi siz hiç?

Ruhun şiddetiyle titreşen yelken gibi seyreder denizde bilgeliğim, – benim vahşi bilgeliğim!

Ama siz, ey halk uşakları, siz ünlü bilgeler, – nasıl yürüye*bilirsiniz* siz benimle! –

Zerdüşt böyle diyordu.

GECE TÜRKÜSÜ

Gece: bütün kaynayan pınarlar şimdi daha yüksek sesle konuşur. Benim de gönlüm kaynayan bir pınardır.

Gece: sevenlerin bütün türküleri şimdi ancak uyanır. Benim de gönlüm bir âşıkın türküsüdür.

Hiç durulmamış, hiç durulmayacak bir şey var içimde; söylemek özlemi içinde. Bir sevgi arzusu var ki içimde, öz dilini söylüyor aşkın.

Işığım ben: ah, gece olaydım keşke! Benim yalnızlığımdır ama, ışıkla çevrelenmek.

Ah, gece olaydım, karanlık olaydım keşke! Nasıl emerdim ışığın memelerinden!

Ve sizleri takdis ederdim siz küçük, titreşe titreşe parıldayan yıldızları, siz yükseklerdeki ateşböceklerini! – Ve bahtiyar olurdum ışık hediyelerinizle.

Ama kendi ışığım içinde yaşıyorum ben, kendimden kopan alevleri içiyorum yeniden.

Alanın saadetini bilmem ben; ve çok kez çalmanın almaktan zevkli olacağını hayal ettim.

Elimin durmadan verdiği fakirliğimdir; benim imrendiğim, bekleyen gözler ve pırıl pırıl özlem geceleri görmektir.

Ah, bütün verenlerin bahtsızlığı! Ah, güneşimin tutulması! Ah, arzu ihtirası! Ah, tokluk içindeki şiddetli açlık!

Onlar benden alıyorlar: ama henüz dokundum mu ben onların ruhlarına? Vermekle almak arasında bir uçurum vardır; ve en küçük uçurumun da aşılması gerekir önünde sonunda.

Bir açlık doğuyor güzelliğimden: kendilerini ışıklandırdıklarıma acı çektirmek istiyorum; hediyelerimi verdiklerimi soymak istiyorum: – böylesine açım kötülük etmeye.

Böyle bir intikam düşünüyor ganiliğim benim; yalnızlığımdan böylesine hainlik kaynıyor.

Vermekteki mutluluğum vermekten telef oldu; erdemliliğim, ganiliği yüzünden bezdi kendi kendisinden!

Utancını kaybetmek tehlikesindedir her zaman veren; dağıtmaktan eliyle kalbi nasırlaşır daima dağıtanın.

Yalvaranların utancıyla yaşlar taşmıyor artık gözlerimden; dolu ellerin titreyişini hissetmek için çok sertleşmiş ellerim.

Nerde gözlerimin yaşları, kalbimin yumuşaklığı nerde? Ah, ışıldayanların sessizliği!

Birçok güneşler döner göklerin boşluğunda: karanlık olanların hepsine ışıklarıyla seslenirler, – bana ama sükût ederler.

Ah, ışığın düşmanlığıdır bu ışıldayana: merhametsizce devam eder o yoluna.

Işıldayana karşı içten insafsız, güneşlere karşı soğuk, – böyle izler yolunu her güneş.

Bir fırtına gibi güneşler yörüngelerinde uçarlar: seyirleri böyledir. Amansız iradelerini izlerler onlar: böyledir soğukluğu onların.

Ah, sizlersiniz ancak, siz karanlığa, geceye ait olan sizler, ışıldayanlardan hararet çeken! Ah, ışığın memelerinden sizlersiniz ancak sütle can sefası emen!

Heyhat, buzla kaplı benim etrafım; elim yanıyor dokundukça buzlara! Heyhat, bir susuzluk var içimde; sizin susuzluğunuza hasret.

Gece: heyhat, ışık olmam gerek benim! Susuzluğunu çekmem gerek geceye ait olanların! Ve yalnızlığın!

Gece: bir pınar gibi hasretim kaynıyor şimdi içimden, – konuşmaya hasretim.

Gece: bütün kaynayan pınarlar şimdi daha yüksek sesle konuşur. Benim de gönlüm kaynayan bir pınardır.

Gece: sevenlerin bütün türküleri şimdi ancak uyanır. Benim de gönlüm bir âşıkın türküsüdür. –

Böyle türkü söylüyordu Zerdüşt.

OYUN TÜRKÜSÜ

Zerdüşt bir akşam çömezleriyle ormandan geçiyordu; ve bir pınar ararken, bakın hele, etrafı ağaçlarla ve çalılarla çevrilmiş, yeşil bir çimenliğe düştü yolu; genç kızlar aralarında dans ediyorlardı burada. Tanır tanımaz Zerdüşt'ü, genç kızlar dansı bıraktılar; ama Zerdüşt dostça bir eda ile yaklaştı onlara ve şu sözleri söyledi:

Bırakmayın dansınızı, ey sevimli kızlar! Kem gözlü bir oyun bozan değil aranıza gelen, kızlara düşman biri değil.

Tanrının sözcüsüyüm ben iblise karşı iblis ise, ağırlığın ruhudur. Nasıl, ey hafifçecik olanlar, ilahi rakslara düşman olurum ben? Ya da güzel topuklu genç kız ayaklarına?

Ben bir ormanım kuşkusuz ve karanlık ağaçların gecesiyim: ama benim karanlığımdan korkmayan, servilerimin altında gül tarhları da bulur.

Genç kızların pek sevdikleri küçük Tanrıyı da bulur: pınarın başında sessizce yatar o, gözleri kapalı.

Gerçek, uyuyakalmış güpegündüz, tembel! Kelebekler ardından çok mu koştu yoksa?

Ben o küçük Tanrıyı azarlarsam birazcık, kızmayın bana, ey güzel dansözler! Bağıracak ve ağlayacaktır belki, – fakat ağlarken bile gülünçtür o!

Ve yaşlı gözlerle bir raks rica edecektir sizden; ben de onun raksı için bir türkü söyleyeceğim:

"Dünya Sultanı" dedikleri, en yüce ve kudretli iblisim üzerine, ağırlığın ruhu üzerine bir oyun ve alay türküsü. –

Ve "Küpid"le genç kızlar birlikte dans ederlerken işte söylediği türkü Zerdüşt'ün:

Geçenlerde gözlerinin içine baktım, ey hayat! Ve ölçülemez derinliklere daldım gibi geldi bana. Ama altın bir oltayla çekip çıkardın beni sen; derinliği ölçülemez dediğim için sana, alaylı alaylı bana güldün.

"Böyle konuşurlar bütün balıklar," dedim; "*kendilerinin* ölçemediği derinlik, ölçülemez derinliktir.

Halbuki ben değişkenim sadece, vahşiyim ve her bakımdan bir kadınım, erdemlisi de değil hem:

Siz erkekler bana 'derin', yahut 'vefalı', yahut 'ebedi', ya da 'esrarlı' deseniz bile.

Ama siz erkekler kendi erdemlerinizi armağan edersiniz bize daima, – ah erdemli kişiler sizi!"

Böyle güldü, o inanılmaz; ama kendisini yerdiği zaman, ona ve gülüşüne asla inanmam ben.

Ve baş başa konuşurken en vahşi bilgeliğimle, şöyle dedi hayat bana öfkeyle: "Sen istiyorsun, arzu ediyorsun, seviyorsun; sırf bu sebeple hayatı *övüyorsun!*"

Az kalsın aksi bir cevap verecek ve gerçeği söyleyecektim öfkeliye; insanın kendi bilgeliğine "gerçeği söylemesinden" daha aksi cevap da olamaz.

Üçümüzün aramızdaki durum, işte böyle. Gönlümün derinliklerinden sırf hayatı seviyorum ben, – ve, doğrusu, en çok da ondan nefret ettiğim zaman!

Ama bilgeliğe tutkunluğum, çoğu kez aşırı tutkunluğum, bana o kadar çok hatırlatmasındandır hayatı!

Gözleri hayatın gözleri, gülüşü hayatın gülüşü, altın oltası bile aynı: bu kadar benziyorlarsa birbirlerine benim kabahatim mi?

Ve bir gün hayat bana sorunca: "Kimdir peki bu bilgelik?" – Cevap verdim hemencecik: "Ha, evet! Bilgelik!

İnsan susuzluk duyar da ona, doyamaz; ona tüller arasından bakar, ağlar arasından yakalar onu.

Güzel midir? Ne bileyim! Ama en ihtiyar sazanlar bile sarıyor hâlâ yemine.

Ânı ânına uymaz onun, başına buyruktur; çok kez dudağını ısırarak saçını arkaya taradığını görmüşümdür onun.

Belki kötü ve yapmacıktır ve her bakımdan bir dişidir; ama kendini yerdiği zaman, işte o zaman baştan çıkarır en çok."

Bunları söyleyince ben hayata, kötü kötü güldü ve gözlerini kapadı. "Kimden bahsediyorsun sen?" dedi. "Benden mi yoksa?"

Haklı bile olsan, – yüzüme karşı söylenir mi *bu!* Fakat şimdi sen bilgeliğinden de bahset bakalım!"

Ah, açtın yine gözlerini, ey sevgili hayat! Ve tekrar ölçülemez derinliklere daldım gibi geldi bana. –

Böylece türkü söyledi Zerdüşt. Lakin dans bitip genç kızlar gidince, mahzunlaştı.

"Çoktan batmış güneş," dedi nihayet, "çimenler nemli, serinlik geliyor ormandan.

Bilinmeyen bir şey var etrafımda, düşünceli düşünceli bakıyor. Ne! Yaşıyor musun sen hâlâ, Zerdüşt?

Niçin? Niye? Neden? Nereye? Nerede? Nasıl? Cinnet değil mi hâlâ yaşamak? –

Heyhat, dostlarım, akşamdır soruşturan böyle içimde. Bağışlayın hüznümü!

Akşam oldu: akşamın olmasını bağışlayın bana!" –

Böyle türkü söylüyordu Zerdüşt.

MEZAR TÜRKÜSÜ

"Orası mezarlar adasıdır, sessiz ada; gençliğimin mezarları da oradadır. Yaz kış yeşil bir hayat çelengi götürmek isterim oraya."

Böyle kararlaştırarak gönlümde, aştım denizi. –

Siz ey gençliğimin aşina yerleri ve hayalleri! Siz ey sevdalı bakışlar, siz ilahi bakışlar! Nasıl da tez kaybettim sizi! Ölülerim gibi anıyorum sizi bugün.

Sizden, ey sevgili ölülerim, mis gibi bir koku geliyor bana, gönüle dokunan, göz yaşartan. Gerçek, yalnız gemicinin allak bullak ediyor gönlünü, dokunuyor gönlüne bu koku.

Hâlâ en zengin ve en imrenilesi kişiyim ben, – ben, yalnızlar yalnızı! Çünkü ben *sahiptim size,* siz de hâlâ sahipsiniz bana. söyleyin: benden başka kime düşmüştür ağaçtan böyle kırmızı elmalar?

Sevginizin mirasçısı ve mirasıyım ben hâlâ; sizin hatırınıza renk renk, yabani erdem çiçekleri açan, ey en çok sevdiklerim!

Ah, birbirimize yakın olmak için yaratılmıştık bizler, ey cana yakın, garip harikalar; ve ürkek kuşlar gibi gelmediniz sizler bana ve hasretime, – hayır, güvenene güvenenler gibi geldiniz!

Evet, sizler de benim gibi vefa için yaratılmıştınız, duygulu ebediyetler için: şimdi sizi vefasız diye mi adlandırayım, ey ilahi bakışlar, anlar: başka bir ad öğrenmedim daha ben.

Gerçek, pek erken öldünüz bana göre, kaçaklar. Ama siz kaçmadınız benden, ben de sizden kaçmadım: vefasızlığımızda masumuz birbirimize karşı.

Beni öldürmek için, boğdular sizi, ey umutlarımın şakıyan kuşları! Evet, size attı hep, en sevdiklerim benim, oklarını kötülük, – canevimden vurmak için beni!

Ve vurdu da! Sizdiniz çünkü hep en yakın gönlüme, benim varım yoğum dediklerim, bana varım yoğum diyenler: *bu yüzden* genç ölmek zorunda kaldınız, pek de erken hem!

En can alacak yerime attılar oku: size, cildi tüy gibi, daha doğrusu, bir bakışta silinip giden gülümseme gibi olan, size!

Şu sözüm var ama düşmanlarıma diyecek: bana ettikleriniz yanında nedir ki adam öldürmek?

Adam öldürmekten daha beter kötülük ettiniz bana siz; yerine konmaz şeylerimi aldınız benden: – bunu derim size, ey düşmanlarım!

Öldürmediniz mi gençliğimin hayallerini, en sevgili harikalarımı! Oyun arkadaşlarımı aldınız benden, o mübarek ruhları! Onların hatıralarına koyuyorum bu çelengi ve bu laneti!

Size bu lanet, düşmanlarım! Kısaltmadınız mı benim sonsuzluğumu, bir sesin soğuk bir gecede yok olup gitmesi gibi! İlahi gözlerin parıltısı gibi ancak gelirdi bana o, – bir anlık bakış gibi!

Bir gün eşref saatinde şöyle demişti tertemizliğim: "İlahi olacaktır benim için bütün varlıklar."

Sonra kirli hayaletlerle siz musallat oldunuz bana: heyhat, nereye uçtun şimdi o eşref saat?

"Bütün günler benim için kutsal olacaktır," – böyle demişti bir gün gençliğimin bilgeliği: doğrusu, şen bir bilgeliğin sözü bu!

Fakat sonra siz düşmanlarım, benim gecelerimi çaldınız ve onları uykusuz ıstıraba sattınız: heyhat, nereye uçtu o şen bilgelik?

Mutlu alametlerin hasretini çekerdim bir vakitler kuşlardan: derken bir baykuş azmanı sürdünüz yolumun üstüne, bir uğursuzluk alametini. Heyhat, nereye uçtu o zaman sevgi dolu hasretim?

Bütün tiksintilerden vazgeçmeye ahdetmiştim bir zamanlar: derken çıbana döndürdünüz yakınlarımı, en yakınlarımı. Heyhat, nereye uçtu o zaman en asil ahdim?

Bir kör gibi bir vakitler mutlu yollarda yürürdüm. Derken körün yoluna pislik attınız: alıştığı yollardan tiksiniyor şimdi kör.

Ve en güç işimi yapıp da zaferlerimin bayramını kutlarken: sevenlerimi haykırttınız, sanki en çok o zaman yakıyormuşum gibi canlarını.

Gerçek, buydu hep sizin işiniz: en tatlı balımı bana zehir ettiniz, ve en iyi arılarımın emeğini.

Benim hayırseverliğime en arsız dilencileri yolladınız hep, merhametimin etrafını onulmaz yüzsüzlerle sardırdınız. Böyle yaraladınız erdemimin inancını.

Ve en kutsal şeyimi kurban olarak sunduğumda, "sofuluğunuz" hemen daha semiz hediyeler koydu yanına: öyle ki, sizin yağınızın dumanında boğuldu en kutsal şeyim.

Ve bir defasında, öyle bir raksetmek istedim ki, hani evvelce hiç etmediğim biçimde; yedi kat göklerin ötesinde raksetmek istedim. Derken en gözde çalgıcımı kandırdınız.

O da tüyler ürpertici, hüzünlü bir makam tutturdu; ah, dertli bir kaval gibi ötüyordu kulaklarımda!

Katil çalgıcı, kötülük aleti, en masum alet! En güzel raksa hazırlanmıştım: derken öldürdün coşkumu nağmelerinle!

Raksla ancak dile getirebilirim ben en yüce şeylerin simgesini: – şimdi en yüce simgem dile gelmeden kaldı uzuvlarımda!

Dile gelmeden ve gerçekleşmeden kaldı en yüce umudum! Ve soldu bütün hayalleri, yok oldu avuntuları gençliğimin!

Nasıl dayandım buna ben? Nasıl katlandım da atlattım bu yaraları? Nasıl yeniden dirilip çıktı ruhum bu mezarlardan?

Evet, yaralanmaz, gömülmez bir şey var içimde, kayaları parçalayacak bir şey: *benim irademdir* adı onun. Yıllar boyu sessiz ve değişmeden ilerler o.

Benim ayaklarımla yürüyecektir yolunu, benim koca iradem; tabiatça yüreği pektir ve yaralanmaz.

Benim ancak, topuğumdur yaralanmaz yerim. Daha sağsın sen ve olduğun gibisin, ey en sabırlı olan! Fırlayıp çıkmadın mı sen hep bütün mezarlardan!

Sende yaşar hâlâ gençliğimde kurtarılmamış ne varsa; ve sen hayat ve gençlik gibi umut dolu oturursun burada, sararmış mezar yıkıntıları üstünde.

Evet, benim için sen hâlâ bütün mezarların yıkıcısısın: Selam sana, iradem benim! Ve mezarların olduğu yerde olur ancak dirilmeler. –

Böyle türkü söylüyordu Zerdüşt.

KENDİNİ YENMEK ÜZERİNE

"Gerçek iradesi" mi diyorsunuz, ey bilgelerin bilgeleri, sizi itenin, kızıştıranın adına?

Bütün varlıkların düşünülebilirliğine doğrulmuş irade: böyle derim ben sizin iradenize!

Bütün varlığı düşünülebilir *hale getirmek* istiyorsunuz: şüphe ediyorsunuz, çünkü haklı olarak, düşünülebilir midir acep varlık diye.

Ama size uyması, eğilmesi gerek onun! Böyle ister iradeniz. Pürüzsüz ve ruha bağlı olması gerek onun, aynası ve yansıması gibi ruhun.

Kudret idaresi olarak ey bilgelerin bilgeleri, bütün iradeniz bu sizin; iyi ile kötüden ve değer hükümlerinden bahsederken bile.

Önünde diz çökebileceğiniz bir dünya yaratmak istiyorsunuz siz hâlâ: son ümidiniz ve sarhoşluğunuz bu.

Cahiller, elbette, halk – üstünde bir sandalın yüzüp gittiği bir nehir gibidir: ve sandalda ağırbaşlı ve değişmiş kılıklı değer hükümleri oturur.

İradenizi ve değer hükümlerinizi oluş nehri üstüne salmışsınız siz; halkın iyi ve kötü diye inandıkları şeyler, eski bir kudret iradesini açıklar bana.

Sizdiniz, ey bilgelerin bilgeleri, sandala yerleştiren bu türlü konukları, onlara görkem ve gururlu adlar veren, – siz ve sizin hükmeden iradeniz!

İlerilere götürüyor şimdi nehir sandalınızı: götürmesi *gerek* elbet. Kırılan dalga köpürüp öfkeyle karşı koysa da tekneye, ne çıkar!

Nehir değildir, iyi ile kötünüzün sonu değildir sizin tehlikeniz, ey bilgelerin bilgeleri: iradenin kendisidir o, kudret iradesidir, – o bitmez tükenmez, üretken hayat iradesi.

Ama iyi ile kötü hakkındaki sözlerimi anlayabilmeniz için, hayat ve bütün canlıların niteliği hakkındaki sözlerimi söyleyeyim size.

Canlıyı izledim ben; niteliğini öğrenmek için onun, en geniş ve en dar yollarda yürüdüm.

Kapalıyken ağzı, bin-yüzlü aynayla yakaladım bakışını, gözleri konuşabilsin diye benimle. Ve konuştu benimle gözleri.

Ama nerde canlı gördümse, itaattan söz edildiğini de işittim orda. Her yaşayan itaat edendir.

İkinci husus da şu: kendi kendine itaat edemeyen, emir kulu olur. Böyledir tabiatı canlıların. İşittiğim üçüncü şey de: emretmenin, itaattan daha güç olduğudur. Emredenin, bütün itaat edenlerin yükünü taşıdığından ve bu yükün kendisini kolayca ezebileceğinden değil yalnız:

Bir deneme ve bir tehlike gibi göründü bana her emrediş; ve emrettiği zaman canlı, tehlikeye atar kendini.

Evet, kendine emrederken bile, o zaman dahi emir verişinin bedelini ödemek zorundadır. Kendi yasasının yargıcı, intikamcısı ve kurbanı olmak zorundadır.

Nasıl oluyor bu! diye sordum kendi kendime. Canlıyı itaata ve emretmeye ve emrederken bile itaata kandıran nedir?

Dinleyin şimdi sözlerimi, ey bilgelerin bilgeleri! Güzelce tartın bakalım, hayatın ta özüne, özünün özüne sokulmuş muyum?

Nerde canlı gördümse ben, orda kudret iradesi gördüm; uşağın iradesinde bile efendi olma iradesi gördüm.

Daha güçlüye kendi iradesi kandırır zayıfı hizmet etmeye, daha zayıflara efendilik etmek istediğinden bu irade: tek hazdır bu onun vazgeçmek istemeyeceği.

Ve küçük nasıl baş eğerse büyüğe, en küçüğün tepesinde keyif sürebilip hükmedebilsin diye, –en büyük de öyle baş eğer ve tehlikeye atar hayatını,– kudret uğruna.

En büyüğün baş eğmesi, korkulu girişimleri, tehlikeyi göze almaktır ve ölüm için zar atmaktır.

Ve nerde fedakârlık, hizmet ve sevgi bakışları varsa, efendi olmak iradesi de vardır orda. Zayıf olan gizli yollardan sızar sinsice kaleye, kuvvetlinin ta içine dek, – oradan kuvvet çalar.

Ve şu sırrı hayat kendisi verdi bana: "Bak," dedi, "*nefsini daim yenmesi gerekenim* ben.

Doğru, buna siz üretme iradesi, yahut bir amaca, daha yükseğe, daha uzağa, daha çeşitliye yönelmiş bir itki dersiniz: ama bütün bunlar bir tek şeydir, bir tek sırdır.

O tek şeyden vazgeçmektense ben yeğ tutarım yok olmayı; ve gerçek, nerde yok olma ve yaprak dökümü varsa, bakın, orda hayat feda eder kendini, – kudret uğruna!

Savaş, oluş, gaye ve gayeler çatışması olmam gerektiğini, – ah benim irademin ne olduğunu sezen, onun hangi *eğri* yollardan yürümesi gerektiğini de sezer!

Her ne yaratsam, her ne kadar çok sevsem de yarattığımı, – çok geçmeden karşı olmam gerekir ona ve sevgime: böyle ister benim iradem.

Ve sen bile, sen ey gören kişi, benim irademin dar bir yolu, bir ayak izisin ancak: hakikaten, benim kudret iradem senin gerçek iradenin ayaklarıyla da yürür!

İsabet ettirememiştir elbet, gerçeği 'var olma iradesi' ile vurmak isteyen: öyle bir irade – mevcut değil!

Zira: var olmayan isteyemez; var olan ise, – niye uğraşsın hâlâ var olmak için!

Ancak hayat olan yerde, irade de olur: hayat iradesi değil ama, –öğrettiğim benim sana,– kudret iradesi!

Birçok şeyleri hayatın kendisinden üstün tutar, canlı; ama bu üstün tutmanın ta kendisinde dile gelen, –kudret iradesidir!"–

Bir zamanlar hayat bunu öğretmişti işte bana: ben de bu öğrendiğimle, ey bilgelerin bilgeleri, çözüyorum size yüreklerinizin bilmecesini.

Gerçek, söylüyorum size: ebedi olan iyi ve kötü, – mevcut değil! Kendi isteğiyle onlar, biteviye kendi kendilerini yenmelidirler.

Siz değerlerinizle ve iyi ile kötü üzerine deyimlerinizle elinizdeki kudreti kullanırsınız, ey değer biçenler: gizli aşkınız bu sizin, ruhlarınızın ışıması, titremesi, taşması bu.

Fakat daha güçlü bir kudret doğar değerlerinizden, yeni bir zafer doğar: onunla kırılır yumurta ve yumurta kabuğu.

Ve iyi ile kötüde yaratıcı olacak kişinin, – gerçek, önce onun bir yıkıcı olması, değerleri parçalaması gerek.

Böylece en büyük kötü, en büyük iyiye özgüdür: ama yaratıcı iyi budur işte. –

Bunu *konuşalım,* ey bilgelerin bilgeleri, kötü olsa da bu. Susmak daha kötüdür; örtbas edilen gerçekler zehirli olurlar.

Ve varsın parçalansın, bizim gerçeklerimizle parçalanabilen her şey! Nice evler var daha kurulacak! –

Zerdüşt böyle diyordu.

ULU KİŞİLER ÜZERİNE

Sakindir benim denizimin dibi: şakacı canavarlar sakladığını onun kim tahmin edebilir!

Sarsılmaz benim derinliğim: ama yüzen bilmeceler ve gülüşlerle parıldar.

Ulu bir kişi gördüm bugün, ağırbaşlı bir kişi, bir ruh tövbelisi: ey, nasıl güldü ruhum onun çirkinliğine!

Göğsü kabarmış, nefes alan biri gibi: öyle duruyordu ulu kişi, sessiz:

Avının yağması olan çirkin gerçeklerle bezenmiş ve kat kat yırtık giysiler içindeydi; birçok dikenler de sarkıyordu üstünden, – ama gül görmedim hiç.

Gülmeyi ve güzelliği öğrenmemiş henüz. Bilgi ormanından bu avcı üzgün dönmüş.

Vahşi hayvanlarla boğuşmaktan dönmüş eve: fakat hâlâ vahşi bir hayvan bakıyor ciddiliğinden, – yenilmemiş bir vahşi hayvan!

Sıçramak üzere olan bir kaplan gibi duruyor orada hep; ama bu gergin ruhları sevmem ben, kendi içine kapanmış bu kişiler benim zevkime göre değil.

Ve sizler bana, dostlar, zevk ve zevklenmek üzerinde tartışma olmaz mı diyorsunuz? Ama bütün hayat zevk ve zevklenmek üzerine bir tartışmadır!

Zevk: bu tartı ağırlığı, tartı ve tartandır aynı zamanda; tartı ağırlığı ile tartı ve tartan üzerine tartışmadan yaşamak isteyen bütün canlıların vay haline!

Ululuğundan bir bıksa, bu ulu kişi, o zaman başlar ancak güzelliği, – ve ancak o zaman zevklenirim ondan ve tatlı bulurum kendisini.

Ve ancak kendinden yüz çevirirse atlar gölgesinin üstünden, – evet; *kendi* güneşine!

Çok uzun zaman oturdu o gölgede, ruh tövbelisinin yanakları sararıp soldu; bekleyişleri sırasında az kalsın açlıktan ölecekti.

Hor görme var hâlâ gözlerinde, ve tiksinti gizli ağzında. Gerçi dinleniyor şimdi, ama güneş ışığında dinlenmedi henüz.

Boğa gibi yapmalı o; ve mutluluğu toprak kokmalı, yoksa toprağı hor görme değil.

Ak bir boğa gibi görmek isterim onu, soluya böğüre saban demirinin önünde yürüyen, böğürmesi de hem toprağa ait her şeyi öven!

Yüzü henüz karanlık; elinin gölgesi oynaşıyor üstünde. Gölgeler içinde hâlâ görme duyusu.

Eyleminin kendisi hâlâ bir gölge gibi duruyor üstünde: el, eylemciyi karartıyor. Henüz o kendi eylemini yenmemiş.

Elbet seviyorum ondaki boğa ensesini ben: ama şimdi melek gözlerini de görmek istiyorum.

Kahraman – iradesini de unutması gerek henüz: yükselmiş biri olmalıdır o, sadece ulu biri değil: ince hava bile kaldırmalı onu, iradesi olanı!

Devlere boyun eğdirdi o, bilmeceler çözdü. Ama devleriyle bilmecelerini kurtarması da gerek; göksel çocuklar haline getirmesi gerek onları.

Bilgisi öğrenmemiş henüz gülümsemeyi, ve kıskanmamayı; çağlayan coşkusu güzellikte sükûn bulmadı henüz.

Gerçek, tokluk içinde değil, güzellik içinde susmalı, dalıp kaybolmalı onun özlemi! İncelik, ulu ruhların cömertliğine vergidir.

Kolu, başının üzerinde: böyle dinlenmeli kahraman, dinlenmesini de böyle yenmeli.

Fakat hele kahraman için *güzellik* en güç şeydir. Ateşli iradelerin hepsi için erişilmez güzellik.

Biraz fazla, biraz eksik: asıl mesele bu, budur en önemli olan burada.

Dinlenmiş adaleler ve koşumundan sıyrılmış bir iradeyle durmak: budur en güç olan hepiniz için, ey ulu kişiler!

Kudret, bağışlayıp da görünüre inerse – güzellik derim ben böyle inişe.

Kimseden değil de en çok senden güzellik istiyorum, ey kudretli kişi: iyiliğin senin, son kez yenmen olsun kendini.

Her türlü kötülüğü umarım senden: onun için istiyorum iyiliği senden.

Gerçek, pençeleri sakat olduğu için kendilerini iyi sanan zayıflara güldüm çok kez!

Sütunun erdemine erişmek için uğraşacaksın sen: gittikçe güzelleşir o, zarifleşir, – ama daha çetin ve dayanıklı olur içi, yükseldikçe sütun.

Evet, ey ulu kişi, sen de güzelleşeceksin bir gün ve ayna tutacaksın kendi güzelliğine.

O zaman ruhun ilahi arzularla titreyecek ve kibrinde bile ibadet olacak!

Zira sırrı şudur ruhun: ancak kahraman kendisini bırakıp gittiği zaman, rüyalarında yaklaşır ona, –üstün-kahraman.–

Zerdüşt böyle diyordu.

KÜLTÜR ÜLKESİ ÜZERİNE

Pek fazla uçmuşum geleceğe: bir korkudur aldı beni.

Ve etrafıma baktığımda, şaşılacak şey! Zamandı, tek çağdaşım.

O zaman gerisingeri uçtum yurda doğru, – gittikçe artan hızla hem. Böylece geldim size, ey bugünün insanları, ve kültür ülkesine.

İlk defa olarak, sizi görecek gözlerle ve içten bir arzuyla geldim: gerçek, gönlüm özlem dolu geldim.

Fakat ne oldu bana? O kadar korktuğum halde, – gülmek zorundaydım! Hiçbir zaman gözlerim böylesine alaca bulaca bir şey görmemişti!

Ayağım ve yüreğim titrerken hâlâ, gülüyor, gülüyordum. "Bütün boya çanaklarının yurdu burası anlaşılan," diyordum.

Elli boya lekesi vardı yüzlerinizde, uzuvlarınızda: orada öylece oturuyordunuz, beni şaşkın bırakıyordunuz, ey bugünün insanları!

Elli de ayna vardı çevrenizde, renk oyununuza yaltaklık ediyor, onu yansıtıyordu.

Gerçek, kendi suratlarınızdan daha iyi maske takamazdınız, ey bugünün insanları! Kim *tanıyabilirdi* ki sizi!

Geçmişin işaretleri yazılmış her tarafınıza ve bu işaretlerin üzerine de yeni işaretler boyanmış – böylece kendinizi iyice gizlemişsiniz bütün yorumculardan!

Ve kişi, başkalarının ciğerini okuyabilse de, sizde ciğer nerde! Renklerle ve yapıştırılmış yaftacıklarla pişmişe benziyorsunuz.

Bütün çağlarla bütün uluslar, renk renk bakıyorlar tüllerinizden; bütün âdetlerle inançlar renk renk dile geliyorlar davranışlarınızda.

Biri sizden tülünüzü, örtünüzü, renklerinizi ve davranışlarınızı alsa, kargaları ürkütecek kadarı kalır kalmaz ancak.

Gerçek, sizi bir zamanlar çıplak ve boyasız görüp de ürkmüş bir kargayım ben kendim; iskelet beni sevdalı bakışlarla süzmüştü de, kaçmıştım ben de.

Ölüler ülkesinde, ve geçmişin gölgelerinde bir ırgat olmayı yeğ tutarım ben! – Ölüler ülkesindekiler bile daha toplu daha dolgundurlar sizden!

Şu, evet, içimi acıyla dolduran şu ki, ne çıplakken katlanabiliyorum size, ne de giyinmişken, ey bugünün insanları!

Geleceğin bütün kaygıları ve yolunu şaşırmış kuşları korkudan titreten her şey daha cana yakın, daha hoştur sizin "gerçeğinizden".

Şöyle dersiniz çünkü siz: "Baştan aşağı gerçeğiz biz, hem de inançsız ve boş inançsız." Böyle kurumlanır, göğüs kabartırsınız – ah, göğsünüz olmadığı halde!

Evet ama nasıl *inanabilirdiniz* ki siz, ey alaca bulaca kişiler! – Siz ki şimdiye kadar inanılmış bütün şeylerin resimlerisiniz!

Siz inancın gezgin inkârlarısınız, her düşüncenin kolunu kanadını kırarsınız. *İnanılmaz kişiler*: budur verdiğim ad işte size, ey gerçek kişiler!

Bütün çağlar birbirlerini çekiştirirler sizin ruhlarınızda; ve bütün çağların rüyalarıyla dedikoduları bile sizin uyanıklığınızdan daha gerçekti!

Kısırsınız siz: *onun için* inancınız yok. Ama yaratması gerekenin, gelecekten haber veren rüyaları, yıldız belirtileri vardı daima, –ve inanmaya inanırdı!–

Önünde mezar kazıcıların bekledikleri, aralık kapılarsınız siz. Ve *sizin* gerçeğiniz şu: "Her şey hak etmiştir yok olmayı."

Heyhat, nasıl da duruyorsunuz karşımda, ey kısır kişiler; ne cılız kaburgalısınız! Çoğunuz da farkına varmıştır ya bunun.

Ve şöyle demiştir: "Ben uyurken tanrının biri gizlice bir şey mi aşırdı yoksa benden? Hani şöyle, kendine bir kadıncık yapmaya yetecek kadar bir şey!

Şaşılacak şey kaburgalarımın sefaleti!" Böyle demiştir bugünün pek çok insanı.

Evet, gülünçsünüz siz bence, ey bugünün insanları! Hele hele kendinize şaştığınız zaman!

Ve ben sizin şaşmanıza gülemeseydim ve çanaklarınızdaki iğrençlikleri yutmaya mecbur kalsaydım, vay benim halime o zaman!

Öyle ki ama sizleri ben hafife alacağım, çünkü *ağır* yüküm var; ve yükümün üstüne böceklerle kanatlı kurtlar konsa da ne çıkar!

Elbette, yüküm bu yüzden daha fazla ağırlaşamayacak ya! Ve sizin yüzünüzden olmayacak, ey bugünün insanları, benim büyük yorgunluğum. –

Ah, şimdi ben özlemimle nereye çıkayım! Bütün dağlardan bakarak arıyorum baba yurtlarıyla ana yurtlarını.

Ama bir yurt bulamadım hiçbir yerde: tedirginim bütün kentlerde, yola koyulmak üzereyim bütün kapılarda.

Yabancı ve bir alay gibi geliyor bana, son zamanlarda gönlümün beni kendilerine yönelttiği bugünün insanları; baba yurdundan, ana yurdundan sürülmüşüm ben.

Onun için *çocuklarımın ülkesini* seviyorum ben yalnız, henüz bulunmamış hani, en uzak denizdeki ülkeyi: orayı aratıyor, aratıyorum yelkenlerime.

Çocuklarıma ödemek isterim babalarımın çocuğu oluşumu, –bütün geleceğe de *şu* şimdiki zamanı ödemeyi!–

Zerdüşt böyle diyordu.

LEKESİZ İDRAK ÜZERİNE

Dün ay doğarken, bir güneş doğuracak gibi geldi bana: öylesine geniş ve gebe duruyordu ufukta.

Yalancı bir gebelikti ama onun gebeliği; zaten ben aydaki erkeğe inanırım, kadına inanmam.

Doğrusu, erkeğe benzer yanı da az ya, bu utangaç gece âlemcisinin. Doğrusu, bir vicdan azabıyla dolaşır o damlar üstünde.

Zira şehvet düşkünü ve kıskançtır, aydaki bu keşiş; yeryüzüne ve sevenlerin bütün sevinçlerine şehvet duyar.

Hayır, sevmem ben, damlarda gezen bu erkek kediyi! Yarı kapalı pencerelere sinsi sinsi sokulan her şeyden iğrenirim!

Yıldız-halılar üstünde yürür o, sessiz ve sofu: – ama ben usul usul basan, mahmuz şakırdatmayan insan adımlarını sevmem.

Her dürüst adım ses verir; kedi ama, yerde hırsız hırsız gider. Bakın işte! kedi gibi geliyor ay, sahtekârca.

Bu benzetmeceyi sunuyorum ben size, siz duygulu ikiyüzlülere, siz "saf idrakçilere!" Şehvet düşkünleri – böyle derim size ben!

Siz de seversiniz yeryüzünü ve yeryüzüne ait olanı: sizi ben iyi anladım! –Ama sizin sevginizde utanç var. Kötü bir vicdan var, – aya benziyorsunuz siz!

Yeryüzüne ait şeyleri hor görmeye kandırılmış ruhunuz, bağırsaklarınız kandırılmamış ama: en güçlü yerleriniz de zaten bunlar sizin!

Ve bağırsaklarınızın emrine girmekten ruhunuz utanıyor şimdi: utancından kurtulmak için de sinsi yollara, yalancı yollara sapıyor.

"En yüce şey bence," der kendi kendine yalancı ruhunuz, "hayata arzu duymadan bakmaktır, yoksa dili sarkık bir köpek gibi bakmak değil:

"Bakmakla mutlu olmak: ölü bir iradeyle, bencilliğin pençesinden ve açgözlülüğünden kurtulmuş olarak – baştan aşağı soğuk ve rengi uçuk, ama sarhoş ay gözleriyle bakmak!

"En sevimli şey bence," –baştan çıkmış olan böyle baştan çıkarır kendini,– "ayın sevmesi gibi sevmektir yeryüzünü, ve güzelliğine onun sadece gözlerle dokunmaktır.

"Ve her şeyin *lekesiz* idraki şuna derim ben: nesnelerden bin yüzlü bir ayna gibi önlerine uzanabilmekten gayri bir şey istememek." –

Ey, duygulu ikiyüzlüler, ey şehvet düşkünleri! Masumluk eksik sizin arzunuzda: onun için iftira edersiniz arzuya!

Gerçek, yaratıcılar, üreticiler, oluştan sevinç duyanlar gibi sevmezsiniz siz yeryüzünü!

Masumluk nerede? Üreme iradesinin olduğu yerde. Ve kendinden üstün bir varlık yaratmayı arzulayan, sahip bence en temiz iradeye.

Güzellik nerede? Bütün irademle *arzulamam gereken* yerde; hayal, sadece bir hayal olarak kalmasın diye sevmek ve yok olmak istediğim yerde.

Sevmek ve yok olmak: ezelden beri birbirine uyar bunlar. Sevme iradesi: ölüme de hazır olmak demektir bu. Böyle derim ben size, korkaklar!

Ama sizin kadınca göz süzmeniz, şimdi "düşüncelere dalış" denilmesini istiyor! Korkak gözlerin kendisine dokunmasını hoş gören şeye de "güzel" denecek! Ah, sizi soylu adları kirletenler sizi!

Ama lanetiniz işte sizin şu, ey lekesiz kişiler, ey tertemiz idrak edenler: ufukta geniş ve gebe dursanız da, doğuramayacaksınız siz hiçbir zaman!

Gerçek, soylu sözlerle doldurursunuz ağzınızı: biz de yüreklerinizin taştığına inanalım demek, öyle mi yalancılar?

Ama *benim* sözlerim değersiz, hakir, çarpık sözlerdir: yemeklerinizde masanızın altına düşenleri ben seve seve toplarım.

Ama onlarla ben yine de söyleyebilirim gerçeği –ikiyüzlülere! Evet, kılçıklarım, kabuklarım ve dikenli yapraklarım,– gıdıklayacak burunlarını ikiyüzlülerin!

Kötü hava vardır daima sizin çevrenizde ve sofralarınızın çevresinde: şehvetli düşünceleriniz, yalanlarınız ve sırlarınız çünkü bu havanın içinde!

Kendinize inanmaya kalkışın önce, – kendinize ve bağırsaklarınıza! Kendine inanmayan yalan söyler daima.

Siz bir tanrının maskesini takmışsınız, ey "tertemiz kişiler": iğrenç yılanınız bir tanrı maskesinin altına sokulup sinmiş.

Gerçek, aldatırsınız siz, ey dalıp kendinden geçen kişiler! – Zerdüşt bile bir zamanlar sizin tanrısal görünüşünüze aldanmıştı; içini dolduran yılan kangallarını sezememişti.

Bir tanrı ruhunu oynar gördüğümü sandım bir zamanlar oyunlarınızda, ey tertemiz idrak edenler! Daha üstün sanat olmadığını sandım bir zamanlar sizin sanatlarınızdan!

Yılan murdarlığını ve kötü kokuyu, mesafe gizledi benden: ve ortalıkta bir kertenkele kurnazlığının şehvetli şehvetli dolaştığını.

Fakat ben size *yaklaştım:* gündüz geldi sonra bana, –şimdi de size geliyor,– aşk faslı ayın sona erdi!

Bakın işte! Ansızın tutulmuş ve rengi uçmuş duruyor orda, – önünde gül renkli seherin.

Çünkü o geliyor işte, o, parıl parıl yanan, *onun* yeryüzüne sevgisi geliyor! Masumluk ve yaratıcı arzudur her güneş – sevgi!

Bakın işte, nasıl sabırsızca geliyor denizin üzerinden! Duymuyor musunuz sevginin susuzluğunu ve sıcak soluğunu?

Denizi emmek, derinliklerini denizin kendi yüksekliğine çekmek istiyor güneş: binlerce göğüsle kabarıyor ihtirası şimdi denizin.

Susuzluğuyla güneşin öpülmeyi ve emilmeyi *arzuluyor* deniz; deniz hava olmayı *arzuluyor,* yükseklik ve ışık yolu ve ışığın kendisi olmayı *arzuluyor!*

Gerçek, güneş gibi severim ben de hayatı ve bütün derin denizleri.

İdrak da şudur *bence:* derin olan her şey yükselecektir, –benim yüksekliğime!–

Zerdüşt böyle diyordu.

BİLGİNLER ÜZERİNE

Uykudayken ben koyunun biri başımdaki sarmaşık çelenginden çimlenmiş, – çimlenmiş, şöyle demiş: "Bilgin değil artık Zerdüşt."

Böyle demiş ve küçümserlikle, gururla yürüyüp gitmiş. Bir çocuk anlattı bana bunu.

Çocukların oynadıkları, harap duvarın yanında, deve dikenleri ve kızıl gelincikler arasında ben uzanıp yatmayı severim.

Hâlâ bir bilginim ben, çocukların, deve dikenlerinin ve kızıl gelinciklerin gözünde. Muzipliklerinde bile masumdurlar onlar.

Ama koyunların gözünde bilgin değilim artık: böyle diliyor kaderim – şükürler olsun kaderime!

Zira gerçek şudur: bilginler evinden ayrıldım ben, kapıyı da çarptım ardımdan.

Uzun müddet aç oturdu ruhum onların sofrasında; onlardakine benzer, ceviz kırar gibi bilgi araştırma marifeti yok bende.

Özgürlüğü ve taze toprak üstündeki havayı severim ben; onların saygıları ve itibarları üzerinde uyumaktansa, öküz postlarında uyumayı yeğ tutarım.

Pek ateşliyim ve yakmada beni kendi düşüncem: çok defa o nefesimi kesiyor. O zaman açık havaya çıkmam, bütün tozlu odalardan uzaklaşmam gerekiyor.

Fakat onlar serin gölgede, serin serin otururlar: her şeyde sadece seyirci olmak isterler ve güneşin basamaklardaki yandığı yerlerde oturmaktan kaçınırlar.

Sokakta durup açık ağızla gelene geçene bakanlar gibi: öylece beklerler onlar da ve başkalarının düşündükleri fikirlere açık ağızla bakarlar.

Elle tutayım dese biri onları, un çuvalı gibi tozarlar istemeden: ama kim tahmin eder ki tozlarının tahıldan ve yaz tarlalarının altın renkli sevincinden geldiğini?

Bilgelik tasladıklarında, dondurur beni o küçük özdeyişleri ve gerçekleri: bilgeliklerinde çok kez bir koku vardır sanki bataklıktan gelen; gerçek, kurbağa vakvaklaması bile işittim ben bu bilgelikte!

Beceriklidirler, hünerli parmakları vardır; onların karmaşıklığı yanında benim sadeliğim neylesin! Her türlü iplik bükmekten, örmekten ve dokumaktan anlar parmakları: böyle çorap örerler ruhun başına!

İyi birer saattir onlar: ancak onları doğru kurmaya bakmalı! Yanlışsız gösterirler o zaman vakti, hafif bir ses de çıkarırlar bu arada.

Değirmen taşları gibi çalışırlar, ve tahıl dövme tokmakları gibi: hele tahıl tanelerini bir atın siz onlara! – iyi bilirler taneleri öğütmesini ve beyaz toz haline getirmesini.

Pek yakından gözetlerler birbirlerini ve birbirlerine güvenmezler öyle pek. Küçük kurnazlıklarda buluş sahibidirler, bilgileri aksak ayaklarla yürüyenleri beklerler, örümcekler gibi beklerler.

Onları hep özenle zehir hazırlarken gördüm; bu işi yaparken de daima cam eldiven takıyorlardı ellerine.

Hileli zarlarla oynamasını da bilirler; ve öyle kızışmışça oynadıklarını gördüm ki ben onların, terliyorlardı.

Birbirimize yabancıyız biz, ve onların erdemleri bana sahteliklerinden ve hileli zarlarından daha iğrenç geliyor.

Ve ben onlarla birlikte yaşarken, üstlerinde yaşadım onların. Garaz bağladılar bu yüzden bana.

İşitmek istemezler başlarının üstünde birinin dolaştığını. Onun için başlarıyla benim arama tahta, toprak ve moloz doldurdular.

Adımlarımın sesini böyle boğdular: o zamandan bu yana, beni en az işiten en bilginler oldu.

İnsanoğlunun bütün kusurlarını ve zayıflıklarını koydular kendileriyle benim arama: – "uydurma tavan" diyorlar buna evlerinde.

Ama buna karşın, düşüncelerimle ben başları ü s t ü n d e dolaşıyorum onların; ve ben kendi yanlışlarım üstünde dolaşsam bile, yine de onların ve başlarının üstünde olurum.

Çünkü insanlar eşit *değildirler:* böyle der adalet. Ve benim istediğimi, isteyemezler *onlar!* –

Zerdüşt böyle diyordu.

OZANLAR ÜZERİNE

"Daha iyi tanıyalıdan beri bedeni," dedi Zerdüşt çömezlerinden birine, "ruh bence artık lafta ruhtur ancak; 'ebedi' denen bütün şeyler de bir benzetme sadece."

"Daha önce de böyle dediğini işittim bir kez," diye cevap verdi çömez, "ve şöyle eklemiştin: 'Ama ozanlar pek çok yalan söylerler.' Niçin, ozanlar yalan söylerler demiştin?"

"Niçin mi?" dedi Zerdüşt. "Niçin diye mi soruyorsun? Niçinleri üzerine soru sorulabilecek kişilerden değilim ben.

Daha dünkü yaşantı mı benim yaşantım? Düşüncelerimin sebeplerini yaşayalı ben çok oluyor.

Bir hatıra küpü olmam gerekmez miydi benim, nedenlerimi de yanımda saklamak isteseydim?

Düşüncelerimi saklamak bile bana zaten fazla geliyor; nice kuşlar uçup gitti.

Ve bazen sığıntı bir kuş da buluyorum güvercinliğimde, bana yabancı, elimi sürdüğümde titreyen.

Peki, daha ne demişti sana bir zamanlar Zerdüşt? Ozanların pek çok yalan söylediklerini mi? – ama Zerdüşt de bir ozandır.

Sen şimdi onun bu konudaki gerçeği söylediğine inanıyor musun? Neden inanıyorsun?"

Çömez cevap verdi: "Zerdüşt'e inanırım ben." Ama Zerdüşt başını salladı ve gülümsedi.

"İnanç mutlulandırmaz beni," dedi, "hele kendime inanç."

Ama kabul edelim ki biri gerçekten ozanların pek çok yalan söylediklerini demiş olsun: haklıdır, – pek çok yalan söyleriz *biz.*

Pek de az şey biliriz ve güç öğreniriz: onun için mecburuz yalan söylemeye.

Biz ozanlardan hangimiz bir şey katıp da bozmamışızdır şarabımızı? Nice zehirli karışımlar çıkarılmıştır ortaya mahzenlerimizde, nice tarifsiz şeyler yapılmıştır orda.

Ve az şey bildiğimiz için, candan severiz ruhça züğürt olanları – hele genç kadınsa bunlar!

Ve geceleri kocakarıların birbirlerine anlattıkları masallara bile özlem duyarız. İçimizdeki Ezeli Kadınlık deriz buna biz.

Ve sanki bilgiye açılan özel ve gizli bir kapı varmış da, bir şeyler öğrenenlere *kapalıymış* gibi, halka ve halkın "bilgeliğine" inanırız.

Bütün ozanlar ama şuna inanırlar: çayırda ya da tenha yamaçlarda uzanmış yatarken kulak veren herkes, gökle yer arasında geçenler üzerine bazı şeyler öğrenirler.

Ve ince duygular uyansa içlerinde, tabiatın kendilerine âşık olduğunu sanır ozanlar:

Kulaklarına sırlar ve gönül okşayıcı sevgi sözleri fısıldamak için gizlice yanlarına sokuluyor sanırlar: bununla kurumlanıp böbürlenirler bütün faniler önünde!

Ah, nice şeyler vardır ki gökle yer arasında, bunları ozanlar ancak tahayyül etmişlerdir!

Hele göklerin *üstünde:* bütün tanrılar zira ozan benzetmeleri, ozan uydurmalarıdır!

Gerçek, yukarılara çekiliriz daima, – yani bulutlar ülkesine: bulutlar üstüne yerleştiririz alaca bulaca kuklalarımızı, Tanrılar, Üstüninsanlar deriz sonra bunlara.

Doğrusu tam da bu iskemleler için hafiftirler ya onlar! – Bütün bu Tanrılar ve Üstüninsanlar!

Ah, nasıl bezginim gerçeklik diye ısrar eden bütün o yetersizlerden! Ah, nasıl bıkkınım ozanlardan!

Böyle konuşunca Zerdüşt, çömezi kızdı ona, ama sustu. Zerdüşt de sustu; ve gözleri sanki uzaklara bakıyormuş gibi içine çevrildi. Nihayet içini çekti ve nefes aldı. –

Bugünden ve dündenim ben, dedi sonra, ama yarından, öbür günden ve gelecekten bir şey var içimde benim.

Bıktım ozanlardan, eskilerinden ve yenilerinden: hepsi sathi bence; ve sığ deniz onların.

Yeterince düşünmemişlerdir derinliğine: duyguları onun için varamamıştır dibe.

Biraz şehvet, biraz da can sıkıntısı; en iyi düşünebildikleri bunlar olmuştur şimdiye dek.

Hayalet soluması, hayalet hışırtısı gibi bana onların saz tıngırtıları; ezgilerin sıcaklığından onlar bugüne dek ne öğrendiler! –

Yeterince temiz de değiller bence: hepsi de sularını bulandırırlar derin görünsünler diye.

Böylece uzlaştırıcı göstermekten hoşlanırlar kendilerini: ama aracı ve karıştırıcıdırlar bence onlar, yarım yamalak ve kirli! –

Heyhat, ben ağımı onların denizine attım ve güzel balıklar tutmak istedim; ama daima bir eski tanrının başını çektim ağlarımla.

Böylece deniz bir taş verdi acıkmış kişiye. Kendileri de onların denizden çıkmış olabilirler.

Elbet, inciler bulunur içlerinde: o ölçüde de kendileri kabuklu hayvanlara benzerler. Ve bir ruh yerine, ben onların içinde çok defa tuzlu sümük buldum.

Kibri bile onlar denizden öğrenmişlerdir: deniz, tavuslar tavusu değil midir?

En çirkin mandanın önünde bile o kuyruğunu açıp yayar; gümüşten ve ipekten işlenmiş dantel yelpazesinden usanmak bilmez.

Manda kızgın kızgın bakar buna, – ruhuyla kuma yakın, çalılığa daha yakın, ama bataklığa en yakın.

Güzellik, deniz ve tavus süsü onun ne umuru! Bu benzetmeyi sunarım şairlere.

Gerçek, onların ruhu tavuslar tavusudur, ve bir kibir denizidir!

Seyirci ister ruhu ozanın, – manda dahi olsa seyirci!

Ben ama bıktım bu ruhtan: ve görüyorum ki, zaman gelecek o da kendi kendinden bıkacak.

Ozanları değişmiş ve bakışlarını kendilerine karşı çevrilmiş gördüm bile.

Ruh tövbelileri geliyorlar, gördüm: ozanların içinden yetiştiler onlar.–

Zerdüşt böyle diyordu.

BÜYÜK OLAYLAR ÜZERİNE

Bir ada vardır denizde, –Zerdüşt'ün Mutlu Adalarından uzak olmayan,– bir yanardağ tüter durur üstünde; halkı, hele halkın arasındaki yaşlı kadınlar, öbür dünyanın kapısı önüne bu adanın koca bir kaya gibi yerleştirilmiş olduğunu; ama yanardağın içinden geçen dar bir yolun aşağılara inerek bu kapıya çıktığını söylerler.

İşte Zerdüşt'ün, Mutlu Adalarda oturduğu sıralarda öyle oldu ki, tüten dağın bulunduğu adaya bir gemi demir atmış, tayfalar da karaya tavşan avlamaya çıkmışlardı. Fakat öğle sularında, kaptanla tayfası tekrar buluştuklarında, birdenbire havadan kendilerine doğru bir adamın geldiğini gördüler ve bir ses şöyle diyordu açıkça: "Vaktidir! Tam vaktidir!" Bu şekil kendilerine iyice yaklaştığında –fakat bir gölge gibi yanlarından çabucak geçmiş, yanardağ doğrultusunda uçuyordu– büyük bir şaşkınlık içinde onun Zerdüşt olduğunu gördüler, zira kaptan hariç, hepsi daha evvel görmüşlerdi Zerdüşt'ü ve onu halkın sevdiğince seviyorlardı: yarı sevgi yarı korkuyla.

"Bakın işte!" dedi yaşlı dümenci, "cehennemi boyluyor Zerdüşt!"

Bu gemicilerin ateş adasına çıktıkları aynı sıralarda, Zerdüşt'ün ortadan kaybolduğu söylentisi dolaşıyordu etrafta; ve dostlarına sorulduğunda, onlar, nereye gideceğini söylemeden, Zerdüşt'ün bir gece vapura indiğini anlatıyorlardı.

Böylece bir huzursuzluktur çıktı ortaya; fakat üç gün sonra, gemi tayfalarının hikâyesi de eklendi bu huzursuzluğa, – derken herkes, şeytan kaçırmış Zerdüşt'ü dedi. Çömezleri, elbette gülüyorlardı bu söylentilere; içlerinden biri de şöyle diyordu hatta: "Ben asıl Zerdüşt'ün şeytanı kaçırdığına inanırım." Ama gönüllerinin ta derinliğinde hepsi üzüntü ve özlem duyuyordu: onun için, beşinci gün tekrar görününce aralarında Zerdüşt, sevinçleri büyük oldu.

Ve Zerdüşt'ün ateş köpeğiyle konuşmasının hikâyesi işte şudur:

"Yerin," dedi, "bir derisi vardır; bu derinin de hastalıkları vardır. Bu hastalıklardan birine, mesela, 'insan' denir.

Bu hastalıklardan bir başkasına da 'ateş köpeği' denir: insanlar *onunla* ilgili pek çok yalan uydurmuşlardır ve pek çok yalan dinlemişlerdir.

Bu sırra ermek için ben aştım denizi; ve gerçeği çırılçıplak gördüm, gerçek! Tepeden tırnağa dek.

Ne olduğunu ateş köpeğinin biliyorum artık; keza, yalnız kocakarıların korkmadığı o yıkıcı, altüst edici bütün iblisleri de biliyorum.

"Çık dışarı, ateş köpeği, çık derinliğinden!" diye bağırdım, "ve derinliğin ne kadar derin olduğunu söyle açıkça! Söyle nerden geliyor şu dışarı püskürttüğün?

Bol bol içiyorsun denizden: açığa vuruyor bunu tuzlu, parlak konuşman! Doğrusu, derinlikler köpeği olarak sen, pek fazla alıyorsun besinini yüzeyden!

Seni ben, olsa olsa, yeryüzünün karnından – konuşanı sayarım: ve ne zaman yıkıcı ve altüst edici iblislerin konuşmasını dinlediysem, senin gibi buldum onları hep: tuzlu, yalancı ve sığ.

Siz böğürmeyi ve küllerle karartmayı biliyorsunuz! En büyük övüngenlersiniz siz, çamur kaynatma sanatını pek iyi öğrenmişsiniz.

Bulunduğunuz yerin sizin, daima çamur vardır yakınında, ve bir sürü süngerleşmiş, kof, sıkışık nesne vardır herhalde: özgürlük ister.

'Özgürlük' diye böğürmeyi seversiniz hepiniz en çok: ama etrafında fazla böğürme ve duman bulunan 'büyük olaylara' inanmayı unuttum ben.

Ve inan bana, dostum cehennem gürültüsü! En büyük olaylar, en gürültülü demlerimiz değil, en sakin demlerimizdir.

Yeni gürültüler bulanların etrafında değil, yeni değerler bulanların etrafında döner dünya; *sessizce* döner.

Ve kabul et! Pek bir şey olmadı işte senin gürültülü dumanın dağıldığında. Ne çıkar, bir şehir mumyalaşmışsa ve bir heykel çamura batmışsa!

Şunu da söylerim heykel devirenlere: denize tuz, çamura heykel atmak en büyük deliliktir.

Hor görmenizin çamurunda yatıyordu heykel: ama kanunu zaten bu onun, hor görmeden doğar yine hayatı ve canlı güzelliği!

Daha ilahi doğrulur şimdi o, ıstırabıyla baştan çıkararak; ve gerçek! Devirdiniz diye kendisini teşekkür edecek size, ey devirenler!

Fakat şu öğüdü veririm ben krallarla kiliselere ve ihtiyarlık ve erdemle zayıf düşmüş olan herkese, – devirtin kendinizi! Tekrar kavuşabilesiniz diye hayata, – erdem gelebilsin diye size!" –

Böyle konuştum önünde ateş köpeğinin: o sıra sözümü kesti asık suratla, sordu: "Kilise mi? o da ne?"

"Kilise mi?" diye cevap verdim, "bir nevi devlettir, ve en yalancısıdır. Ama sen sus, ey ikiyüzlü köpek! Kendi cinsini elbet daha iyi bilirsin sen!

Senin gibi devlet de ikiyüzlü bir köpektir; senin gibi o da sever duman ve böğürtüyle konuşmayı, – inandırmak için, senin gibi, gerçeğin karnından konuştuğuna.

Zira bütün arzusu devletin ne yapıp yapıp yeryüzünün en önemli hayvanı olmaktır; inanılır da öyle olduğuna."

Böyle söyleyince ben, hasedinden çılgına döndü sanki ateş köpeği. "Ne?" diye haykırdı, "en önemli hayvanı mı yeryüzünün? İnanılıyor da mı öyle olduğuna." Gırtlağından öyle buğular ve korkunç sesler çıkıyordu ki, hiddet ve hasedinden boğulacak sandım.

Nihayet sakinleşti ve soluması durdu; ama durulur durulmaz, dedim ki gülerek:

"Öfkeleniyorsun, ateş köpeği: haklıyım demek senin için söylediklerimde!

Ve haklı olduğumu daha da göstermek için, başka bir ateş köpeğinin hikâyesini dinle: gerçekten yerin yüreğinden konuşur o.

Verdiği nefes altın buğusu ve altın yağmurudur: böyle ister kalbi onun. Külden, dumandan ve kızgın çamurdan ona ne!

Renk renk bulutlar gibi gülüşler uçuşur ondan; senin gargarana, tükürmene ve bağırsak gurultularına karşıdır o!

Ama altını ve gülmeyi, – yerin yüreğinden alır bunları o: zira, şunu bilesin ki, – *yerin yüreği altındandır.*"

Ateş köpeği işitince bunu, daha fazla dayanamadı beni dinlemeye. Utanmış, kuyruğunu kıstı, süklüm püklüm bir sesle "hav-hav!" dedi, ve sürüne sürüne mağarasına indi. –

Böyle anlattı Zerdüşt. Fakat çömezleri hemen hiç dinlemediler kendisini: o kadar arzuluydular ona gemicileri, tavşanları, ve uçan adamı anlatmaya.

"Ne desem ki buna ben!" dedi Zerdüşt. "Şu halde ben bir hayalet miyim?

Fakat o benim gölgem olsa gerek. Siz o Gezgin ile Gölgesi hakkında bir şeyler duymuşsunuzdur elbet, değil mi?

Ama şurası besbelli: daha sıkı tutmalıyım ben gölgemi, – bozacak yoksa şöhretimi."

Ve Zerdüşt başını tekrar salladı ve hayret etti. "Ne desem ki buna ben!" dedi tekrar.

"Niçin bağırmış peki öyle hayalet: 'Vaktidir! Tam vaktidir!'

Neyin acep, – tam vakti?" –

Zerdüşt böyle diyordu.

FALCI

"Ve insanlığın üstüne büyük bir kederin çöktüğünü gördüm. En iyiler işlerinden bıkar hale geldiler.

Bir öğreti çıktı ortaya, bir inanç onun yanı sıra gidiyordu: 'Hepsi boş, hepsi bir, hepsi geçmiş!'

Ve bütün tepelerden yankılanıyordu: 'Hepsi boş, hepsi bir, hepsi geçmiş!'

Doğru, mahsulü topladık: peki neden bütün meyvelerimiz çürüdü, yandı? Neydi düşen dün gece uğursuz aydan?

Boşa gitti bütün emeğimiz, zehir oldu şarabımız, kem göz kavurup sararttı tarlalarımızla yüreklerimizi.

Kuruduk hepimiz; ve ateş düşse üstümüze, toz olacağız kül gibi: – evet, ateşi bile usandırdık biz.

Bütün pınarlarımız kurudu, deniz bile çekildi. Yer yarılmak ister, yutmak istemez ki ama derinlikler!

'Ah! Nerde var hâlâ insanın kendini boğabileceği bir deniz,' – böyle çınlar yakınmamız sığ bataklıklar üzerinden.

Gerçek, ölemeyecek kadar yorgunuz biz; uyanığız daha ve yaşayıp gidiyoruz, – mezar mahzenleri içinde!"

Zerdüşt böyle konuştuğunu duydu bir falcının; falı yüreğine dokundu ve değiştirdi onu. Kederli ve yorgun dolaştı durdu; ve falcının anlattığı kimselere benzedi. –

"Gerçek," dedi çömezlerine, "az kaldı, neredeyse inecek o uzun alacakaranlık. Heyhat, ışığımı ondan nasıl kurtaracağım!

Sönmese bari bu hüzün içinde! Daha uzak dünyaların ışığı olacak o, ve en uzak gecelerin!

Böylece Zerdüşt, gönlü hüzünlü dolaştı şurda burda, ve üç gün ne yedi ne içti, dinlenmedi, nutku tutuldu. Öyle oldu ki, nihayet derin bir uykuya daldı. Fakat, çömezleri, başucunda oturup nöbet tuttular uzun geceler, ve uyanmasını, yeniden konuşmasını, ve derdinden kurtulmasını endişeyle beklediler.

Uyandığında, Zerdüşt'ün yaptığı konuşma şu; ama sesi, çömezlerine sanki ek uzaklardan geliyordu:

Gördüğüm rüyayı dinleyin şimdi, dostlarım, ve yardım edin onu tabir etmeme!

Hâlâ bir muamma, benim için bu rüya; mana içinde saklı, mahpustur, ve serbest kanatlarla henüz uçamaz üstünde onun.

Bütün hayattan el çekmişim, rüyamda. Gece bekçisi ve mezar bekçisi olmuşum, Ölüm'ün o ıssız dağ kalesinde.

Tabutlarını beklermişim orda: ölümün zafer hatıralarıyla dolu hep küf kokulu kemerler. Cam tabutlar içinden bakıyordu bana yenilmiş hayat.

Tozlu ebediyetlerin kokusunu teneffüs ediyordum: bunalmış ve tozlanmış duruyordu ruhum. Kim orda ruhunu havalandırabilir ki!

Geceyarısı parlaklığı etrafımda hep; yalnızlık çömelmiş onun yanı başına; bir üçüncü olarak da, ölüm hırıltısı sessizliği, dostlarımın en kötüsü.

Anahtarlar var elimde, en paslı anahtarlar; ve bunlarla en gıcırdayan kapıları açabiliyorum.

Kapının kanatları açıldığında uğursuz, acı bir ötüş gibi ses yankılanıyor uzun koridorlarda: tekin olmayan çığlıklar koparıyor bu kuş, hoşlanmıyor uyandırılmaktan.

Fakat daha korkunç, daha yürek sıkıcı oluyordu yeniden susup da o, her yere sessizlik çökünce, ve yalnız başıma ben o uğursuz sessizlik içinde kalınca.

Böyle geçip gidiyor işte zaman, sürüne sürüne, şayet hâlâ zaman var idiyse: ne bileyim ben! Ama sonunda, o beni uyandıran şey oldu.

Gök gürler gibi üç defa çalındı kapı, üç defa yankılanıp uludu kubbeler: o zaman kapıya gittim.

Alpa! Diye bağırdım, külünü dağa taşıyan kim? Alpa! Alpa! Külünü dağa taşıyan kim?

Ve anahtarı soktum, kapıya asıldım ve zorladım. Ama bir parmak bile aralanmıyordu.

Derken uluyan bir rüzgâr iki kanadını ardına kadar açtı: ıslık çalarak, kulak tırmalayan keskin sesler çıkararak, siyah bir tabut fırlattı önüme.

Ve bu ulumalar, ıslıklar ve keskin çığlıklar arasında kırılıp açıldı tabut ve bin kahkaha kustu dışarı.

Ve bin çocuğun, meleğin, baykuşun, delinin ve çocuk büyüklüğündeki kelebeklerin çarpıtılmış yüzleri bana gülüyor, benimle alay ediyor ve bar bar bağırıyorlardı bana.

Ödüm koptu korkudan: yere kapandım. Ve korkudan, ömrümde atmadığım bir çığlık attım.

Ama kendi çığlığım uyandırdı beni: Ve kendime geldim. –

Böylece anlattı rüyasını Zerdüşt, sonra da sustu: zira onu nasıl tabir edeceğini bilmiyordu hâlâ. Fakat en çok sevdiği çömezi ayağa kalktı hemen, elini tuttu Zerdüşt'ün ve şöyle dedi:

"Kendi hayatın bize tabir ediyor bu rüyayı, ey Zerdüşt!

Ölüm kalesinin kapılarını parçalayan o keskin ıslık sesli rüzgâr değil misin sen?

Sen kendin, içi hayatın renk renk kötülükleriyle ve çarpıtılmış melek suratlarıyla dolu tabut değil misin?

Gerçek, çocukların bin kahkahası gibi girer Zerdüşt bütün mezar mahzenlerine, bütün o gece bekçilerine ve mezar bekçilerine ve uğursuz anahtarlar takırdatan herkese gülerek.

Sen kahkahanla korkutup devireceksin onları yere; bayılta ayılta göstereceksin onlar üzerindeki kudretini.

Ve uzun alacakaranlık ile ölüm yorgunluğu geldiğinde dahi, batmayacaksın sen göklerimizden, ey hayatı savunan!

Yeni yıldızlar gösterdin sen bize, ve yeni gece güzelliklerini; gerçek, parlak renkli bir gölgelik gibi sen gülmeyi gerdin üstümüze.

Bundan sonra çocuk kahkahaları kaynayacak hep tabutlardan; bundan sonra sert bir rüzgâr gelecek hep muzafferce bütün ölüm yorgunlukları üstüne: sen kendinsin bunun güvencesi ve falcısı!

Gerçek, *kendilerini gördün sen onların rüyanda,* düşmanlarını: en kötü rüyandı bu senin.

Fakat senin o rüyalarından uyanıp kendine gelmen gibi, onlar da uyanacaklar kendi kendilerinden, – ve sana gelecekler!"

Böyle dedi çömez; ve sonra ötekilerin hepsi Zerdüşt'ün etrafına üşüştüler, elinden tuttular ve yatağını, kederini bırakması ve aralarına dönmesi için ona diller döktüler.

Fakat Zerdüşt, yatağında doğrulmuş oturuyor, dalgın bakıyordu. Yaban ellerde uzun süre kaldıktan sonra dönen biri gibi bakıyor çömezlerine, onların yüzlerini yokluyordu; ama hâlâ tanımıyordu onları. Lakin kendisini ayağa kaldırdıklarında, işe bakın siz, birdenbire değişti bakışları; olan biten her şeyi anladı, sakalını sıvazladı ve gür bir sesle dedi:

"Pekâlâ! Bu da tamamladı artık süresini; hazırlayın da bakalım, çömezlerim, iyi bir yemek yiyelim, gecikmeden de hem! Böyle vermek isterim kötü rüyalarımın kefaretini!

Falcı ama, yesin içsin benim yanımda: ve gerçek, içinde kendini boğabileceği bir deniz göstereceğim daha ona ben!" –

Böyle dedi Zerdüşt. Sonra rüya tabirciliği yapan çömezin yüzüne baktı uzun uzun, ve başını salladı.

KURTARMA ÜZERİNE

Günün birinde Zerdüşt büyük köprünün üstünden geçerken, sakatlarla dilenciler sardılar etrafını ve bir kambur şöyle dedi ona:

"Bak, Zerdüşt! Halk bile senden bir şeyler öğreniyor, ve senin öğretine inanıyor: ama tam inanması için sana, bir şey daha lazım, – önce biz sakatları inandırmalısın! İşte güzel bir çeşit var burada sana, ve doğrusu, elinde epey fırsat! Körlerin gözlerini açabilir, topalları koşturabilirsin; ve sırtında fazlalığı olandan da biraz olsun alabilirsin: – sanımca, sakatları Zerdüşt'e inandırmak için doğru yol budur!"

Fakat Zerdüşt, şöyle cevap verdi bunları söyleyene: "İnsan kamburdan kamburunu alırsa, ruhunu da almış olur, – böyle der halk. Gözlerini geri verirse insan körün, birçok kötülükler görür yeryüzünde: öyle ki, lanet eder gözlerini açana. Fakat, topalı koşturtan en büyük fenalığı yapmış olur ona; çünkü daha henüz başlarken koşmaya, kötü huyları da koşmaya başlar onunla birlikte, – böyle der halk sakatlar için. Peki halk Zerdüşt'ten bir şeyler öğrenirken, niye Zerdüşt de bir şeyler öğrenmesin halktan?

Ama, insanların arasına girdiğimden beri, birinin bir gözünün, öbürünün bir kulağının, bir üçüncüsünün bir bacağının olmaması, ve başkalarının da dillerini yahut burunlarını, yahut da kafalarını kaybetmiş olmalarını görmek en önemsiz şeydir bence.

Ben daha beter şeyler gördüm ve görüyorum: çeşit çeşit öyle iğrenç şeyler ki, ne bahsetmek isterim hepsinden, ne de susmak isterim bazıları hakkında: yani, bir tek pek fazla şeyleri olması dışında, her şeyleri eksik insanlar, – kocaman bir göz, ya da kocaman bir ağız, ya da kocaman bir göbek, ya da kocaman herhangi bir nesneden başka bir şey olmayan insanlar, – ters sakatlar derim ben bunlara.

Ve yalnızlığımdan çıktığımda, bu köprünün üstünden geçerken ilk defa: gözlerime inanamadım da baktım, tekrar baktım, ve şöyle dedim nihayet: 'Bir kulak bu! Bir insan kadar kocaman bir kulak!' Daha yakından baktım: evet, doğru, kulağın altında bir şey kımıldıyordu, acınacak kadar ufak, zavallı ve çelimsiz. Ve gerçekten bu kulak azmanı küçücük, ince bir sap üstüne konmuştu, – bu sap ise bir insandı! Büyüteçle bakan biri, küçük, kıskanç bir yüzü bile seçebilirdi, onun gibi sapın ucunda sallanan kendini beğenmiş küçük bir ruhu da. Halk ise, bana bu kocaman kulağın sadece bir insan değil, fakat büyük bir insan, bir dâhi olduğunu söylediler. Büyük insanlardan bahsettikleri zaman hiçbir vakit inanmadım ben halka, – ve ben her şeyin pek azına, bir şeyin pek fazlasına sahip kişinin ters bir sakat olduğu inancına bağlı kaldım."

Kambura ve kamburun sözcülüğünü ve taraftarlığını ettiklerine böyle söyleyince Zerdüşt, derin bir can sıkıntısı içinde çömezlerine döndü ve dedi:

"Gerçekten, dostlarım, insanlar arasında ben insan – parçacıkları ve uzuvları arasında gibi dolaşıyorum!

Gözlerime en korkunç gelen şey, insanoğlunu paramparça olmuş, savaş ve kesimevi alanına saçılmış görmektir.

Ve gözlerim şimdi'den geçmişe uçup gittiğinde, aynı şeyleri görüyor hep: parçacıklar, uzuvlar ve korkunç rastlantılar, – ama insan görmüyor!

Yeryüzündeki şimdi ile geçmiş, – ah! dostlarım, en dayanılmaz derdim bu *benim;* ve ben geleceği de önceden gören biri olsaydım, nasıl yaşardım bilmem.

Önceden gören biri, bir gaye adamı, bir yaratımcı, geleceğin kendisi ve geleceğe bir köprü, – ve ah! sakatın biri de sanki bu köprünün üstünde: bunların hepsi Zerdüşt'tür işte.

Sizler de çok kez sordunuz kendi kendinize: 'Nemizdir bizim Zerdüşt? Ne diyelim ona biz.' Ve benim gibi, sizler de kendinize sorularla cevaplar verirdiniz.

Bir vaat eden midir o? Yoksa vaadi yerine getiren biri mi? Bir fatih midir o? Yoksa bir mirasçı mı? Bir sonbahar mıdır? Yoksa bir sabah demiri mi? Bir hekim midir? Yoksa şifa bulmuş biri mi?

Bir ozan mıdır o? Ya da gerçek biri mi? Kölelikten kurtaran mıdır? Yoksa köle eden biri mi? İyi biri midir? Yoksa kötü biri mi?

İnsanlar arasında geleceğin parçacıkları gibi dolaşıyorum ben: o benim gördüğüm geleceğin.

Ve benim bütün ozanca düşüncem ve gayretim, küçük parçaları, bilmeceleri, ve korkunç rastlantıları birleştirmek, bir araya koymaktır.

Ve eğer insan ozan, bilmece çözen ve rastlantıdan kurtaran da olmasaydı, nasıl katlanabilirdim ben insan olmaya!

Geçmişi kurtarmak ve her 'böyle idi'yi 'böyle istedim'e çevirmek, – buna ancak kurtarmak derim ben!

İrade, – budur kurtaranın ve sevinç getirenin adı: böyle öğrettim ben size, dostlarım! Ama şunu da öğrenin: kendisi iradenin mahpustur hâlâ.

İsteme kurtarır: peki nedir o kurtarıcıyı bile zincire vuranın adı?

'Böyle idi'; iradenin diş gıcırtısının ve en yalnız ıstırabının adı bu. Bütün olmuş şeylere karşı iktidarsız olduğundan, – irade bütün geçmiş şeylerin hain bir seyircisidir.

Geriye doğru isteyemez irade; zamana ve zamanın arzusuna boyun eğdirmeyişi, – budur işte en yalnız ıstırabı iradenin.

İsteme kurtarır: ıstırabından kurtulmak ve zindanıyla alay etmek için, irade ne düşünüp bulur?

Ah, çılgına döner her mahpus! Çılgınca da kurtarır kendisini mahpus irade.

Zamanın geriye doğru gitmemesi, budur onun öfkesi. 'Olmuş olan,' – budur yuvarlayamadığı taşın adı.

Ve böylece taşlar yuvarlar öfkesinden ve huysuzluğundan, ve kendisi gibi öfkelenmeyen ve huysuzlaşmayandan intikam alır.

Böylece irade, o kurtaran, bir azap veren oldu; ve ıstırap çekebilen her şeyden, geriye gidemediği için, intikam alır.

Şudur *intikam,* evet yalnız şu: iradenin, zamana ve zamanın "böyle idi"sine karşı nefreti.

Gerçek, büyük bir çılgınlık barınır irademizde; ve bu çılgınlığın ruh sahibi olmayı öğrenişi, bela oldu bütün insanlığa!

İntikam ruhu: dostlarım, insanoğlunun bugüne dek en çok düşündüğü bu oldu; ıstırabın bulunduğu yerde de hep ceza olsun istendi.

'Ceza,' kendine verdiği addır bu intikamın; yalancı bir sözle iyi vicdanlı görünmek ister.

Ve isteyenin kendisinde ıstırap olduğundan, geriye doğru isteyemediği için, – istemenin kendisi ve bütün hayat – ceza sayıldı!

Ve sonra yığın yığın bulutlar yığıldı ruhun üstüne, ta ki cinnet şunu vaaz etti nihayet: 'Her şey geçip gidiyor, demek ki her şey hak etmiştir geçip gitmeyi!'

'Ve bu zaman yasası, – zamanın kendi çocuklarını yemesi, ta kendisidir adaletin,' – böyle vaaz etti cinnet.

'Adalet ve cezaya göre ahlakça düzenlenmiştir her şey. Ah, şeylerin akışından ve 'varlık' cezasından kurtuluş nerde?' – Böyle vaaz etti cinnet.

'Ebedi bir adalet varsa kurtuluş olabilir mi? Heyhat, 'Böyle idi' denen taş yerinden yuvarlanmaz: ebedi olmalı bütün cezalar da!' – Böyle vaaz etti cinnet.

Hiçbir eylem yok edilemez: ceza ile nasıl yok edilsin! Şudur, şu 'varlık' cezasında ebedi olan, –varlığın ebediyen eylem ve suç olmak zorunluluğu!

Meğer ki irade kendini kurtarsın sonunda, ve isteyiş, istemeyiş olsun: ama kardeşlerim, bilirsiniz siz bu çılgınlık masalını!

Size şunu öğrettiğimde, uzaklaştırmış oldum sizi bu masallardan: 'İrade yaratıcıdır.'

Her 'Böyle idi' bir küçük parçadır, bir bilmece, korkunç bir rastlantıdır, – ta ki kurtarıcı irade şöyle deyinceye kadar ona: 'Ama böyle istedim ben!'

Ta ki yaratıcı ifade şöyle deyinceye kadar ona: 'Ama böyle istiyorum ben! Böyle isteyeceğim ben!'

Ama o böyle konuştu mu hiç? Ne zaman olacak peki bu? kendi çılgınlığının bağlarından kurtarılmış mıdır irade?

İrade, kendi kendini kurtaran ve sevinç getiren olmuş mudur? İntikam ruhunu ve dış gıcırdatmayı unutmuş mudur?

Ve kim öğretmiştir ona zamanla uzlaşmayı ve bütün uzlaşmalardan daha üstün olan şeyi?

Bütün uzlaşmalardan daha üstün şeyi istemelidir kudret iradesi olan irade –: peki nasıl olacak bu? Geriye doğru da istemeyi, kim öğretmiştir ona?"

– Fakat konuşmasının burasında öyle oldu ki, birdenbire durdu Zerdüşt, korkuların en büyüğüne kapılmış birine benziyordu. Gözlerinde büyük korkuyla bakıyordu çömezlerine; bakışları oklar gibi onların düşüncelerine ve art düşüncelerine işliyordu. Ama az sonra tekrar güldü ve yatışmış bir halle şöyle dedi:

"İnsanlar arasında yaşamak güç, çünkü susmak çok güç, – hele geveze biri için." –

Zerdüşt böyle dedi. Fakat kambur, konuşmayı dinlemiş ve bu esnada yüzünü kapamıştı; ama güldüğünü işitince Zerdüşt'ün, merakla başını kaldırdı ve yavaşça şöyle dedi:

"Peki neden Zerdüşt, kendi kendine konuştuğu gibi konuşmuyor bizimle?"

Zerdüşt cevap verdi: "Ne var bunda şaşacak? Kamburlara kamburca konuşulur!"

"Pekâlâ," dedi kambur; "öğrencilerle de okul dedikodusu yapılır. Peki neden Zerdüşt, kendi kendine konuştuğu gibi konuşmuyor öğrencileriyle?" –

İNSANCA ÖNGÖRÜ ÜZERİNE

Yükseklik değil, dik iniş korkunç!

Dik iniş, bakışın *aşağılara* dikildiği yer, elinse *yukarılara* tutmak için uzandığı. Çifte irade yüzünden, burada gönül başdönmesi geçirir.

Ah, dostlar, benim de gönlümün çifte iradesini kestirebilir misiniz?

Budur, *benim* dik inişim ve tehlikem bu, – bakışım doruğa dikilir, elimse kavramak, tutunmak ister – derinliklere!

İnsana sarılır iradem; zincirlerle bağlarım kendimi insana, yukarılara, Üstüninsana doğru çekildiğim için! Orayı ister çünkü öbür iradem.

Ve *bundan ötürü* kör gibi yaşarım insanlar arasında, tanımıyormuşum gibi onları sanki: elim, sağlamlığa inancını tamamen kaybetmesin diye.

Siz insanları tanımam ben: bu karanlık, bu teselli etrafıma sık sık yayılır.

Giriş kapısında oturur, her serserinin yolunu bekler, sorarım; kim beni kandırmak ister?

İlk insanca öngörüm budur benim, dolandırıcılara karşı tetikte durmayayım diye, kandırılmaya müsaade ederim.

Ah, insanoğluna karşı tetik dursaydım eğer, nasıl bağlama yeri olabilirdi insan benim balonuma? Kolaycacık yükseklere ve uzaklara alıp götürürdü beni!

Böyle yazılmış benim alnıma, zorunluyum tedbirsiz olmaya.

Ve insanlar arasında susuzluktan ölmek istemeyen, bütün bardaklardan içmesini öğrenmelidir; insanlar arasında temiz kalmak isteyen de, kirli suyla dahi yıkanmayı bilmelidir.

Ve teselli için çok kez şöyle derim kendi kendime: "Pekâlâ! İyi ya! Koca gönül! Bir mutsuzluk gelecekken başına atladı geçti: çıkar bunun zevkini – mutluluğun gibi!"

Fakat şu da benim öteki insanca öngörümdür: *kibirlileri*, gururlulardan daha çok korurum.

Yaralanmış kibir, bütün facıaların anası değil midir? Oysa gururun yaralandığı yerde, gururdan daha iyi bir şey doğar.

Seyretmesi güzel olması için hayatın, oyununun iyi oynanması gerekir: bunun içinde ama iyi aktörler ister.

İyi aktör olduklarını gördüm ben bütün kibirlilerin: onlar oynarlar, ve başkalarını kendilerini seve seve seyretmelerini arzu ederler, – bütün ruhları bu arzunun içindedir.

Kendilerini temsil ederler onlar; kendilerini bulup bulup çıkarırlar ortaya; yakınlarında onların hayatı seyretmeyi severim, – gönül üzgünlüğüne devadır bu.

Onun için korurum kibirlileri, çünkü onlar gönül üzgünlüğümün tabibidirler benim, ve bir oyuna bağlar gibi beni insanoğluna bağlı tutarlar.

Dahası: kibirlideki alçakgönüllülüğün tam derinliğini kim ölçebilir ki! Alçakgönüllülüğünden ötürü iyi davranırım ve merhametliyimdir ben ona.

Kendine inanmayı öğrenmek ister sizden; bakışlarınızla beslenir, ellerinizden övgü yemlenir.

Kendisi için iyi yalanlar söylediğinizde, inanır yalanlarınıza bile: gönlü zira kendi derinliğinde ah çeker: "Neymişim *ben!*" diye.

Ve gerçek erdem, kendi kendinin farkında olmayan erdemse eğer, – iyi ya, kibirli kişi de alçakgönüllülüğünün farkında değildir! –

Şu ise üçüncü insanca öngörümdür: ürkekliğinizin, benim *kötüleri* seyretmek zevkimi kaçırmasını istemem.

Kızgın güneşin kuluçkadan çıkardığı o harikaları görmekten haz duyarım: kaplanları, hurma ağaçlarını ve çıngıraklı yılanları.

İnsanlar arasında da güzel bir soy vardır kızgın güneşten üreme, ve nice harikalar kötülerde.

Gerçekten, bilgilerinizi sizin pek bilge bulmadığım gibi, insanoğlunun kötülüğünü de şöhretinden aşağı buldum.

Ve çok kez sordum başımı sallayarak: Neye tıkırdarsınız hâlâ, ey çıngıraklı yılanlar?

Gerçek, kötülük için bile bir gelecek var daha! Ve en sıcak güneyi bulamadı henüz insanoğlu.

Ancak on iki ayak genişliğinde ve üç ay uzunluğunda nice şeyler var ki, en büyük fenalık denmekte bugün! Ama bir gün daha büyük ejderler gelecek dünyaya.

Üstüninsan ejderinden mahrum kalmasın diye, kendine layık üstünejderden nice kızgın güneşler yanmalı daha, ıslak, el değmemiş ormanlar üstünde! Yaban kedilerinizden kaplar türemeli, zehirli karakurbağalarınızdan, timsahlar: iyi avcı zira iyi av ister!

Ve gerçek, ey iyilerle doğrular! Gülünecek çok şey var sizde, hele bugüne dek "şeytan" denen şeyden korkmanız!

Öylesine yabancı ki ruhunuz büyük olana, iyiliğiyle Üstüninsan size *korkunç* gelecek!

Siz ey bilgeler, bilen kişiler, Üstüninsanın içinde çıplaklığını hazla yıkadığı o bilgeliğin yanan güneşinden, kaçarsınız siz olsanız!

Siz ey, gördüğüm en yüksek insanlar! Şüphe ettiğim sizden şu, bıyık altından gülüşüm size şundan: sanırım ki, Üstüninsanıma benim siz – şeytan diyeceksiniz.

Ah, bıkmıştım bu en yüksek, en iyi kişilerden: onların "yüksekliğinden", yukarlara, dışarılara, Üstüninsana süzülmeyi özlerdim ben!

Bir ürperme aldı beni çıplak görünce bu en iyi kişileri: o zaman kanatlandım uzak geleceklere uçup gitmek için.

Daha uzak gelecekler, sanatçının hiçbir zaman hayalinden geçirmediği güneylerin güneylerine: oralar, tanrıların bütün giyeceklerden utandığı o yerlere!

Ama *sizi* ben, siz komşularımı ve kardeşlerimi, kılık değiştirmiş, güzelce süslenmiş, kibirli ve saygıdeğer "iyilerle doğrular" olarak görmek isterim." –

Kılık değiştirmiş oturacağım ben de sizin aranızda, – sizi ve kendimi *tanımayayım* diye: zira benim son insanca öngörüm budur. –

Zerdüşt böyle diyordu.

EN SAKİN SAAT

Ne oldu bana, dostlarım? Kederli, itilmiş, isteksiz itaatli, gitmeye hazır – heyhat, *sizden* ayrılıp gitmeye!

Evet Zerdüşt yeniden çekilmeli yalnızlığına: ama bu kez ayı mahzun dönüyor inine!

Ne oldu bana? Kim emretti bunu? – Ah, öfkeli hanımım istiyor bunu; konuştu benimle; adını andım mı onun size hiç?

Dün akşama doğru konuştu benimle *en sakin saatim:* adı bu o korkunç hanımımın.

Şöyle oldu, – size zira her şeyi anlatmalıyım ki, birdenbire ayrılıp gidene karşı yürekleriniz katılaşmasın!

Uykuya dalanın dehşetini bilir misiniz siz? –

Yer kayıp altından, rüya başladığı için, tepeden tırnağa kapılır korkuya.

Bunu bir benzetme olarak söylüyorum size. En sakin saatte, dün, yer kaydı altımdan: rüya başladı.

Yelkovan ilerledi, hayat saatim nefes aldı, – böyle bir sükûnet duymadım hiç etrafımda: öyle ki, yüreğim korkuya kapıldı.

Sonra, sessiz bana dedi: "*Bilir misin onu Zerdüşt?*" –

Ve bu fısıldama üzerine, bağırdım korkuyla; kanım çekildi yüzümden: ama sustum.

Sonra, sessiz bana bir daha dedi: "Bilirsin onu, Zerdüşt, ama söylemezsin!" –

Nihayet cevap verdim, meydan okurcasına: "Evet, bilirim, ama söylemem!"

Sonra, sessiz bana tekrar dedi: "*Söylemez* misin, Zerdüşt? Doğru mu? Gizleme kendini meydan okuman ardına!" –

Ve bir çocuk gibi ben ağlayıp titredim ve dedim: "Ah, isterdim elbet, ama nasıl edeyim! Yalnız bunu bağışla bana! Benim gücüm yetmez buna!"

Sonra, sessiz bana bir daha dedi: "Ne önemin var ki senin, Zerdüşt? Söyle sözünü de, paramparça ol!"

Ben de cevap verdim: "Ah, *benim* sözüm mü? Ben kimim ki? Ben daha layık olanı bekliyorum; bu sözle ben paramparça olmaya bile layık değilim."

Sonra, sessiz bana bir daha dedi: "Ne önemin var ki senin? Yeterince alçakgönüllü değilsin sen henüz. Alçakgönüllülüğün derisi sertin serti olur." –

Ben de cevap verdim: "Alçakgönüllülüğümün derisi benim nelere tahammül etmedi ki! Yüksekliğimin eteğinde oturuyorum ben. Nice yüksektir zirvelerim! Daha kimse bunu söylemedi bana. Ama vadilerimi iyi bilirim."

Sonra, sessiz bana bir daha dedi: "Ey Zerdüşt, dağları yerinden oynatması gereken, vadilerle ovaları da oynatır yerinden."

Ben de cevap verdim: "Sözüm benim henüz dağları oynatmadı yerinden, söylediklerim de ulaşmadı insanlara. Gittiğim doğru insanlara, ama henüz ulaşmadım onlara.

Sonra, sessiz bana bir daha dedi: "Ne anlarsın *bundan* sen! Çimen üstüne çiğ, gecenin en sakin saatinde düşer."

Ben de cevap verdim: "Ben kendi yolumu bulup yürüdüğümde, alay ettiler benimle; doğrusu, ayaklarım titredi o zaman.

Ve şöyle dediler bana: "Yolunu unuttun sen, yürümeyi de unutursun artık!"

Sonra, sessiz bana bir daha dedi: "Ne çıkar onların alay etmelerinden! Sen itaat etmeyi unutmuş kişisin: emredeceksin artık sen!

Bilmez misin kimdir, herkesin en çok muhtaç olduğu? Büyük emirler verendir o.

Büyük işler başarmak zordur: ama büyük emirler vermek daha da zor.

En affedilmez tarafın senin şu: kudretin var, fakat hükmetmek istemiyorsun." –

Ben de cevap verdim: "Emir verecek aslan sesi yok."

Sonra fısıldar gibi bana bir daha dedi: "Fırtınayı getiren en sessiz sözlerdir. Güvercin adımlarıyla gelen fikirler dünyayı idare ederler.

Ey Zerdüşt, o gelmesi gerekenin bir gölgesi gibi gideceksin sen: böyle emir vereceksin, ve emir vererek önde gideceksin."

Ben de cevap verdim: "Utanıyorum."

Sonra, sessiz bana bir daha dedi: "Senin daha çocuklaşman, ve utançsız olman gerek.

Gençlik gururu var sende hâlâ, sen geç gençleştin: ama çocuklaşmak isteyen, gençliğini dahi yenmelidir." –

Ve ben uzun bir süre düşündüm, ve titredim. Ama nihayet önce söylediğimi söyledim: "İstemiyorum."

Sonra bir kahkaha koptu etrafımda. Ah, bu kahkaha nasıl parçaladı içimi, nasıl deşti yüreğimi!

Ve son defa dendi bana: "Ey Zerdüşt, meyvelerin olgun senin, ama sen olgun değilsin meyvelerin için!

Onun için tekrar çekilmelisin yalnızlığa: zira daha olgunlaşman gerek." –

Ve güldü yine, ve kaçtı: derken katmerli bir sessizlik oldu etrafımda. Bense yerde yatıyorum ve ter boşanıyordu her yerimden.

–İşittiniz şimdi her şeyi, ve öğrendiniz niçin yalnızlığa dönmem gerektiğini. Hiçbir şeyi saklamadım sizden, dostlarım.

Ama insanların ağzı en sıkı olanı *kimdir* hâlâ ve *kim* olacaktır daima, – bunu da işittiniz benden!

Ah, dostlarım! Size söyleyecek bir şeyim daha olsa gerek, size verecek bir şeyim daha olsa gerek! Niçin vermiyorum peki? Cimri miyim yoksa?

Fakat Zerdüşt, bu sözleri söyledikte, acısının şiddeti ve dostlarından ayrılma zamanının yaklaştığı hissi çöktü birden üstüne, öyle ki hıçkıra hıçkıra ağladı; ve kimseler avutamadı kendisini. Ama geceleyin yalnız başına çıktı yola ve dostlarından ayrıldı.

ÜÇÜNCÜ BÖLÜM

"Yukarlara bakarsınız siz, yücelmek isteyince: Bense aşağılara bakarım, çünkü yücelmişim ben.

Kim içinizden aynı zamanda gülebilir ve yücelmiş olabilir?

En yüce dağlara tırmanan, güler bütün acıklı oyunlara ve acıklı gerçeklere."

"Okuma ve Yazma Üzerine" (Birinci Bölüm, s. 44)

GEZGİN

Sabahleyin erkenden öbür kıyıya varmak için, Zerdüşt adanın sırtından yola çıktığında gece yarısıydı: oradan binmek istiyordu gemiye. Çünkü, yabancı gemilerin de demirlemekten hoşlandıkları iyi bir koy vardı orda; Mutlu Adalardan denizi aşmak isteyen birçok kimseleri taşırdı bu gemiler. Dağa tırmanırken şimdi Zerdüşt, yolda, gençliğinden beri yalnız başına yaptığı nice gezileri, ve kaç dağa, sırta ve doruğa tırmandığını düşünüyordu.

Ben 'bir gezginim ve dağa tırmananım,' diyordu gönlüne. Ovaları sevmem, ve anlaşılan uzun süre ben sakin oturamam.

Ve ne gelirse gelsin başıma alınyazım ve yaşantım olarak, – bir gezinme bulunacaktır onda, bir dağa tırmanma bulunacaktır: kişi sonunda ancak kendini yaşar.

Karşıma rastlantıların çıkabileceği zamanlar geçti artık; zaten benim olmayan daha ne düşe*bilir* ki payıma!

Ne yapsa etse bana dönüp gelir o, yuvasına dönüp gelir eninde sonunda – benim kendi Kendi'm, ve onun çoktandır yaban ellerde olan, ve bütün şeylerle rastlantılar arasında saçılı duran parçaları.

Bir şey daha biliyorum: son doruğumun önünde duruyorum şimdi ben, en uzun süre bana ayrılmış olanın önünde. Ah, en sarp yolumu tırmanmam gerek! Ah, en yalnız yolculuğuma başladım.

Ama, benim yaradılışımda olan insan, kaçmaz böyle bir saatten: kendisine şöyle diyen saatten: Şimdi ancak yürüyorsun büyüklüğüne giden yolu! Doruk ile uçurum, – birleştiler bunlar artık!

Büyüklüğüne giden yolu yürüyorsun: bugüne dek son tehliken olan şey, sığınağın oldu şimdi!

Büyüklüğüne giden yolu yürüyorsun: ardında artık hiçbir yol kalmaması, en büyük cesaretin olmalıdır!

Büyüklüğüne giden yolu yürüyorsun: burada hiç kimse seni sinsi sinsi izlemeyecek! Ayağın, ardındaki yolu sildi, ve üstünde bu yolun şöyle yazılı: İmkânsızlık.

Ve bundan sonra hiçbir merdivenin olmasa bile, kendi başının üstünde tırmanmayı öğrenmelisin: nasıl tırmanabilirsin başka türlü yukarılara?

Kendi başının üstünde, ve kendi yüreğinden öteye! En yumuşak olan, en sert olmalı artık sende.

Kendini daima fazla koruyan hastalanır nihayet fazla özenden. Övgüler olsun sertleştiren şeylere! Yağla bal akan ülkeyi ben övmem!

Çok şey görmek için, kendinden *öteye bakmayı* öğrenmek gerek: – dağlara tırmanan her kişiye gereklidir bu sertlik.

Ama her yeri yoklayan gözlerle bilgi peşinde olan, nesnelerin hemen önündekinden öte nasıl görebilir ki?

Fakat sen, ey Zerdüşt, dibini ardını görmek isterdin her şeyin: onun için işte kendinden yukarı tırmanmalısın, – yukarlara, daha yukarlara, ta yıldızların bile senin *altında* kalıncaya dek!

Evet! Kendi kendimi altımda görmek, ve hatta yıldızlarımı: buna derim ben ancak *doruğum* diye; bu kaldı bana *son* doruğum olarak! –

Dağa tırmanırken Zerdüşt böyle diyordu kendi kendine ve sert özdeyişlerle avutuyordu yüreğini: zira yüreği bu denli yaralanmamıştı hiç evvelce. Ve dağ sırtının tepesine vardığında, ne görsün, önünde serilmiş duruyordu öbür yandaki deniz: kıpırdamadan durdu ve uzun zaman sustu. Ama gece soğuktu bu yükseklerde, berrak ve yıldızlıydı.

Tanıyorum ben alınyazımı, dedi nihayet, mahzun mahzun. Pekâlâ! Hazırım. İşte başladı son yalnızlığım.

Ah, bu siyah, gamlı deniz altımdaki! Ah, bu ağır gece bezginliği! Ah, alınyazısı ve deniz! Sizlere şimdi *inmeliyim* ben!

En yüce dağımın önünde duruyorum ben, ve en uzun gezimin: onun için, şimdiye dek yükseldiğimden daha çok derinlere inmeliyim önce:

– Şimdiye dek yükseldiğimden daha çok inmeliyim ıstırabın derinliğine, ta en karanlık seline onun! Böyle ister benim alınyazım. Pekâlâ! Hazırım.

Nerden çıkarlar en yüce dağlar? diye sorardım bir zamanlar. Öğrendim ki sonradan denizlerden çıkarlarmış.

Bunun kanıtı onların kayalarında ve doruklarının yüzlerinde yazılı. En derinden çıkmalı en yüce, kendi yüceliğine. –

Böyle diyordu Zerdüşt o ayaz dağ doruğunda: fakat denize yaklaştığında, ve nihayet kayalıklar arasında yapayalnız durduğunda, yolculuğundan yorgun düşmüş, özlemi her zamankinden daha bir artmıştı.

Her şey daha uykuda, dedi; deniz bile uykuda. Mahmur ve tuhaf bakıyor bana gözleri.

Ama sıcak nefesini – hissediyorum bunu. Rüya gördüğünü de hissediyorum. Sert yastıklar üstünde, dönüp duruyor bir yandan öbür yana, rüya görerek.

Dinle! Dinle! Nasıl inliyor kötü hatıralarla! Kötü önsezilerle mi yoksa?

Ah, kederliyim seninle, ey esmer canavar, ve kendime bile kızıyorum senin uğruna.

Ah, elimin gücü yetmez ki! Seve seve, doğrusu, kurtarmak isterdim seni kötü rüyalardan!

Ve böyle konuşurken Zerdüşt, elemle ve acı acı güldü kendine. Ne o! Zerdüşt, dedi, denize bile teselli türküsü mü çağırmak istersin?

Ah, seni sevdalı, deli Zerdüşt, seni körü körüne güvenen seni! Ama her zaman böylesindir sen. Güvenle yaklaşırsın her zaman korkunç olan her şeye.

Her canavarı okşamak istersin. Bir solukluk sıcak nefes, pençe üstünde bir tutam yumuşak tüy: – hazırsındır hemen onu sevmeye ve baştan çıkarmaya.

Sevgi tehlikesidir en yalnız kişinin; her şeye sevgi, *yeter ki canlı olsun!* Gülünç, gerçekten, benim sevgideki çılgınlığım ve alçakgönüllülüğüm! –

Zerdüşt böyle dedi ve bir daha güldü: ama, sonra, ayrıldığı dostlarını hatırladı, ve sanki düşünceleriyle onlara haksızlık etmiş gibi, düşüncelerinden ötürü kendine kızdı. Ve birden öyle oldu ki, o gülen kişi ağladı: – öfke ve özlemle acı acı ağladı Zerdüşt.

GÖRÜNTÜ VE BİLMECE ÜZERİNE

1

Zerdüşt'ün gemide olduğu gemiciler arasında yayılınca – zira onunla birlikte Mutlu Adalardan bir adam da binmişti gemiye, – büyük bir merak ve umut uyandı. Fakat Zerdüşt iki gün sustu, ve kederden soğuk ve sağır durdu; öyle ki, ne bakışlara ne de sorulara cevap verdi. Ama ikinci günün akşamı, yeniden açtı kulaklarını, fakat yine susuyordu: zira uzaklardan gelip daha da uzaklara giden bu gemide işitilecek garip ve tehlikeli nice şeyler vardı. Zerdüşt ise, uzak seyahatler yapanların ve tehlikesiz yaşamaktan hoşlanmayanların dostuydu. Ve hale bakın! Dinleye dinleye nihayet kendi dili ve yüreğinin buzları çözülmüştü, – şöyle konuşmaya başladı derken:

Sizlere, ey korkusuz arayıcılar ve araştırıcılar, ve korkunç denizlere kurnaz kurnaz yelkenlerle açılan, sizlere, –

Sizlere, ey bilmece sarhoşları, alacakaranlıktan hazlanan, ruhları kaval sesleriyle hain su çevrimlerine çekilebilenler:

– Çünkü sizler korkak elle yoklamak istemezsiniz ipi; ve *sezebileceğiniz* her yerde *hesaplamaktan* nefret edersiniz. –

Sizlere ancak anlatacağım *gördüğüm* bir bilmeceyi, –en yalnız kişinin görüntüsünü. –

Geçenlerde mahzun mahzun yürüyordum ölü renkli alacakaranlıkta, – mahzun mahzun ve sert, dudaklarım sıkılmış. Nice güneşlerin battığını görmüştüm oysa ben.

Taşlar arasından meydan okurcasına yükselen bir yol, çimen ve çalılıkların artık şenlendirmediği kötü, ıssız bir yol: bir dağ yolu, korkusuz adımlarımın altında çatırdıyordu.

Çakıl taşlarının alaycı takırtıları üstünden sessizce yürüyerek, kaygın taşları çiğneyerek: öyle dayanıp yol alıyordu ayaklarım yukarı doğru.

Yukarı doğru: – ayaklarımı aşağı doğru, uçuruma doğru çeken ruha, ağırlığın ruhuna, benim iblisime ve can düşmanıma karşın.

Yukarı doğru: – bu ağırlığın ruhu üstüme çökse de, yarı cüce, yarı köstebek; kötürüm ve kötürümleştiren; kulaklarıma kurşun damlaları damlatan ve beynime kurşun damlaları gibi ağır düşünceler akıtan.

"Ey Zerdüşt," diye alaylı alaylı ve heceleyerek fısıldıyordu bana, ey bilgelik taşı! Yükseğe atmışsın sen kendini, ama atılan her taş muhakkak, düşer!

Kendini mahkûm etmiş, hüküm giymişsin kendini taşlamaya: ey Zerdüşt, uzağa atmışsın gerçekten taşını, – ama *senin* tepene düşecek yine o!"

O sıra sustu cüce; ve bu uzun sürdü. Fakat sükûtu sıkıntı veriyordu bana; ve böylesi iki kişiyken, insan doğrusu, yalnızken olduğundan daha yalnız!

Tırmandım, tırmandım, rüyaya daldım, düşündüm, – fakat her şey sıkıyordu beni. Ağır işkenceden bitkin düşmüş ve daha beter bir rüya ile uykusundan uyandırılmış bir hastaya benziyordum. –

Ama benim cesaret dediğim bir şey var içimde: bugüne dek o öldürmüştür bendeki her umutsuzluğu. Bu cesaret nihayet beni durdurup şöyle dedirtti: "Cüce! Ya sen! Ya ben!" –

Cesaret zira en iyi öldürendir, –*saldıran* cesaret: her saldırıda çünkü bando sesleri vardır.

Ama insan en cesur hayvandır: böylelikle yenmiştir o her hayvanı. Bando sesleriyle yenmiştir her ıstırabı; insan ıstırabı ise en derinidir ıstırapların.

Uçurum kenarındaki başdönmesini bile öldürür cesaret: zaten insanoğlunun uçurum kenarında durmadığı yer var mıdır? Görmek bile – uçurumlar görmek değil midir? –

Cesaret en iyi öldürendir; cesaret, merhameti bile öldürür. Merhamet ise en derin uçurumdur: ne derinlikte görürse hayatı insan, o derinlikte görür ıstırabı da.

Fakat cesaret en iyi öldürendir, saldıran cesaret: ölümü bile öldürür o; zira der. "*Bu* muydu hayat? Peki öyleyse! Bir daha!"

Bu türlü sözlerde ise çok bando sesleri vardır. Kulağı olan, işitsin.

2

"Dur, cüce!" dedim. "Ya ben, ya sen! Ama ikimizden ben'im daha güçlü olan; – bendeki uçurumlu düşünceyi bilmezsin sen! *Ona,* tahammül edemezsin sen!"

Beni hafifleten o hal oldu sonra: cüce omzumdan atladı, o meraklı! Ve önümüzdeki bir taşın üstüne çömelip oturdu. Tam durduğumu yerdeyse bir kapı vardı.

"Şu kapıya bak! Cüce!" diye devam ettim konuşmaya, "iki yüzü var. İki yol birleşir burada: ve kimse henüz bu yolların sonuna varmamıştır.

Şu uzun yol arkamızdaki: bir ebediyet sürer. Öndeki bu uzun yol da başka bir ebediyettir.

Birbirine karşıttır bunlar, bu yollar; birbirini iterler başlarıyla: – ve burada, bu kapıda birleşirler. Kapının adı, üstünde yazılı: "Ân".

Ama biri bunları izlese – ve hep uzaklara ve daha uzaklara doğru izlese, sanır mısın, cüce, bu yollar birbirinin ebediyen karşıttırlar?" –

"Düz olan her şey yalan söyler," diye mırıldandı cüce, küçümsemeyle. "Her gerçek eğridir, zamanın kendisi bile bir yuvarlaktır."

"Ey ağırlığın ruhu!" dedim öfkeyle, "O kadar hafife alma bunu! Yoksa çömelip oturduğun yerde bırakırım seni ha, topal, – seni *yukarılara* ben taşıdım!"

"Bak," diye devam ettim konuşmaya, "şu Âna bak! Kapıdan, Ân'dan, uzun, sonu gelmez bir yol uzanıyor *geriye doğru:* bir ebediyet var arkamızda.

Her yürüyebilen, daha öne yürümüş olmalı değil mi bu yolu? Her *olabilen,* daha önce olmuş bitmiş ve geçmiş olmalı değil mi?

Ve her şey daha önce de var idiyse; bu âna ne dersin, cüce? Bu kapının da, – önceden var olmuş bulunması gerekmez mi?

Ve her şey, bu Ân'ın bütün gelecek şeyleri kendine çekeceği biçimde, birbirine sıkı sıkıya bağlı değil midir? *Dolayısıyla,* – kendini de çekeceği biçimde?

Zira her yürüye*bilen,* bu uzun yolu bir daha *yürümelidir ileri doğru!*–

Peki ay ışığında sürünen bu yavaş örümcek, peki bu ay ışığının kendisi, peki kapı önünde fısıldaşan, ebedi şeyler üzerinde fısıldaşan ben ve sen, – daha önce de var olmuş bulunmamız gerekmez mi hepimizin?

Ve tekrar dönüp önümüzdeki öbür yolda, o uzun, korkunç yolda yeniden yürümemiz gerekmez mi – ebedi dönüşümüz gerekmez mi?" –

Böyle konuştum, gittikçe yumuşak konuştum: çünkü kendi düşüncelerimden ve art düşüncelerimden korkuyordum. Sonra, birdenbire, bir köpek *uluması* işittim yakında.

Böyle bir köpek uluması işitmiş miydim ben evvelce? Düşüncelerim geriye doğru koşuyordu. Evet! Çocukken, – en uzak günlerinde çocukluğumun:

– O zamanlar işitmiştim böyle bir köpek uluması. Görmüştüm de köpeği: tüyleri diken diken, başı havada, titriyordu, köpeklerin bile hayaletlere inandığı o en sessiz geceyarısında:

– Öyle ki, acımıştım ona. Tam o sıra dolunay, ölüm gibi sessiz, geçmişti evin üzerinden; tam o sıra durmuştu, bir yuvarlak ateş: – başkasının malı üstündeymiş gibi, düz damın üstünde hareketsiz: –

Bundan korkmuştu köpek: çünkü köpekler hırsızlara ve hayaletlere inanırlar. Ve yine böyle bir köpek uluması işitince, o acımayı duydum yeniden.

Nereye gitmişti şimdi cüce? Ya kapı? Ya örümcek? Ve bütün o fısıldaşmalar? Rüya mı görmüştüm? Uyanmış mıydım? Vahşi kayalar arasında birdenbire yalnız kalmıştım, en ıssız ay ışığında, tek başıma.

Fakat bir adam yatıyordu şurada! Ve işte! Köpek sıçrıyor, tüylerini kabartıyor, inliyor, – işte gördü geldiğimi, – derken tekrar uludu, sonra tekrar *bağırdı:* işitmiş miydim ben hiç evvelce köpeğin yardım için böyle bağırdığını?

Ve gerçek, bu gördüğüm şeyi ömrümde görmemiştim hiç. Kıvranan, boğulan, titreyen, yüzü gözü çarpılmış, ağzından kalın bir kara yılan sarkan genç bir çobandı gördüğüm.

Bir yüzde ben bu kadar büyük tiksinti ve solgun korku görmüş müydüm hiç? Uykuya dalmıştı herhalde. Yılan da boğazına süzüldü, – soktu orasını ve takıldı kaldı orada.

Elimle yılana asıldım, asıldım, – nafile! Çıkaramadım yılanı boğazından. O zaman bir haykırıştır koptu içimden: "Isır! Isır!

Kopar başını! Isır!" – böyle haykırıyordu içimdeki; korkum, nefretim, tiksintim, merhametim, bütün iyim ve bütün kötüm, böyle haykırıyordu tek ses halinde içimden. –

Ey etrafımdaki cesur kişiler! Ey arayıcılar, araştırıcılar, ve içinizden kurnaz yelkenlerle henüz keşfedilmemiş denizlere açılanlar! Ey bilmece sevenler!

Çözün bana gördüğüm bilmeceyi, en yalnız kişinin görüntüsünü bana yorumlayın!

Çünkü o bir görüntüydü, önceden görmeydi: – simge olarak o zaman gördüğüm *neydi?* Ve bir gün gelmesi gereken *kimdir?*

Boğazına böyle yılan süzülen bu çoban *kimdir?* Boğazına böyle en ağır, en kara şeyler girecek olan adam *kimdir?*

Fakat çoban, feryadımın öğütlediği üzere ısırdı; adamakıllı ısırdı hem de! İyice uzağa tükürdü yılanın başını: – ve fırladı ayağa. –

Ne çobandı, ne insandı artık, – değişmiş biri, ışıkla çevrelenmiş biri, *gülen* biriydi! Yeryüzünde hiçbir insan *onun* güldüğünce gülmemişti daha!

Ey kardeşlerim, bir gülüş işittim ki, insan gülüşü değildi, – ve şimdi bir susuzluk kemiriyor beni, hiçbir zaman dinmeyecek bir özlem.

Bu gülüşe özlemim kemiriyor beni. Ah, nasıl tahammül ediyorum ben hâlâ yaşamaya! Ve nasıl tahammül edebilirim şimdi ölmeye! –

Zerdüşt böyle diyordu.

İSTENMEYEN MUTLULUK ÜZERİNE

Yüreğinde böyle bilmeceler ve acılıklarla Zerdüşt aşıyordu denizi. Ama, Mutlu Adalardan ve dostlarından dört sefer günü uzaklaştığında, bütün ıstırabını yenmişti: – muzafferce ve dimdik duruyordu yine kaderinin üstünde. Derken, neşe içindeki vicdanına Zerdüşt şöyle dedi:

Yalnızım yine, yalnız da olmak istiyorum, berrak gökle yalnız, ve açık denizle; ve ikindi oldu etrafımda yine. Dostlarımı bir ikindi vakti bulmuştum ilk kez, yine bir ikindi vakti bulmuştum onları ikinci defa da: – bütün ışıkların daha sessizleştiği saatte.

Zira gökle yer arasında yol alan her mutluluk, sığınacak ışıklı bir ruh arar artık: *mutlulukla* artık bütün ışıklar daha da sessizleşmiştir.

Ey ömrümün ikindisi! Bir zamanlar *benim* de mutluluğum vadiye inmişti sığınmak için: o zaman bulmuştu o açık, konuksever ruhları.

Ey ömrümün ikindisi! Nelerden geçmedim ben bir tek şeyim olsun diye: bu canlı fidanlığı düşüncelerimin, ve bu tan ağartısı en yüksek umudumun!

Yoldaşlar arıyordu bir zamanlar yaratıcı, ve *kendi* umudunun çocuklarını: bakın ki işe siz, önce kendisi yaratmadıkça, bulamayacağı anlaşıldı onları.

Böylece ortasındayım ben eserimin, çocuklarıma gidiyorum ve onlardan dönüyorum: çocukları uğruna Zerdüşt mükemmelleştirmelidir kendini.

Çünkü insan ancak kendi çocuğunu ve kendi eserini sever candan; ve nerde kişinin büyük sevgisi varsa kendine, orada gebelik belirtisi vardır: böyle olduğunu görmüşüm bunun ben.

Çocuklarım benim daha birinci baharlarında yemyeşil, yan yana duruyor, ve birlikte sallanıyorlar rüzgâr estikçe, bahçemin ve en iyi toprağımın ağaçları.

Ve gerçek! Nerde böyle ağaçlar yan yana dururlarsa, *ordadır* Mutlu Adalar!

Ama günün birinde sökeceğim onları, her birini kendi başına bırakacağım: yalnızlığı, direşmeyi ve öngörüyü öğrensinler diye.

Budaklı ve eğri kıvrak bir sertlikte duracak her biri deniz kenarında, yenilmez hayatın bir canlı fener kulesi.

Orda, fırtınaların denize atıldığı ve dağ hortumunun su içtiği o yerde, her biri bir kez gündüz ve gece nöbeti tutacak, *kendini* denemek ve bilmek için.

Bilinmiş ve denenmiş olacak her biri, benim cinsimden ve benim soyumdan mı anlamak için. –uzun bir iradenin sahibi mi, konuşurken bile sessiz mi, ve verirken *alacak* şekilde mi veriyor:

–Ki bir gün benim yoldaşım olsun, yaratma ortağı ve şenlik ortağı olsun Zerdüşt'ün: benim levhalarıma benim iradımi yazacak biri, tam mükemmelleşsin diye her şey.

İşte onunla, onun gibilerin uğruna mükemmelleştirmem gerek *kendimi:* onun için kaçınıyorum şimdi mutluluğumdan ve kendimi bütün mutsuzluklara sunuyorum, – son denenmem ve bilinmem için.

Gerçek, tam vaktinde ayrıldım; gezginin gölgesi ve en uzun sıkıntı ve en sakin saat, – hepsi bana dedi: "Tam vaktidir!"

Yel, üfledi anahtar deliğinden, bana dedi: "Gel!" Kapı kurnazca açılıverdi bana, dedi: "Git!"

Fakat ben çocuklarıma olan sevgiyle zincire vurulmuş yatıyordum: arzu kurmuştu bana bu tuzağı, sevgi arzusu – çocuklarımın kurbanı olayım, ve kaybedeyim kendimi onlarda diye.

Arzulayış, – benim için şimdi bu kendimi kaybetmek demek. *Siz benimsiniz, çocuklarım!* Her şey güvenlik olacak bu sahiplikte ve arzudan eser bulunmayacak.

Ama sevgimin güneşi kuluçkaya yatmıştı üstümde, kendi özsuyunda kaynayıp pişiyordu Zerdüşt, – gölgelerle kuşkular o zaman işte uçup gittiler üzerimden.

Ayaza ve kışa özlem duyuyordum artık: "Ah, o ayaz ve kış yine çatlatsa, çadırtsa beni!" diye iç çekiyordum: – derken buzlu sisler yükseldi benden.

Geçmişin, mezarlarını parçaladı, diri diri gömülmüş nice ıstıraplar uyandı: – kefenlere bürünmüş uyuyorlardı sadece.

Şöyle sesleniyordu bana her şey belirtilerle: "Vaktidir!" Ama ben – işitmiyordum, ta ki sonunda uçurumum kımıldadı ve düşüncem beni ısırdı.

Ah, *benim* düşüncem olan uçurumlu düşünce! Senin kazdığını işitmeye ne zaman kuvvet bulacağım ve artık titremeyeceğim?

Senin kazdığını işittiğimde, yüreğim ağzıma gelir! Senin susman bile boğacak gibidir sanki beni, ey uçurumlu suskun!

Henüz göze alamadım seni *yukarı* çağırmayı; seni beraberimde taşımak bana yetti! Son aslan-havailiğini ve şakacılığını gösterecek kadar gücüm olmadı henüz.

Ağırlığın, bana hep yeterince korkunç geldi: ama bir gün bulacağım seni yukarı çağıracak gücü ve aslan sesini!

Kendimi bunda yenince, daha büyük olanda da yenmiş olacağım; ve *zafer* benim mükemmelleşmemin mührü olacak! –

Bu arada güvensiz denizlerde sürükleniyorum; rastlantı bana yaltaklanıyor, kaypak dilli rastlantı; öne doğru, arkaya doğru bakıyorum – son göremiyorum henüz.

Son savaşımın saati çalmadı daha, – tam şimdi mi çalıyor yoksa? Gerçek, sinsi bir güzellikle bakıyor bana her yandan denizle hayat!

Ey ömrümün ikindisi! Ey akşam-öncesi mutluluk! Ey açık denizlerdeki liman! Ey güvensizlikteki huzur! Nasıl kuşkuluyum sizin hepinizden!

Gerçek, güvensizim sizin sinsi güzelliğinizden! Pek tatlı gülümseyişlerden kuşkulanan âşık gibiyim ben.

En sevdiğini nasıl iterse, –sertliğinde bile ince, kıskanç kişi,– öyle itiyorum ben de bu mutlu saati.

Çekil git, ey mutlu saat! Seninle istenmeyen bir mutluluk geldi bana! En derin ıstırabıma hazır duruyorum burada ben; sen uygunsuz zamanda geldin!

Çekil git, ey mutlu saat! İyisi mi sen oraya sığın, – yanına çocuklarımın! Çabuk ol! Ve kutsa onları akşam olmadan *benim* mutluluğumla!

İşte, yaklaşıyor bile akşam: güneş batıyor. Çekil –mutluluğum benim!–

Böyle dedi Zerdüşt. Ve bütün gece mutsuzluğunu bekledi; boşuna bekledi ama. Gece berrak ve sakin kaldı, mutluluksa yaklaştıkça yaklaştı ona. Fakat sabaha karşı, Zerdüşt gönlüne güldü de, alaylı alaylı dedi: "Mutluluk koşuyor ardımdan. Ben kadınlar ardından koşmadığımdan. Mutluluk halbuki, kadındır."

GÜNEŞ DOĞMADAN

Ey üstümdeki gök, ey temiz ve derin gök! Ey ışık uçurumu! Baktıkça sana, ilahi arzularla titriyorum.

Yüksekliğine atmak kendimi – budur *benim* derinliğim! Saflığında gizlemek kendimi – masumluğum budur *benim!*

Güzelliğini bürür tanrı: öyle gizlersin sen de yıldızlarını. Konuşmazsın hiç: bilgeliğini *böyle* bildirirsin bana.

Kükreyen denizin üstünde dilsiz yükseldin bugün benim için; sevgin ve alçakgönüllülüğün, kükreyen ruhuma bir şey açıklar.

Güzelliğine bürünmüş, bir güzel geldin bana, söz söylemeden konuştun benimle, bilgeliğinde apaçık:

Ah, ruhunun bütün alçakgönüllülüğünü nasıl sezmez olurdum ben! Güneşten *evvel* geldin sen bana, ben yalnızlar yalnızına.

Başlangıçtan dostuz seninle: acıya, korkunçluğa ve yere ortağız: güneşe bile ortağız.

Birbirimizle konuşmayız, çok şeyler bildiğimiz için: – sessiz dururuz birbirimize, bilgimizi birbirimize gülümseriz.

Benim ateşimin ışığı değil misin sen? Kavrayışımın eşi ruh sende değil mi?

Seninle birlikte öğrendik her şeyi; kendimizden öte kendimize yükselmeyi, ve bulutsuzca gülümsemeyi: – altımızda zor ve gaye ve suç yağmur gibi akarken, pırıl pırıl gözlerle pek uzaklardan ta aşağılara bulutsuzca gülümsemeyi.

Ve ben yalnız dolaşırdım; geceleyin gönlüm o yanlış yollarda *neyin* açlığını çekerdi? Dağlara tırmanırdım; *kimdi* aradığım, sen değilsen eğer dağ başlarında?

Bütün dolaşmalarım ve dağlara tırmanışlarım ise, bir gereksinmeydi sadece, beceriksiz birinin çaresiydi: – bütün ifadem sadece *uçmak* isterdi, uçmak *sana!*

Geçen bulutlardan ve seni lekeleyen her şeyden olduğu kadar acep neye kin bağladım? Ve seni lekelediği için kendi kinime kin bağladım!

Nefret ederim geçen bulutlardan, –o sinsi vahşi kedilerden: ikimizin olanı alırlar onlar bizden,– o ulu, o sonsuz evet –ve– Amin demeyi.

Bu aracılardan ve karıştırıcılardan biz nefret ederiz, – geçen bulutlardan: o yarım yamalak kişilerden, ne yürekten kutsamayı öğrenmiş ne de lanetlemeyi.

Ey pırıl pırıl gök, geçen bulutlarla lekeli görmektense seni, kapalı bir gök altında kapalı bir fıçıda otururum, göksüz bir uçurumda otururum daha iyi!

Ve çok kez, onları çentikli, şimşekten altın tellerle tutturmaya özlem duydum, gümbür gümbür davul çalayım diye o kazan göbekleri üstünde:

Kızgın bir davulcu, senin Evet –ve– Aminini çaldılar diye benden! –ey üstümdeki gök, ey temiz ve pırıl pırıl gök! Ey ışık uçurumu!– Benim Evet –ve– Aminimi çaldılar diye senden.

Zira gürültüleri, gökgürlemelerini ve fırtına sağanaklarını, bu sakıngan, kuşkulu kedi-dinlemesine yeğ tutarım ben; insanlar arasında da usul usul basanlara, yarım yamalak kişilere kin bağlarım en çok, kuşkulanan, duraksayan, geçen bulutlara.

"Ve kim kutsayamazsa, lanetlemeyi *öğrenecektir!*" – bu duru öğreti bana duru gökten indi; bu yıldız, karanlık gecelerde bile durur göğümde.

Ama ben kutsayanım ve 'Evet' diyenim, yeter ki sen kuşatmış ol beni, ey tertemiz, ey pırıl pırıl gök! Ey ışık uçurumu! – Bütün uçurumlara götürürüm ben kutsal 'Evet' dememi.

Kutsayan biri olmuşum ben, 'Evet' diyen biri: bunun için de çok uğraştım ve uğraşıp durdum, bir gün ellerim kutsamak için serbest kalsın diye.

Benim kutsamam ama şudur: göğü gibi durmak her şeyin üstünde, yuvarlak çatısı gibi, mavi kubbesi ve ebedi güvenliği gibi durmak: kutsanır böyle kutsayan!

Zira her şey ebediyet pınarında adlandırılır, iyi ile kötünün ötesinde; zaten iyi ile kötünün kendileri, kalımsız gölgelerdir, ıslak elemler ve geçici bulutlardır ancak.

Gerçek, kutsamadır bu, küfür değil, dersem ki ben: "Her şeyin üstünde tesadüf göğü durur, masumluk göğü, tehlike göğü, pervasızlık göğü."

"Rastlantı" – en eski soyluluğu bu dünyanın; *her şeye* geri verdim onu ben; gaye köleliğinden kurtardım onları.

Bu özgürlüğü ve göksel şenliği mavi bir kubbe gibi koydum her şeyin üstüne, o şeylerin üstünde ve o şeylerce iradesini yürüten bir "ebedi irade" – olmadığını öğrettiğimde.

Bu, pervasızlığı ve bu cinneti koydum o iradenin yerine, ben şunu öğrettiğimde: "Her şeyde imkânsız tek şey vardır, – aklauyarlık!"

Bir *azıcık* akıl, kuşkusuz yıldızdan yıldıza serpilmiş bir bilgelik tohumu, her şeye karışmış bu maya: cinnet uğruna bilgelik karışmış her şeye!

Bir azıcık bilgelik mümkün elbet; ama şu kutlu güvenliği buldum ben her şeyde: rastlantının ayaklarıyla *raks* etmeyi yeğ tutuyorlar.

Ey üstümdeki gök! Ey tertemiz, yüce gök! Tertemizliğindir bence senin, ebedi bir akıl-örümceğinin ve akıl-ağının olmaması:

– Bence tanrısal rastlantıların raksettiği zemin olman, bence tanrılar masası olman, tanrısal zarlarla zar atanlar için! –

Kızardın mı ne o? Söylenmeyecek şeyler mi söyledim yoksa? Kutsayım derken yoksa küfür mü ettim?

Baş başa olmamızın utancı mı yoksa seni böyle kızartan! Gideyim mi, susayım mı diyorsun, şimdi– *gündüz* geliyor diye?

Dünya derin: – daha derin, gündüzün sandığından. Gündüzün önünde söylenmez her şey. Ama gündüz geliyor: onun için ayrılalım!

Ey üstümdeki gök, ey utangaç! Ey parıl parıl yanan gök! Sen ey benim güneş doğmadan önceki mutluluğum! Gündüz geliyor: ayrılalım onun için! –

Zerdüşt böyle diyordu.

KÜÇÜLTEN ERDEM ÜZERİNE

1

Zerdüşt karaya ayak bastığında tekrar, doğruca kendi dağına ve mağarasına gitmedi; dolaştı durdu epey, sorular sordu birçok, şunu öğrendi, bunu öğrendi, öyle ki kendisi hakkında, şaka yollu şöyle dedi: "Nice dolambaçlardan sonra yine kendi membaına akan nehre bak!" Zira kendisinin yokluğunda, ne olduğunu öğrenmek istiyordu *insanlara:* daha büyümüşler miydi, daha küçülmüşler miydi? Ve bir gün bir sıra yeni ev gördü; şaşırdı ve dedi:

"Bu evler de ne ki? Herhalde, ulu bir ruh kendi benzeri olarak kurmamış bunları!

Ahmak çocuğun biri bunları kendi oyuncak kutusundan mı çıkarmış yoksa? Başka bir çocuk bunları tekrar kutusuna koysa!

Ve şu oturma odalarıyla yatak odaları, – *erkekler* girip çıkabilirler mi oraya? İpek bebekler için yapılmış sanki bunlar; ya da kaçamak çimlenip başkalarının da çimlenmelerine müsaade edenler için."

Ve Zerdüşt durdu ve düşündü. Nihayet hüzünlü hüzünlü dedi: "*Her şey küçülmüş!*

Alçak kapılar görüyorum her yerde: benim gibi olanlar geçebilirler onlardan hâlâ, ama – eğilmek zorundalar!

Ah, yurduma ne zaman döneceğim tekrar, – artık eğilmek zorunda kalmayacağım, *küçükler önünde* eğilmek zorunda kalmayacağım yurduma!" – Ve Zerdüşt içini çekti ve uzaklara baktı.

Aynı gün de, küçülten erdem üzerine konuşmasını yaptı.

2

Bu halkın arasında dolaşıyorum ve gözümü dört açıyorum. Erdemlerine imrenmediğim için affetmiyorlar beni.

Onlara: küçük insanlara küçük erdemler gerek, dediğim için, – ve küçük insanların *gerekliliğini* anlamak bana güç geldiği için, ısırıyorlar beni!

Yabancı bir çöplükte tavukların bile gagaladığı bir horoz gibiyim ben hâlâ burada: bu yüzden kızgın değilim ama bu tavuklara.

Bütün küçük sıkıntılara olduğum gibi, nazikim onlara da; küçüklere diken göstermek, kirpilerin akıl kârı gibi geliyor bana.

Akşamları ateşin başına oturduklarında, hepsi benden bahseder, – benden bahseder hepsi, ama beni hiçbiri düşünmez!

Öğrendiğim yeni sessizlik şu: etrafımda kopardıkları yaygara, bir örtü seriyor düşüncelerime.

Bağırışıyorlar aralarında: "Ne ister bu karanlık bulut bizden? Dikkat edelim aman, bir taûn getirmesin üstümüze!"

Ve geçenlerde, bana gelmek isteyen çocuğunu tutup çekti bir kadın. "Uzaklaştırın çocukları!" diye bağırdı, "Böyle gözler çocukların ruhlarını yakar."

Ben konuşurken öksürüyorlar: öksürmeyi sert rüzgârlara bir engel sanıyorlar, – mutluluğumun taşkınlığından haberleri bile yok! "Zamanımız yok bizim henüz Zerdüşt için," – böyle karşı çıkıyorlar; ama Zerdüşt için "zamanı olmayan" bir zamanın ne değeri olur?

Övseler bile beni: nasıl rahatlık duyarım ben *onların* övgüleriyle? Övgüleri onların dikenden bir kuşaktır bana: çıkarırken bile tırmalar beni.

Şunu da öğrendim onların arasında: öven, geri veriyormuş gibi davranıyor; gerçekte halbuki, daha çok verilmesini istiyor kendisine!

Ayağıma sorun, hoşlanıyor mu onların övgü ve ayartmasından! Doğrusu, böyle ölçü ve tik-takla o, ne oynamak ister ne de sakin durmak.

Küçük erdemlere ayartmak istiyorlar beni ve övüyorlar; küçük mutluluğun tik-taklarına kandırmak istiyorlar ayağımı.

Bu halkın arasında dolaşıyorum ve gözümü dört açıyorum; küçülmüşler, gittikçe de küçülüyorlar: – *mutluluk* ve erdem *öğretilerinden ötürü* bu.

Zira, erdemde dahi alçakgönüllüdürler onlar, – rahatlıktır çünkü istedikleri. Rahatlıkla da alçakgönüllü erdem uyuşur ancak.

Onlar da gerçi, kendilerine göre adım atmayı, hem ileri hem doğru adım atmayı öğreniyorlar: onların topallaması diyorum buna ben. – Böylece, acelesi olanlara yollarında engel oluyorlar.

İçlerinden birçokları da hem ileri doğru yürüyorlar, hem tutulmuş boyunlarıyla geriye bakıyorlar: pek seviyorum bunların üstüne üstüne koşmayı.

Yalan söylememeli ayakla göz, birbirinin üstüne de atmamalı yalanı. Ama küçük insanlar arasında yalan çok olur.

Aralarından bazıları *istiyor,* ama çoğu ancak *isteniyor.* Bazıları gerçektir, ama çoğu kötü oyuncudur.

Aralarında farkında olmadan oyunculuk edenler vardır, istemeden oyunculuk edenler de, – gerçek olanlar azdır daima, hele gerçek oyuncular.

Erkek azdır burada: onun için erkekleşmeye çalışır kadınları. Zira yeterince erkek olan ancak – kadındaki *kadını kurtaracak.*

Ve şu mürâiliği en kötüsü buldum içlerinde: emredenler bile, hizmet edenlerin erdemlerini benimsiyorlar yalancıktan.

"Hizmet ediyorum, hizmet ediyorsun, hizmet ediyoruz" – idare edenlerin mürâiliği bile makamla böyle okur burada, – ve yazıklar olsun, ilk efendi de *sadece* ilk hizmetçiyse hele!

Ah, gözlerimin merakı onların mürâiliklerine de takıldı; ve iyi sezdim onların bütün o sinek mutluluğunu ve güneşli pencere camlarındaki vızıltılarını.

O kadar iyilik, o kadar zayıflık görüyorum ki ben. O kadar doğruluk ve merhamet, o kadar zayıflık.

Kum taneleri nasıl birbirlerine karşı yuvarlak, doğru ve iyi olurlarsa, onlar da öyle yuvarlak, doğru ve iyi olurlar birbirlerine karşı.

Küçük bir mutluluğu alçakgönüllülükle kucaklamak, – "tevekkül" derler buna! Gözlerinin ucuyla da bu ara alçakgönüllülükle yeni bir küçük mutluluk araştırırlar.

İçlerinden onlar, bir şeyi isterler en çok: kimsenin kendilerine zarar vermemesini. Onun için herkese yardıma hazırdırlar ve iyilik ederler herkese.

Ama "erdem" de denilse, *korkaklıktır* bu. –

Ve bir kez sert konuşacak olsalar, bu küçük insanlar: seslerinin kısıklığını duyarım ancak, – seslerini kısar zira her esinti.

Kurnazdırlar doğrusu, erdemlerinin kurnaz parmakları vardır. Yumrukları yoktur ama: parmakları, kıvrılıp yumruk olmasını bilmezler.

Onlar için erdem, alçakgönüllü yapan, uysallaştırandır: kurdu köpeğe ve insanı, insanın en ehli hayvanına çevirdiler onlar böylece.

"Ortaya koyduk biz iskemlemizi" – böyle der bana budalaca gülümsemeleri – "keyfi yerinde domuzlardan uzak olduğumuzca da uzağız can çekişen dövüşçülerden."

Ama buna ölçülülük denilse bile, – *alelâdeliktir*–.

Zerdüşt böyle diyordu.

3

Bu halkın arasında dolaşıyorum ve nice sözler saçıyorum: fakat ne almasını biliyorlar bunları ne de saklamasını.

Neden şehvetle rezilliğe sövüp saymaya gelmedim diye şaşıyorlar: sesleri kulaklarıma taş kalemler gibi gıcırdayan ukala dümbeleklerinin sayısı yetmiyormuş gibi sanki!

Ve haykırdığımda: "Lanetleyin bütün ödlek iblisleri içinizdeki, o ağlayıp sızlamak, el bağlamak ve tapınmak isteyen iblisleri" – basıyorlar feryadı o zaman: "Zerdüşt tanrısız."

Ve asıl tevekkülü öğretenleri onların, feryat ediyorlar böyle: – tam onların kulaklarına haykırmaya bayılıyorum ben de: "Evet! Tanrısız Zerdüştüm ben!"

O tevekkülü öğretenler yok mu! Nerde cılız, hastalıklı ve uyuz varsa, bitler gibi sokulurlar oraya; ve sırf tiksintim önler beni onları kırmaktan.

Peki öyleyse! İşte benden *onların* kulaklarına denk vaiz: tanrısız Zerdüşt'üm ben, ve derim: "Kim var ki benden tanrısız, öğretisinden zevk alayım?"

Ben tanrısız Zerdüşt'üm; dengimi nerde bulayım? Kendi iradelerini kendilerine verenler ve tevekküle sırt çevirenler benim dengimdirler.

Tanrısız Zerdüşt'üm ben: her rastlantıyı *kendi* potamda kaynatırım. İyi pişince ancak memnunlukla onu ben *kendi* yemeğim sayarım.

Ve gerçek, nice rastlantılar çıkmıştır karşıma buyururcasına: ama iradem daha buyururcasına dil kullanmıştır onlara, –yalvararak dize gelmişlerdir o zaman.–

Yalvararak barınak ve muhabbet istemişlerdir benden, yaltaklanarak şöyle demişlerdir bana: "Bak, ey Zerdüşt, ancak dostun dosta gelmesi gibi!" –

Ne diye konuşuyorum ama, *bendeki* kulak kimsede olmayınca! Bütün rüzgârlara haykırayım bari ben de:

Gittikçe küçülüyorsunuz, ey küçük insanlar! Ufalanıp gidiyorsunuz, ey rahat düşkünleri! Siz yok olacaksınız daha. –

Nice küçük erdemleriniz yüzünden, nice küçük ihmalleriniz yüzünden, ve nice küçük tevekkülleriniz yüzünden!

Fazla esirgeyiş, fazla veriş: böyle sizin toprağınız! Bir ağacın *ulu* olması için halbuki, sert kayalar çevresini sert köklerle sarması gerekir!

İhmal ettiğiniz her şey de, bütün insan geleceğinin ağını dokur; hiçiniz bile geleceğin kanıyla yaşayan bir örümcek ağı ve bir örümcektir.

Ve siz alırken, çalar gibisiniz sanki, ey küçük erdemliler; halbuki düzenbazlar arasında dahi der ki *şeref:* "Soyamadığı yerde çalacaktır ancak kişi."

"Verilir" –bu da bir tevekkül öğretisidir. Fakat ben size derim, ey rahat düşkünleri: *alınır,* – ve gittikçe artarak alınacaktır sizden!

Ah, bütün *yarım* istemelerden vazgeçseniz de, eylemde olduğu gibi tembellikte de kararlı olsanız!

Ah, şu sözümü benim anlasanız: "Ne isterseniz yapın, – önce ama *isteyebilen* kişiler olun!

Kendiniz gibi sevin komşunuzu –önce ama *kendini seven* kişiler olun.–

Büyük bir sevgiyle seven, büyük hor görüyle seven!" – Böyle diyor tanrısız Zerdüşt.–

Ne diye konuşuyorum ama, bendeki kulak kimsede olmayınca! Vaktinden bir saat evvel gelmişim ben buraya.

Bu halkın arasında ben kendimin müjdecisiyim, karanlık sokaklarda kendimin horoz-sesiyim.

Ama *onların* saati geliyor! Benimki de geliyor! Saatten saate küçülüyorlar, fakirleşiyorlar, kısırlaşıyorlar, – Zavallı otlar! Zavallı toprak!

Yakında da kuru otlar ve bozkır gibi duracaklar önümde, ve gerçek, bıkacaklar kendilerinden – ve sudan çok ateşe özlem çekecekler!

Ey mübarek şimşek saati! Ey öğle evveli sırrı! –Bir gün onları ben seğirten ateşlere, dilleri alevden habercilere çevireceğim:

Yalım yalım dillerle bir gün onlar haber verecekler: Geliyor, yakındır, *o büyük öğle!* –

Zerdüşt böyle diyordu.

ZEYTİN DAĞINDA

Kış, yaman misafir, oturuyor evde benimle; mosmor ellerim onun dostça el sıkışından.

Saygı duyarım bu yaman misafire, ama hoşlanırım da onu yalnız bırakmaktan. Hoşlanırım ondan kaçmaktan; yakasını kurtarır ondan, iyi koşarsa insan!

Sıcak ayaklarla, sıcak düşüncelerle rüzgârın esintisiz olduğu yere koşarım, – zeytin dağımın güneşli köşesine.

Gülerim orda yavuz misafirime, sinekleri kovduğu için evimden ve nice ufak tefek gürültüyü susturduğu için severim de kendisini.

Tek sivrisineğin vızıltısına tahammül edemez, ikisininkine hele hiç; sokakları bile ıssızlaştırır, öyle ki ay ışığını korku alır geceleyin sokaklarda.

Sert bir misafirdir o, – ama saygı duyarım kendisine, ve çıtkırıldımlar gibi, koca göbekli ateş putuna tapmam.

Puta tapmaktan yeğdir biraz diş takırdatmak! – Böyle diler benim yaradılışım. Hele o kızışmış, buğulanan, buğu tüten ateş putlarından nefret ederim en çok.

Sevdiğimi, kışın daha çok severim yazdan; kış evimde oturalı beri daha iyi ve daha yürekten alay ediyorum düşmanlarımla.

Yürekten, gerçek, yatağıma *sürünüp* girerken bile; orada dahi gülüp oynaşır benim gizli mutluluğum; aldatıcı rüyam bile güler.

Ben bir, – sürünen ha? Ömrümde asla sürünmedim ben kuvvetlinin önünde; ve yalan söylediğim olmuşsa eğer, sevgiden söylemişimdir. Onun için keyifliyim kış döşeğimde bile.

Kaba döşekten daha çok ısıtır beni yufka döşek, yoksulluğumu kıskanırım zira. Kışın ise en vefalı odur bana.

Bir iblislikle başlarım her güne; soğuk su ile yıkanarak alay ederim kışla: bu yüzden homurdanır sert ev arkadaşım.

Onu mum ışığıyla gıdıklamaktan da hoşlanırım, göğü kül rengi alacakaranlıktan sıyırıp çıkarsın diye sonunda.

Asıl sabahleyin iblisleşirim zira: kovanın kuyuda takırdadığı ve atların kül rengi sokaklarda sıcak sıcak kişnedikleri o erken saatte:

Sabırsızlıkla beklerim o zaman, nihayet yükselsin önümde diye parlak gök, o karsakallı kış göğü, o kocamış, o ak başlı kişi, – kış göğü, o sakin kış göğü, çok kez güneşini bile gizleyen!

Uzun parlak sessizliği acep ondan mı öğrendim ben? Yoksa o mu benden öğrendi? Yoksa kendi kendimize mi bulduk her birimiz?

Bin katlıdır bütün iyi şeylerin kaynağı, – iyi, gülüp oynaşan şeylerin hepsi neşeden sıçrarlar varlığa: nasıl mümkün olur bunu bir kez yapmaları sadece!

İyi ve gülüp oynaşan bir şeydir de bu uzun sessizlik; ve kış göğü gibi, duru, yuvarlak-gözlü bir yüzden bakmak:

Kış göğü gibi, kendinin güneşini, ve kendinin bükülmez güneş iradesini gizlemek: gerçek, bu sanatı ve bu kış oynaşmasını iyi öğrenmişim ben!

Sessizliğimin, kendini sessizlikle ele vermemesini öğrenmiş olması, benim en gözde iblisliğim ve en gözde sanatım.

Sözler ve zarlarla takırdayarak, o vakarlı bekleyenleri kandırırım ben: bütün o sert gözetleyicilerden sıyrılacak, iradem ile gayem.

Derinliğimi ve son gayemi göremesin kimse diye, – bu maksatla buldum ben uzun duru sükûtu.

Nice kurnazlar gördüm: kimse görmesin içlerini ve derinliklerini diye yüzlerini örtüp sularını bulandırıyorlardı.

Ama asıl bunlara çatıyorlardı en kurnaz kuşkulularla ceviz-kıranlar: bunların asıl avlıyorlardı en gizli sırlarını!

Fakat duru, dürüst, saydam kişiler –sessiz olanların en akıllıları bunlar bence: öyle *derindir* ki onların dibi, en duru su bile vurmaz açığa.–

Ey karsakallı, sessiz, kış göğü, ey üstündeki yuvarlak-gözlü ak baş! Ey gönlümün ve gönül şenliğimin göksel simgesi!

Ve altın yutmuş biri gibi gizlemem *gerekmez mi* kendimi, – açmasınlar diye gönlümü?

Etrafımdaki bu kıskanç ve zararlı kişiler *fark etmesinler* diye uzun bacaklarımı, tahta ayaklıklar taşımam *gerekmez mi?*

Bu dumanlı, rahat düşkünü, tükenmiş, küflü, küskün ruhlar, – bunların hasedi nasıl *katlanabilir* benim mutluluğuma!

Onun için doruklarımın buzunu ve kışını gösteririm onlara sadece – dağımın bütün güneş kemerlerini kuşandığını *değil!*

Kış fırtınalarımın ıslığını işitirler onlar sadece – özlem içinde ağır, kızgın güney rüzgârları gibi, sıcak denizlerden de geçtiğimi *değil.*

Başıma gelen kazalara ve rastlantılara acırlar da onlar: – ama benim sözüm şu: "Bırakın gelsin bana rastlantı: küçük bir çocuk gibi masumdur o!"

Nasıl tahammül ederlerdi benim mutluluğuma onlar, kazalarla, kış cefalarıyla, ayı kürkü şapkalar ve karlı göklerin örtüleriyle sarmasaydım şayet mutluluğumun çevresini!

– Ben kendim acımasaydım onların *merhametine,* o kıskanç, o zararlı kişilerin merhametine!

– Ben kendim onların önünde iç çekmeseydim, soğuktan dişlerimi tıkırdatmasaydım ve merhametleriyle kendimi sabırla sardırmasaydım!

Bilgece tatlı huyluluğu ve iyiliğidir bu benim ruhumun: kışlarını ve buz fırtınalarını *saklayamaz;* soğuktan mayasıl olmuş yerlerini de saklamaz.

Kimine göre, yalnızlık, hasta kişinin kaçışıdır; kimine göre de, hasta *kişilerden* kaçıştır.

Varsın etrafımdaki bütün bu zavallı, şaşı serseriler *işitsinler* benim kış soğuğuyla dişlerimi takırdatıp iç çektiğimi! Böyle iç çekerek ve diş takırdatarak kaçarım ben onların sıcak odalarından.

Varsın acısınlar da bana soğuktan mayasıl olmuş yerlerim yüzünden, iç çeksinler benimle: "Bilgi buzundan *donup ölecek* daha!" – Böyle ağlaşırlar.

Bu arada ben sıcak ayaklarla oradan oraya koşarım zeytin dağımda benim: türkü söylerim zeytin dağımın güneşli köşesinde, alay ederim her türlü merhametle. –

Zerdüşt böyle türkü söylüyordu.

GEÇİP GİTME ÜZERİNE

Böylece, birçok uluslar ve şehirler içinden ağır ağır geçerek, Zerdüşt dolambaçlı yollardan dönüyordu dağlarına ve mağarasına. Ve işe bakın, *büyük şehrin* kapısına da uğradı farkına varmadan. Fakat burada, ağzı köpüren bir deli, uzanmış ellerle ona doğru fırladı ve yolunu kesti. Halkın, "Zerdüşt'ün maymunu" dediği aynı deliydi bu: çünkü Zerdüşt'ten dilin ifade ve ahengi üzerine bir şeyler öğrenmişti ve onun bilgelik hazinesinden ödünç almaktan da hoşlanmıyor değildi. Ve deli, şöyle dedi Zerdüşt'e:

"Ey Zerdüşt, büyük şehir burası: hiçbir şey bulamazsın burada, her şeyini kaybedersin.

Ne diye geçmek istersin bu bataklıktan? Ayaklarına acı! İyisi mi tükür şehrin kapısına, ve – dön geri!

Yalnızların düşünceleri için cehennemdir burası: büyük fikirler canlı canlı kaynatılır burada ve ufalanıncaya dek pişirilir.

Burada bütün büyük duygular çürür: kupkuru duygucuklar ancak takırdar burada!

Duymuyor musun şimdiden ruh mezbahalarının ve aşevlerinin kokusunu? Boğazlanmış ruhun buğularıyla tütmüyor mu bu şehir?

Sarkık ve kirli paçavralar gibi ruhların asılı olduklarını görmüyor musun? – Bu paçavralardan da gazeteler yapıyorlar!

İşitmiyor musun ruhun burada nasıl bir söz oyunu haline geldiğini? İğrenç söz çirkefi kusuyor ruh! – Bu söz çirkefinden de gazete yapıyorlar.

Birbirlerini amansız kovarlar da, bilmezler nereye! Kızdırırlar da birbirlerini, bilmezler neden! Mangırlarını tıngırdatırlar, altınlarını şıngırdatırlar.

Üşürler, imbikten çekilmiş sularla ısınmak isterler: ısınırlar da, donmuş ruhlarla serinlemek isterler, hepsi hasta ve acılıdır halk oyu yüzünden.

Bütün hırslarla kötülükler yurt tutmuştur burada; ama burada erdemliler de vardır; işe yarar faydalı birçok erdemliler:

Kâtip parmaklı ve oturup beklemeden sertleşmiş kaba etli, göğse takılan yıldızcıklar ve yastıkla beslenmiş kalçasız kızlarla kutsanmış birçok erdemler.

Burada bol bol dindarlık da vardır, Ordular Tanrısı önünde bol bol sofuca tükürük yalama ve dalkavukluk da.

Zira 'tâç yukarlardan' damlar yıldız ve bağışlayan tükürük; er yıldızsız göğüs çünkü yukarların özlemini çeker.

Ayın, saray halkı vardır, saray halkının da uyduları: fakat saraydan çıkan her şeye tapar dilenci takımı, ve işe yarar dilenci erdemleri.

'Hizmetçiyim, hizmetçisin, hizmetçiyiz' – işe yarar her erdem hükümdara böyle tapar: hak ettiği yıldız dar göğsüne takılsın diye nihayet!

Ama ay, döner durur dünyaya ait her şeyin etrafında: hükümdar da döner böylece dünyaya en çok ait olanın etrafında – buysa, bezirgânın altını.

Ordular Tanrısı külçe altın tanrısı değildir; hükümdar düşünür, bezirgânsa yürütür!

Işıklı, kuvvetli ve iyi ne varsa sende, onların aşkı için, ey Zerdüşt! Tükür bu bezirgânlar şehrine ve dön geriye!

Burada kan pis, ılık ve köpüklü akar bütün damarlarda: bütün ayaktakımının birlikte kaynaştığı bu büyük çöplüğe, bu büyük şehre tükür!

Basık ruhlar ve daracık göğüsler, keskin gözler ve yapışkan parmaklar şehrine tükür!

– Bu yılışıklar, utanmazlar, yazı ve sözle palavra atanlar, azgın muhterisler şehrine.

– Bütün çürümüş, rezil, şehvet düşkünü, geçmişi şüpheli, içi geçmiş, sararıp solmuş, dalavereli şeylerin birlikte kokuştuğu yere.

– Büyük şehre tükür ve dön geri!" –

Fakat burada Zerdüşt ağzı köpüren delinin sözünü kesti ve ağzını kapadı. –

"Sus artık!" diye bağırdı Zerdüşt. "Uzun zamandır iğrenirim konuşmandan, davranışından!

Ne diye kendin kurbağa ve karakurbağa olacak kadar uzun oturdun bataklık kenarında?

Pis, köpüklü, bataklık kanı akmıyor mu damarlarında, böyle vakvaklamasını ve küfretmesini öğrenmişsin madem?

Neden çekilmedin ormana? Ya da neden toprağı sürmedin? Yeşil adalarla dolu değil mi deniz?

Horgörünü senin ben hor görüyorum; beni uyardın da, neden uyarmadın kendini?

Yalnız sevgiden kanatlanacak benim horgörüm ve uyaran kuşum: yoksa bataklıktan değil!

Benim maymunum diyorlar sana, ey ağzı köpüren deli: halbuki sana ben homurdanan domuzum derim, –deliliğe övgümü bile bozuyorsun, homurdanmanla.–

Neydi seni homurdatan ilk önce? Kimse çünkü yeterince pohpohlamadı sen; –onun için yayıldın bu çirkefe, daha çok homurdanma bahanen olsun diye.

– Daha çok *intikam* almak için bahanen olsun diye! İntikam almak çünkü, ey kendini beğenmiş deli, senin bütün köpürmen; iyi anladım seni ben!

Fakat deli sözlerin senin, zarar verir bana, haklıyken dahi! Ve Zerdüşt'ün sözleri yüz kere doğru *çıksa:* benim sözlerime sen hep haksızlık *edersin!*"

Böyle dedi Zerdüşt; büyük şehre baktı sonra, içini çekti ve sustu uzun zaman. Nihayet şöyle dedi:

Ben yalnız bu deliden değil, bu büyük şehirden de iğreniyorum. Bunda da, onda da, – ne düzeltilecek, ne de bozulacak bir şey var.

Yazık bu büyük şehre! – Onu yakacak ateş sütununu görsem keşke şimdiden!

Çünkü böyle ateş sütunları görülmeli büyük öğleden önce. Ama bunun kendi vakti ve kendi kaderi vardır. –

Fakat şu öğüdü vereyim sana ayrılırken, ey deli: bir yerde sevemiyorsa artık insan –geçip gitmeli oradan!–

Böyle dedi Zerdüşt ve geçip gitti delinin ve büyük şehrin önünden.

DÖNMELER ÜZERİNE

1

Ah, daha geçenlerde şu çayırda yeşil ve rengârenk duran her şey sararıp solmuş ve bozlaşmış bile! Ne kadar da çok umut balı taşımıştım buradan ben kovanlarıma!

O genç gönüllerin hepsi kocamışlar şimdiden, –kocamış da değiller! Sadece bezgin, bayağı ve rahat düşkünü olmuşlar, –şöyle açıklıyorlar bunu: "Bizler sofulaştık yeniden."

Daha geçenlerde sabah erkenden cesur adımlarla koşar gördüm onları: fakat bilgilerinin ayakları yorulmuş, şimdiyse iftira ediyorlar sabah cesurluklarına bile!

Gerçek, içlerinden birçokları eskiden çengi gibi oynatırlardı ayaklarını; göz kırpardı onlara bilgeliğimin gülüşü: –düşündüler sonradan. Şimdiyse iki büklüm görüyorum onları,– haça doğru sürünürken.

Küçük sinekler ve genç şairler gibi çırpınırlardı ışığın ve özgürlüğün etrafında eskiden. Biraz yaşlandılar, biraz üşüdüler: şimdiyse sırra bürünmüş, mırıldar lapacılar oldular.

Beni yalnızlık bir balina gibi yuttu diye, yürekleri umutsuzluğa düşmüş olmasın? Kulakları uzun zaman özlem içinde beni, benim boru seslerimi ve çığırtkan bağırmalarımı *beyhude yere* dinlemiş olmasın?

– Ah! Yürekleri sürekli yiğit ve şen olanlar azdır hep, böylelerinde ruh sabırlıdır da. Ötekilerse, *korkaktırlar!*

Ötekiler: bunlar çoğunluktadırlar her zaman, o alelâde gereksiz ve fazla kişiler, –hepsi korkaktırlar bunların!–

Benim soyumdan olan, benim soyumdakilerin başından geçenlerle karşılaşır yolunda: onun için de ilk yoldaşları cesetler ve soytarılar olacaktır.

İkinci yoldaşlarıysa, – bunlar, biz ona *inananlarız* derler kendilerine; yaşayan bir sürü, epey muhabbet, epey cinnet, epey toyca ibadet.

İnsanlar arasında benim soyumdan olan, bu inananlara gönül bağlamamalı; insanoğlunun vefasızlığını ve yüreksizliğini bilen, bu baharlara, bu renkler içindeki çayırlara inanmamalı!

Başka türlü *yapabilselerdi,* başka türlü *isterlerdi* de. Yarım yamalaklar bozarlar her bütünü. Sararıp solmuşsa yapraklar, – ağlanacak bunda ne var!

Bırak dökülsünler, düşsünler bırak, ey Zerdüşt, ağlama da sen! Daha yeğ hatta aralarında hışırdayan rüzgârlarla essen.

– Es o yapraklar arasında, ey Zerdüşt, de ne varsa *sararıp solmuş* daha tez uzaklaşsın senden!

2

"Bizler sofulaştık yeniden" – bu dönmeler böyle itiraf ederler, bazıları da daha bunu itiraf edemeyecek kadar korkaktırlar.

Gözlerinin içine bakarım onların, – yüzlerine ve kızaran yanaklarına karşı söylerim onların: *dua eden* kişiler oldunuz sizler yine!

Halbuki dua ayıptır! Herkese değil, ama sana, bana ve vicdanı kafasında olan kişiye. Ayıptır *sana* dua etmek!

İyice bilirsin sen içindeki korkak iblis, ellerini kavuşturup kucağına koyan ve rahatını arzulayan – bu korkak iblis seni kandırır: "Allah *vardır!*"

Böylelikle sen ışıktan korkanların, ışıkta rahat edemeyenlerin soyuna katılmış olursun: her gün artık kafanı karanlığa ve sise daha derin gömmen gerekir!

Ve gerçek, iyi seçtin saatini: çünkü tam şimdi uçuşurlar gece kuşları yeniden. Işıktan korkan bütün kişilerin saati erişti, akşam ve istirahat saati, – istirahat etmedikleri saat.

Sesini duyuyorum ve kokusunu alıyorum: avlanma ve alay halinde yürüyüş saatleri erişti, yaban avı için değil ama, uysal, aksak, pısırık, sessizce ayak basanların, sessizce bu mırıldananların avı için.

– Duygulu riyakârlar avı için: kuruldu yine gönül için bütün fare kapanları! Ve nerde bir erde kaldırsam bir gece-pervanesi fırlıyor oradan.

Bir başka gece – pervanesiyle sinmiş olmasın oraya! Her yerde zira küçük toplulukların kokusunu alıyorum, ve nerde bir küçük odacık varsa, yeni sofular vardır orda, sofuların kokusu vardır.

Yan yana otururlar uzun akşamlar bunlar ve derler: "Küçük çocuklar gibi olalım haydi yine ve 'Sevgili Tanrı' diyelim!" – ağızları ve mideleri bozulmuştur onların sofu şekerciler tarafından.

Uzun akşamlar yahut, kurnaz, pusuya yatan, öteki örümceklere akıl veren, ve "iyi ağ örülür haçların altında!" diyen bir örümceği seyrederler.

Bütün gün yahut, bataklıklar kıyısına otururlar kamış oltalarla ve *derin* sanırlar kendilerini bundan ötürü; ama balık olmayan yerde balık avlayana sığ bile demem ben!

Yan yana otururlar uzun akşamlar bunlar, ve sazıyla genç kızların gönüllerine girmek isteyen bir ozandan sofuca ve sevinçle saz çalmayı öğrenirler.

Karanlık odalarda yahut, ruhların kendisine gelmelerini bekleyen bilgili bir yarı-deliden ürpermeyi öğrenirler, – ruh halbuki büsbütün kaçıp gider oradan!

Yahut, hazin rüzgârlardan seslerin hüznünü öğrenmiş ihtiyar, aylak aylak dolaşan, hırlaya mırlaya kaval çalan birini dinlerler; rüzgâr misali çalmakta, hazin nağmelerle hüznü vaaz etmektedir şimdi o.

Bazılarıysa gece bekçileri bile olmuşlardır: artık boru çalmayı ve geceleri dolaşıp çoktandır uykuya dalmış eski şeyleri uyandırmasını bilirler.

Bahçe duvarının dibinde beş söz işittim dün gece bu eski şeyler üzerine ihtiyar, mahzun, kavruk gece bekçileri söylüyorlardı bunları.

"Bir baba olarak yeterince bakmıyor o çocuklarına: insan babaları daha iyi yaparlar bu işi!" –

"İyice ihtiyar! Hiç bakmıyor artık o çocuklarına," – diye cevap verdi öteki gece bekçisi.

"Çocukları *var* mı ki? Bunu kimse kanıtlayamaz kendisi kanıtlamazsa şayet! Ne zamandır isterim bunu şöyle bir adamakıllı kanıtlamasını."

"Kanıtlamasını mı? Şimdiye dek, bir şey kanıtlamış gibi sanki! Kanıtlamak ona güç gelir, kendisine *inanılmasına* çok önem verir o."

"Evet! Evet! İnanç sevindirir onu, kendisine inanç. Böyledir bu ihtiyarlar için! Bizler için de böyledir ya!"–

Böyle konuştular aralarında, iki ihtiyar gece bekçisi ve ışık-ödleği, ardından da hazin hazin öttürdüler borularını: bunlar oldu dün gece bahçe duvarının dibinde.

Bana gelince, katılıyordum ben gülmekten, kalbim fırlayıp gidecek gibiydi; ama nereye gideceğini bilmiyordu da çöküverdi diyaframın içine.

Gerçek, eşekleri sarhoş gördükçe, ve gece bekçilerinin Tanrıdan böyle kuşkulandıklarını duydukça katılasıya gülmekten, – bundan olacak benim ölümüm.

Bütün bu kuşkuların vakti *çoktan* geçmedi mi? Bugün artık kim uyandırabilir böyle eski, uyuklayan, ışıktan kaçınan şeyleri?

Çoktan sonu geldi eski tanrıların: – gerçekten de güzel, neşeli ve tanrıca bir son!

Bir "alacakaranlığa" salıp da kendilerini ölmediler onlar, – insanların uydurmasıdır o! Aksine: *güle güle* bir zamanlar öldürdüler onlar kendilerini!

Bir tanrının kendi ağzından en dinsizce sözün çıktığı zaman oldu bu, –o söz şu: "Bir tek Tanrı vardır! Benden gayri tanrıların olmayacaktır!"– Yaşlı, kabasakal, kıskanç bir Tanrı böyle unuttu kendini.

Bütün tanrılar gülüştüler o sıra, tahtlarında sallandılar ve bağrıştılar: "Tanrının değil, tanrıların olması değil midir asıl tanrılık?"

Varsın kulağı olan işitsin. –

Böyle konuştu Zerdüşt, o sevdiği "Alaca İnek" denilen şehirde. Çünkü buradan mağarasına ve hayvanlarına ulaşması için yeniden, iki günlük yolu vardı ancak; ama gönlü, yuvaya dönüşün yakınlaşmasından ötürü, sürekli sevinç içindeydi.

YUVAYA DÖNÜŞ

Ey yalnızlık! Yuvam benim, yalnızlık! O kadar uzun zaman yaşadım ki yaban ellerde bir yaban olarak, sana mümkün değil gözyaşlarımla dönmemek!

Analar gibi korkut beni şimdi parmağınla; şimdi analar gibi gülümse bana; yalnızca de ki şimdi bana: "Kimdi o vaktiyle bir kasırga gibi uzaklaşan benden? –

Kimdi o ayrılırken haykıran: 'Pek uzun zaman kaldım yalnızlıkla baş başa; susmayı unuttum böylelikle!' Şimdi öğrendin mi bari o n u ?

Ey Zerdüşt, biliyorum her şeyi: biliyorum kalabalık içinde, ey tek kişi, benim yanımda olduğundan *daha kimsesiz* kaldığını!

Kimsesizlik başka şey; yalnızlık daha başka şey: *bunu* öğrendin sen artık! İnsanlar arasında hep yaban ve garip kalacağını da:

Severlerken dahi seni yaban ve garip: çünkü her şeyden çok onlar, *hoşgörü* isterler!

Burada halbuki, kendi ocağında, kendi evindesin; her şeyi söyleyebilirsin burada, bütün nedenleri dökebilirsin ortaya; hiçbir şey utanmaz burada gizli, katılaşmış duygulardan.

Her şey okşarcasına yaklaşır burada senin konuşmana ve tatlı yüz gösterir sana: binmek ister çünkü sırtına. Her simgeyle burada her gerçeğe varırsın.

Dosdoğru ve açıkça konuşabilirsin burada her şeyle: gerçek, övgü gibi gelir kulaklarına sözleri, her şeyle dosdoğru konuşanın!

Başka şeydir halbuki kimsesizlik. Hatırlar mısın hani, ey Zerdüşt? Kuşunun senin üstünde çığlık attığını, ormanda kararsız, nereye gideceğini bilmeden, bir cesedin yanı başında durduğunu:

Dediğini: 'Hayvanlarım yol göstersin bana! İnsanlar arasında yaşamayı, hayvanlar arasında yaşamaktan daha tehlikeli buldum.' – *Buydu* işte kimsesizlik!

Ve hatırlar mısın, ey Zerdüşt? Adanda oturduğunu, boş kovalar arasında bir şarap kuyusu başında durduğunu, susuzlara verdiğini, dağıttığını, bağışladığını, sebil ettiğini.

En sonunda kendinin sarhoşlar arasında susuz kalıp geceleyin sızlandığını: 'Almak daha mübarek değil midir vermekten? Çalmaksa almaktan daha mübarek?' – *Buydu* işte kimsesizlik!

Ve hatırlar mısın, ey Zerdüşt? En sessiz saatinin erişip seni senden öte sürdüğünü ve uğursuz bir fısıltıyla dediğini: 'Konuş da paramparça ol!' –

Bütün beklemeni ve susmanı sana dert ettiğini, alçakgönüllü cesaretini kırdığını: *Buydu* işte kimsesizlik" –

Ey yalnızlık! Yuvam benim, yalnızlık! Ne mutlu ve muhabbetli söylüyor sesin bana!

Soru sormayız biz birbirimize, birbirimize sızlanmayız; açık kapılardan açıkça geçeriz beraberce.

Her şey açık ve durudur çünkü sende; saatler bile daha hafif ayaklarla koşarlar burada. Çünkü karanlıkta zaman, aydınlıkta olduğundan daha ağır gelir insana.

Bütün varlığın sözleri ve söz-kutuları açılıverir burada bana: bütün varlık söz olmak ister burada, bütün oluş burada konuşmayı öğrenmek ister benden.

Aşağıda halbuki, – beyhudedir her türlü konuşma! Unutma ve geçip gitme en iyi bilgeliktir orda: *bunu* öğrendim ben artık!

İnsanoğlundaki her şeye akıl erdirmek isteyen, girişmek zorundadır her şeye. Bunun için ama ellerim çok temizdir benim.

Nefeslerini bile onların içime çekmek istemem; yazık ki, gürültüleri ve ağız kokuları içinde onların bunca zaman kaldım!

Ey etrafımdaki mübarek sessizlik! Ey etrafımdaki temiz kokular! Ah, ne derin bir göğüsten temiz nefesler çekiyor bu sessizlik! Bu mübarek sessizlik, nasıl dinliyor, ah!

Oysa aşağıda, – her şey konuşur orda, kimse bir şey dinlemez. Biri şayet çanlar çalıp ilan etse bilgeliğini, pazar yerindeki bezirgânlar mangır şıngırtılarıyla bastırırlar o sesi!

Her şey konuşur onların arasında; nasıl anlayacağını bilmez artık kimse. Her şey düşer suya; derin pınarlara artık bir şey düşmez.

Her şey konuşur onların arasında, hiçbir şey başarıya erişmez ve sona ermez. Her şey gıdaklar, ama sessizce oturup yuvada civciv çıkaracak kim artık?

Her şey konuşur onların arasında, konuşmayla her şey bastırılır. Ve daha dün zamana ve zamanın dişine sert gelen şey, bugünün insanlarının ağızlarından, çiğnenmiş ve didik didik sarkar bugün.

Her şey konuşur onların arasında, her şey ele verilir. Ve bir zamanlar derin ruhların sırrı ve gizliliği denilen şey, bugün sokak çığırtkanlarıyla öbür kelebeklere ait.

Ey insanoğlu, ey şaşılacak şey! Ey karanlık sokaklardaki gürültü! Tekrar ardımda kaldın benim, – en büyük tehlikem ardımda kaldı!

Hoşgörüyle merhamet oldu hep benim en büyük tehlikelerim; insanoğlunun hepsi de hoşgörü ve merhamet ister.

Örtbas edilmiş gerçeklerle, deli elleriyle ve mecnun, sevdalı bir gönülle, ve merhametin küçük yalanlarıyla bezenmiş: – böyle yaşadım ben hep insanlar arasında.

Kılık değiştirmiş oturdum aralarında, tahammül edebilmek için *onlara,* hazırdım *kendimi* yanlış anlamaya, seve seve de derdim kendime: "Tanımıyorsun sen insanları, a mecnun!"

Aralarında yaşayınca kişi insanları unutur: hepsinde öngörünüş pek fazladır insanların, – uzağı gören, uzağa hasret gözler o r a d a neylesin!

Beni yanlış anladıklarında ise, ne deliymişim ben, kendimden çok onları hoş gördüm: kendime karşı alışıktım katı davranmaya çünkü, ve kendimden öç alırdım sık sık bu hoşgörümden ötürü.

Her yerim zehirli sineklerle sokulmuş ve sayısız kötülük damlalarıyla bir taş gibi oyulmuş: böyle oturdum aralarında ben onların, yine de derdim kendime: "Masumdur her küçük şey kendi küçüklüğünden ötürü!"

Hele hele kendilerine "iyiler" diyenlerin, en zehirli sinekler olduklarını fark ettim: tam bir masumluk içinde yalan söylerler; nasıl insaflı *davranabilirlerdi* onlar bana karşı!

İyiler arasında yaşayan her kişiye yalan söylemeyi öğretir merhamet. Bütün özgür ruhlar içinde merhamet havayı boğucu hale getirir. İyilerin ahmaklığı zira dipsizdir.

Kendimi ve zenginliğimi gizlemeyi, – *bunu* öğrendim işte ben orada, aşağıda: herkesi çünkü ruh yoksulu buldum. Merhametimin yalanıydı her birinde seçtiğim.

Herkeste görür ve kokusunu alırdım, kendisi için *yeter ruh* olan şey nedir, *fazla* ruh olan şey nedir?

Katı bilgelerine: bilge derdim, katı değil, – sözleri yutmayı böylece öğrendim ben.

Mezarcılarına: araştıranlar ve deneyenler derdim, – böylece öğrendim ben sözleri değiştirmeyi.

Kendileri için hastalıklar kazarlar, mezarcılar. Pis kokular sinmiş durur eski molozlar altında. Bataklığı karıştırmamalı. Dağlarda yaşamalı.

Mutlu burun delikleriyle dağ özgürlüğünü soluyorum yeniden. Kurtuldu nihayet burnum insanoğlunun bütün kokularından!

Köpüklü şarapla gıdıklanır gibi, sert meltemlerle gıdıklanan ruhum, *aksırıyor,* aksırıyor ve haykırıyor kendine sevinç içinde: "Çok yaşa!" – Zerdüşt böyle diyordu.

ÜÇ KÖTÜLÜK ÜZERİNE

1

Rüyamda, son gördüğüm sabah rüyamda, bir burunda duruyordum bugün, – dünyadan öte; bir terazi tutuyordum elimde ve dünyayı *tartıyordum.*

Yazık ki pembe seher geliverdi erkenden: parıltılarıyla uyandırdı beni, o kıskanç! Hep kıskanır o benim sabah rüyamın kızıl parıltılarını.

Vakti olan ölebilir, iyi bir tartıcı tartabilir, kuvvetli kanatlar erişebilir, ilahi ceviz-kıracağıyla ne olduğu sezilebilir: dünyayı rüyam böyle buldu:

Rüyam, o cesur gemici, yarı gemi, yarı kasırga, kelebek gibi sessiz, şahin gibi sabırsız: nasıl sabır gösterdi ve zaman buldu bugün dünyayı tartmak için!

Yoksa gülen bütün "sonsuz dünyalar"la alay eden, uyanık gündüz-bilgeliğim, gizlice konuşmuş olmasın onunla? Der ki çünkü o: "Kuvvetin olduğu yerde hükmü geçen *sayıdır:* onun daha çok gücü vardır."

Nasıl güvenle bakıyordu rüyam bu fani dünyaya, ne merak, ne arzu, ne korku duyarak, ne yalvararak:–

Kocaman yuvarlak bir elma kendini sunuyordu sanki elime, – serin, yumuşak, kadife kabuklu, olgun bir altın elma: – böyle sunuyordu kendini bana dünya.

Bir ağaç işaret ediyordu sanki bana geniş dallı, kuvvetli iradeli, yorgun yolcular için bir dayanak ve bir ayak dinlendireceği gibi bükülüp eğilmiş bir ağaç: – böyle duruyordu dünya benim bulunduğum burunda.

Narin eller bir mücevher kutusu getiriyordu sanki bana, – mahcup, tapınan gözlerin zevk alması için açık bir mücevher kutusu: böyle sundu dünya bugün bana kendini.

İnsan sevgisini ürkütüp kaçıracak kadar bilmecemsi değil, insan bilgeliğini uyutacak kadar çözümlü değil: – insanca iyi bir şey gibi göründü bugün bana dünya, hakkında bunca kötü şeyler söylenen dünya!

Dünyayı böyle tarttığım için bugünün seherinde, ne kadar müteşekkirim sabah rüyama! İnsanca iyi bir şey gibi geldi bu rüya bana, bu gönüller avutan!

Gündüzün de yapabileyim diye aynı işi, ve ondaki en iyi şeyi öğrenebileyim diye, en kötü üç şeyi teraziye vuracağım şimdi ve insanca bir güzel tartacağım. –

Kutsamayı öğreten, lanetlemeyi de öğretmiştir: en çok lanetlenen üç şey nedir peki dünyada? Bunları vuracağım teraziye.

Şehvet, hükmetme ihtirası ve bencillik: bu üç şeydir bugüne dek en çok lanetlenmiş, kötü şöhret edinmiş ve iftiraya uğramış, – bu üç şeyi ben insanca bir güzel tartacağım.

Pekâlâ! İşte üzerinde durduğum burun, orda da deniz işte, – yuvarlana yuvarlana bana doğru gelen, dağınık tüylerle ve yaltaklanırcasına, o koca, vefalı, sevdiğim o yüz başlı ejder köpek! –

Pekâlâ! Burada işte yuvarlanan denizin üstünde tutacağım teraziyi: bir de tanık seçmiyorum seyretsin diye, seni, ey sevdiğim yalnız ağaç, seni ey baygın kokulu, geniş kemerli ağaç, seni seçiyorum!

Şimdi, hangi köprüden geçer geleceğe? *Yüksek,* alçağa hangi zorlamayla eğilir? En yükseğin bile, daha da yükselmesini zorlayan nedir?

– İşte terazi dengede ve hareketsiz: üç ağır soru attım içine; üç ağır cevap öbür kefede.

2

Şehvet: bedeni hor gören kıl gömleklilerin hepsi için bir diken ve bir kazık o; bütün öte dünyalılarca "dünya" diye lanetlenen de; karışıklık ve yanlışlık hocalarının hepsiyle alay eder, onları aldatır çünkü o.

Şehvet: ayaktakımı için, üzerinde kavrulunan, ağır ağır yanan ateş, bütün kurt yeniği odunlar ve pis kokan paçavralar için, her an yanar bir ocak.

Şehvet: özgür gönüller için, masum ve özgür bir şey, bahçe mutluluğu yeryüzünün, şükran-taşması bütün gelecekten hale.

Şehvet: sararıp solmuşlar için ancak bir zehirdir o; aslan-iradeliler için ama, kalbe kuvvet veren en iyi bir ilaç, saygıyla saklanan şaraplar şarabı.

Şehvet: daha yüksek bir mutlulukla en yüksek umudun büyük bir simgesi olan mutluluk. Nice kişilere zira vaat edilmiştir evlilik, evlilikten de fazlası. –

Birbirine kadınla erkekten daha yabancı olan nice kişilere: – ama kim kavramıştır tamamıyla kadınla erkeğin birbirine *ne derece yabancı* olduklarını!

Şehvet: düşüncelerimi lakin, sözlerimi hatta, çitlerle çevirmek isterim ben: domuzlarla kaba sofular girmesinler diye bahçeme! –

Hükmetme ihtirası: katı yüreklilerin en katı yüreklisindeki alevden kamçı; en zalimlerin kendilerine ayırdıkları zalim işkence; tutuşmuş büyük ateşlerin karanlık yalazı.

Hükmetme ihtirası: en kendini beğenmiş ulusların sırtına konan atsineği; her belirsiz erdemle alay eden: her atın ve her gururun sırtına binen.

Hükmetme ihtirası: çürümüş ve kof şeylerin hepsini kırıp parçalayan deprem; badanalı kabirleri darmadağın eden, gürüldeyen, gümbürdeyen, cezalandırıcı; mevsimsiz cevapların yanındaki şimşekten soru işareti.

Hükmetme ihtirası: bakışı önünde sürünür, eğilir, köleleşir insan, ve yılanla domuzdan daha aşağılık olur: –büyük horgörü haykırır nihayet içinden. –

Hükmetme ihtirası: büyük horgörüyü öğreten korkunç öğretici, şehirlerin ve imparatorlukların yüzlerine karşı vaaz eden: "Defol!" – İçlerinden şu feryat kopuncaya dek: "Defolayım!"

Hükmetme ihtirası: ama temizlere ve yalnızlara, ve kendi-kendine-yeten yüksekliklere doğru ayartırcasına süzülen, yeryüzü göklerine ayartırcasına pembe mutluluklar çizen bir aşk gibi parıl parıl yanan.

Hükmetme ihtirası: ama yüksek olan, kudret uğruna eğilmeyi özlerse, kim *ihtiras* der ki buna! Gerçek, marazlı ya da düşkünlük sayılacak bir şey yoktur böyle bir özlemde, böyle bir eğilişte!

Yalnız olan o yüce her zaman yalnız ve kendi-kendine-yeter kalmasın diye; dağlar vadilere, yükseklerin rüzgârları da ovalara insinler diye: –

Ah, kim bulacak bu türlü bir özleme uygun vaftiz ve erdem adını! "Armağan Eden Erdem" – adlandırılamayanı Zerdüşt böyle adlandırmıştı bir zamanlar.

Şu da olmuştu o zaman, – gerçekten de ilk kez oluyordu bu! – Zerdüşt'ün sözleri kutsamıştı *bencilliği,* kudretli bir ruhtan kaynayan sağlam ve sağlıklı bencilliği:

– O denli kudretli bir ruhtan ki, etrafındaki her şeyin ayna kesildiği bedene, yüce, güzel, yenen, zindeleşen bedene sahip:

– Kıvrak, inandırıcı beden, bir raks eden ki, simgesi ve özü kendi-kendine-neşelenen ruhtur. Böyle bedenlerle ruhların kendi-kendine-neşenlenmesi, "erdem" adını verir kendine.

Sanki kutsal korulara sığınır gibi, bu türlü kendi-kendine-neşelenme, iyi ve kötü sözlerine sığınır; mutluluğuna taktığı adlarla kovar yanından hor görülmeye layık her şeyi.

Korkak olan her şeyi kovar yanından; der ki: "Kötü – *işte budur* korkak olan!" Hep kederli, ah çeken, şikâyet eden, en küçük çıkarları toplayan, hor görünür ona.

Hüzünlü her bilgeliği de hor görür o: çünkü gerçek, karanlıkta çiçeklenen bilgelik vardır, bir gece-gölgesi bilgeliği ki, şöyle ah eder hep. "Her şey boş!"

Çekingen güvensizliği de aşağılık görür o, bakışlar ve eller yerine yeminler isteyen herkesi de: pek fazla çekingen bilgeliği de öyle, – korkak ruhların kârıdır çünkü bu.

Kolayca gönül alan, köpek gibi hemen sırtüstü yatan, alçakgönüllü kişiler, daha da aşağılık görülür onca; ve alçakgönüllü, köpekçe, sofu ve kolayca gönül alan bilgelik de vardır.

Kendini asla savunmayan, zehirli tükürükle bakışları yutan, aşırı sabırlı, her şeye katlanan, her şeye kanaat eden kişilerse büsbütün tiksinç ve iğrenç gelirler ona; kölelerin kârıdır da bu onun için.

İster tanrıların ve tanrı tekmelerinin önünde, ister insanların ve budala insan fikirlerinin önünde köleleşsin: *her* türlüsüne tükürür köleliğin bu kutlu bencillik!

Kötü: böyle der o her süklüm püklüm ve aşağılıkçasına köleleşene, – zoraki kırpışan gözlere, kederli gönüllere, ve o kalın, korkak dudaklarla öpen sahte alçakgönüllülük biçimine.

Sahte bilgelik: böyle der o, kölelerin, ihtiyarların ve bitkinlerin taşladıkları bilgeliğe; hele bütün o kötü, saçma sapan papaz martavallarına!

Sahte bilgeler halbuki, bütün papazlar, dünya-bezginleri, kadın ruhlu ve köle ruhlu olanlar, – ah, nasıl kötü oyunlar oynamıştır hep bencilliğe onların dalavereleri.

Tam *bu* olacaktı işte erdem, erdem buna denecekti, – bencilliğe kötü oyun oynamak! Ve "feragat" – buna sahip olmayı istiyorlardı, haklı olarak, bütün o dünya-bezgini korkarlar, o haç-örümcekleri!

Bütün bunlar için ama gündüz geliyor işte, değişme, hüküm kılıcı, *büyük öğle:* nice şeyler çıkacak o zaman meydana!

Ben'in sağlam ve kutsal, bencilliğin de mübarek olduğunu bildiren, gerçek,o da falcı gibi söyler bildiğini: "*Bakın, geliyor, yakında, büyük öğle!*" –

Zerdüşt böyle diyordu.

AĞIRLIĞIN RUHU ÜZERİNE

1

Dilim benim – halkın dilidir: pek kaba, pek içten gelir konuşmam hanımevladı züppelere. Daha da yabancı gelir sözlerim mürekkep-balıklarıyla kalem-tilkilerine.

Elim benim – deli elidir: vay haline masallarla duvarların ve deli süslemeleriyle deli karalamalarına yeri olan her şeyin!

Ayağım benim – at ayağıdır; dere tepe teperim ve tırs giderim sağa sola kırlar boyunca, dörtnala da kalktım mı şeytanın ta kendisi olurum hazdan.

Midem benim – kartal kursağı mı ki acep o? Kuzu eti zira en sevdiği. Bir kuş kursağı kuşkusuz.

Masum ve az şeylerle beslenir, uçmaya, uçup gitmeye hazır ve sabırsız, – böyleyim ben artık: bunda birazcık kuşça taraf bulunmasın olur mu hiç!

Ağırlığın ruhuna düşman olmam hele, tam kuş tabiatıdır işte bu: – gerçekten de can düşmanı, baş düşman, doğuştan düşman olmam! Ah, nerelere uçmadı ki, nerelere sapmadı ki şimdiye dek düşmanlığım!

Bir türkü çağırabilirdim ben bunun üstüne – *çağıracağım* da: yalnız da olsam boş bir evde, kendi kulaklarım için söylemem gerekse de.

Başka türkücüler de vardır, elbet, ancak dolu bir evin gırtlaklarını yumuşattığı, ellerini konuşturduğu, gözlerini manalandırdığı, gönüllerini uyandırdığı: –bunlara benzemem ben.–

2

İnsanlara günün birinde uçmayı öğretecek kişi, bütün sınır taşlarını yerlerinden oynatacaktır; bütün sınır taşları havaya uçacaktır önünde onun; yeniden vaftiz edecektir o yeryüzünü, – "hafif" adıyla.

Devekuşu en süratli attan daha hızlı koşar, başını da ama iyice sokar ağır toprağa: henüz uçamayan insan da böyledir işte.

Yeryüzüyle hayat ağır gelir ona, böyle *ister* ağırlığın ruhu da! Oysa hafif olmak, bir kuş olmak isteyen kendini sevmelidir: – böyle öğretirim ben.

Hastaların, illetlilerin, sevgisiyle değil elbet: onlardan zira, kendini sevme bile pis pis kokar!

İnsan kendini sevmesini, –böyle öğretirim ben– sağlam ve sağlıklı bir sevgiyle sevmesini öğrenmelidir: kendine tahammül edebilsin, avarelik etmesin diye.

"Komşu sevgisi" adını verir kendine bu türlü avarelik: bu sözler en sunturlu yalan ve mürailik olmuştur bugüne dek, herkese yük olanlar arasında hele.

Gerçek, kendini sevmesini *öğrenmek,* bugünlük yarınlık bir emir değildir. Aksine, o bütün sanatların en incesi, en kurnazı, en yükseği ve en sabırlısıdır.

Çünkü senin sahip olduğun senden iyice saklıdır, ve bütün defineler içinde en son kazılanı, kişinin kendi definesidir, – ağırlığın ruhu böyle gerektirir.

Beşikteyken henüz, ağır sözler ve ağır değerler ayrılır hissemize: "iyi" ile "kötü" – böyle derler bu çeyize. Onun uğruna bağışlanır yaşamamız.

Bunun için katlanılır küçük çocukların yaklaşmalarına, vaktinde mani olunsun diye kendilerini sevmelerine, – ağırlığın ruhu böyle gerektirir.

Bizlerse, – hissemize ayrılanı, yalçın dağlar üzerinden, güçlü omuzlar üstünde taşır götürürüz. Terlediğimizde de şöyle derler bize: "Evet, ağır bir yüktür hayat!"

Ağır yük olan halbuki, sırf kendisidir insanın! Yabancı bir sürü şey taşır çünkü omuzlarında. Deve gibi diz çöküp, adamakıllı yük vurdurur sırtına.

Hele güçlü yük taşıyan, saygı sahibi insan: bir sürü *yabancı* ağır söz ve değerler yüklenir o, – hayat artık ona bir çöl gibi gelir!

Gerçek! *Kendimize* ait nice şeylere de güç gelir katlanmak! Ve insanın içindeki birçok şeyler, istiridyeye benzer, –iğrenç, kaygan ve güç kavranması.–

Öyle ki, soylu süslerle bezenmiş soylu bir kabuğun aracılığı gerekir onlara. Şu sanatı da öğrenmesi gerekir ama insanın: bir kabuğa, güzel bir görünüşe, kurnaz bir körlüğe *sahip* olmayı!

Öte yandan, nice kabukların değersiz, zavallı ve pek kabuk olmaları yüzünden, birçok şeyler aldatıcıdır insanda. Pek çok gizli kalmış iyilik ve kudret hayal bile edilmez; en seçkin lezzetli yemekler, tadacak kimse bulamazlar!

Bunların en seçkinleri, kadınlar, bilirler bunu: biraz şişman, biraz zayıf, ah, ne denli bir alınyazısı bağlı bu kadarcık şeye!

İnsanoğlunu bulup meydana çıkarmak güç, kendi kendini bulup meydana çıkarmak hele daha da güç; çok kez zekâ yalan söyler ruha dair.

Ağırlığın ruhu böyle gerektirir.

Ama kendini bulup çıkarmıştır meydana, şöyle diyen: *Bu benim* iyimdir, *benim* kötümdür: bununla o susturmuş olur şöyle diyen köstebekle cüceyi: "Herkes için iyi, herkes için kötü."

Gerçek, her şeye iyi, ve bu dünyaya dünyaların en iyisi diyenleri de sevmem ben. Tam –tatmin– edilmişler derim ben onlara.

Her şeyin tadına bakmasını bilen tam –tatmin– edilmişlik: zevklerin en yükseği değildir bu! "Ben", "Evet" ve "Hayır" demesini öğrenmiş inatçı, güç beğenir dillere ve midelere saygı duyarım ben.

Halbuki her şeyi çiğneyip hazmetmek – ta kendisidir bu domuzluğun! Her zaman "Yİ-A" demek – sırf eşekleri ve eşek gibilerin öğrendiğidir bu! –

Koyu sarı ile ateş kızılı, – *benim* zevkim böyle ister – bütün renklere karıştırır kanı. Oysa, evini beyaza badanalatan kişi, beyaz badanalı bir ruhu açıklar bana.

Mumyalara âşık olur kimi, kimi de hayaletlere: ikisi de düşmandır her türlü ete ve kana, – ah, ne kadar aykırı ikisi de benim zevkime! Kanı severim çünkü ben!

Herkesin tükürüp kustuğu yerde de oturup barınmak istemem: budur işte zevkim *benim,* – hırsızlarla yalancılar arasında yaşamayı yeğ tutarım yoksa. Kimsenin altın yoktur ağzında.

Bütün tükürük-yalayanlar ama, daha da iğrenç gelirler bana; gördüğüm en iğrenç insana da "asalak" adını verdim: sevmek istemiyor, sevgiden geçiniyor ama.

Hepsine bahtsız derim ben onların ki, tek yolları vardır seçecek: ya kötü hayvanlar olmak, ya da kötü hayvan terbiyecileri. Böyleleri arasında ben ev kurmak istemem.

Hep *beklemek* zorunda olanlara da bahtsız derim ben, – aykırıdırlar bunlar benim zevkime, – bütün vergicilerle bezirgânlar, krallar ve öbür toprak bekçileriyle dükkân bekçileri.

Gerçek, ben de öğrendim beklemeyi, mükemmelen de hem, – ama ancak *kendimi* beklemeyi. Her şeyden evvel de ayakta durmayı ve raks etmeyi öğrendim ben!

Benim öğretim ama şudur: günün birinde uçmak isteyen, ayakta durmayı ve yürümeyi, koşmayı tırmanmayı ve raks etmeyi öğrenmelidir önce: – uçmaya kalkışmakla insan uçamaz!

Nice pencerelere tırmanmayı öğrendim ip merdivenlerle, çevik bacaklarla yüksek direklere tırmandım: bilginin yüksek direkleri üstünde oturmak küçük mutluluk gibi görünmedi bana hiç. –

Yüksek direkler üstünde alevcikler gibi titremek: küçük bir ışık şüphesiz, yolunu kaybetmiş gemicilerle kazaya uğramışlar için ama büyük bir teselli!

Türlü yollarda yürüyerek türlü yollarla eriştim en gerçeğime: gözlerimin kendi uzaklığımı süzüp araştırdığı yüksekliğe ben tek merdivenle çıkmadım.

Ve yolumu başkalarından ancak istemeye istemeye soruşturdum hep, – zevkime aykırı düşmüştür bu her zaman! Yolların kendilerine sorup denemeyi yeğ tuttum ben.

Bir deneme ve bir soruşturma olmuştur benim bütün yolculuklarım: – gerçek, kişi böyle soruşturmaya cevap vermeyi de *öğrenmelidir!* Ama, bu, – benim zevkim işte:

– Ne iyi ne kötü bir zevk, ama artık kendisinden utanmadığım, gizlemediğim, *benim* zevkim.

"Budur *benim* yolum işte, – ya sizinki nerde?" Böyle cevap verdim bana "yolu" soranlara. Çünkü bir *tek yol* – yoktur ki!

Zerdüşt böyle diyordu.

ESKİ VE YENİ LEVHALAR ÜZERİNE

1

Oturmuş bekliyorum burada, eski kırık levhalarla yarı yazılmış yeni levhalar etrafımda. Ne zaman çalacak benim saatim?

– Aşağılara iniş saatim, batış saatim: bir daha gitmek istiyorum çünkü insanlara.

O saati bekliyorum işte şimdi ben: *benim* saatimin eriştiğini bana gösteren belirtiler görünmeli çünkü önce – yani, gülen aslanla güvercin sürüsü.

Vakit alan biri gibi konuşuyorum bu arada kendi kendime. Kimse yeni bir şey söylemiyor bana: ben de o halde kendimi anlatayım kendime.

2

İnsanlar arasına geldiğimde, bir eski kibrin üstüne kurulmuş buldum onları: hepsi de, insan için iyi ile kötünün ne olduğunu çoktandır bildiklerini sanıyorlardı.

Erdeme dair her türlü konuşma köhne, yavan geliyordu onlara; iyi uyumak isteyen ise yatmadan önce "iyi" ile "kötü"den söz ediyordu.

Şunu öğrettiğimde bozdum ben bu uykuyu: iyi ile kötünün ne olduğunu *hiç kimse bilmiyor henüz:* – meğer ki yaratıcı ola!

– Yaratıcı olan lakin, insanın hedefini yaratan, yeryüzüne anlamını ve geleceğini verendir: iyi ile kötünün *yaratıcısı* odur ancak.

Ve onlara köhne kürsülerini ve o köhne kibrin oturduğu bütün yerleri altüst ettirdim; büyük erdem ustalarına, ermişlerine, şairlerine ve dünya-kurtarıcılarına güldürdüm onları.

Onları yüzü gülmez bilgelerine ve kara bir korkuluk gibi hayat ağacına tünemiş herkese güldürdüm.

Büyük mezar-yoluna oturdum onların, leşlerle akbabaların yanına hem de – ve bütün geçmişlerine ve geçmişlerinin çürüyen, çöküp giden görkemine güldüm.

Gerçek, tövbe vaizleri ve deliler gibi gazap ve lanet yağdırdım bütün büyüklüklerine ve küçüklüklerine onların. Ah, kendilerindeki en iyi şey o kadar küçük ki! Ah, o kadar küçük ki kendilerindeki en kötü şey! – onun için güldüm.

Dağlarda doğan, bilge özlemim, böyle haykırıp güldü içimden; yabani bir bilgelik, gerçekten! – kanat çırpan büyük özlemim benim.

Ve pek sık alıp götürdü o beni ötelere, yukarlara ve uzaklara, kahkahalar arasında: o zaman işte ben güneş sarhoşu sevinçler arasından bir ok gibi uçtum titreyerek:

– Henüz hiçbir rüyada görülmemiş uzak geleceklere, sanatçının tahayyül edebildiğinden daha sıcak güneylere, – raks ederken tanrıların bütün giysilerinden utandıkları yerlere:

– Ben böyle simgelerle konuşayım, şairler gibi duraklayıp kekeleyeyim: utanıyorum, hani doğrusu, şair olmak zorunda kaldığım için hâlâ!

Her oluşun bana tanrılar raksı ve tanrılar havailiği gibi göründüğü, dünyanınsa, başıboş, coşkun mu coşkun, kendine doğru kaçtığı yerlere:

– Nice tanrıların ebedi kaçışmaları ve yeniden birbirlerini aramaları olarak, mutlu çelişmeleri, yeniden söyleşmeleri, birbirleriyle yeniden ahbaplaşmaları olarak nice tanrıların: –

Bütün zamanın bana anların kutlu bir alayı gibi göründüğü, zorunluluğun özgürlüğün ta kendisi olduğu, özgürlüğün dikenleriyle mutlu mutlu oynadığı yerlere: –

Zira *üzerinde* raks edilecek, raks edilip *geçilecek* bir şey bulunması gerekmez mi? Çeviklerin, en çeviklerin uğruna, köstebekler ve hantal cücelerin olması gerekmez mi? –

3

Yine orda, yolda buldum "Üstüninsan" sözünü, ve orda anladım insanın aşılması gereken bir şey olduğunu,

– İnsanın bir gaye değil, bir köprü olduğunu: yeni pembe seherlere götüren yollar diye öğlelerinden ve akşamlarından sevinç duyduğunu:

– Zerdüşt'ün büyük öğleye dair sözünü ve insanoğlunun üstüne gün batımının son kırmızı ışıkları gibi gerdiğim her şeyi.

Gerçek, yeni gecelerle birlikte onlara yeni yıldızlar da gösterdim; ve bulutlarla gündüz ve gece üstüne şen renkli bir otağ gibi gerdim gülmeyi.

Onlara *benim* bütün hülyalarımı ve emellerimi öğrettim: insanoğlunda küçük parça olan, bilmece ve korkunç rastlantı olan her ne varsa, bir bütün halinde tertipleyip birleştirmeyi.

– Şair olarak, bilmece –çözen ve rastlantı– kurtaran olarak, geleceği yaratmayı öğrettim onlara ve yaratarak bütün *geçmişi* kurtarmayı.

İnsanoğlunun geçmişini kurtarmayı ve her türlü "Böyle idi"yi değiştirmeyi, ta ki şöyle desin İrade: "Ama ben böyle istedim! Ben böyle isteyeceğim ."

– Buna kurtarma dedim ben; yalnız buna kurtarma demeyi öğrettim ben. –

Kendi kurtuluşumu bekliyorum şimdi ben – son defa gidebileyim diye onlara.

Bir daha gitmek istiyorum çünkü insanlara: onların *arasında* batacak benim güneşim; ölürken vereceğim onlara en seçkin armağanımı!

Güneşten öğrendim bunu ben, tam batarken, o zenginler zengini: tükenmez zenginliğinden o dem altın boşaltır denize, – en fakir balıkçı bile *altın* küreklerle çeksin diye sandalını! Çünkü gördüm de bir gün bunu ben, seyrine dalıp uzun uzun ağladım. –

Güneş gibi batacak Zerdüşt de oturup bekliyor o şimdi burada, eski kırık levhalarla yarı-yazılmış yeni levhalar etrafında.

4

Bak, yeni bir levha işte: ama benimle birlikte onu vadiye ve etten yüreklere taşıyacak kardeşlerim nerede? –

Şöyle ister en uzak kişilere duyduğum büyük sevgim: *esirgeme komşunu!* İnsan aşılması gereken bir şeydir.

Birçok yolları ve yöntemleri vardır aşmanın: ona bak *sen!* Ama bir soytarı şöyle düşünür ancak: "İnsanın üstünden de *atlanabilir.*"

Komşunda bile üstün ol kendine: kendinin koparıp alabileceğin bir hakkı ise müsaade etmeyeceksin sana vermelerine!

Senin yaptığını kimse yapamaz tekrar sana. Bak, misliyle mukabele yok.

Kendine emir veremeyen, itaat edecektir. Birçokları ise kendilerine emir *verebilirler,* ama kendilerine itaatta pek geridirler!

5

Şudur arzusu soylu ruhların: *bedavadan* bir şey istemezler onlar, hayatı hele.

Halk yığınından olan bedava yaşamak ister; bizlerse, hayatın kendini verdiği bizler, – *karşılık olarak* en iyi neyi verebileceğimizi düşünürüz hep!

Gerçekten de soylu bir söz şu: "Ne vaat ettiyse *bize* hayat, biz o vaadi hayat için saklarız!"

Zevk vermediği yerde insan zevk almak istememelidir. Zevk almak *istememelidir* de!

Zevk alma ile masumluk en utangaç şeylerdir zira. İkisi de istemez aranmayı. İnsanda *olmalı* bunlar, – ama suçla elem *arası* insan, yeğdir!

6

Ey kardeşlerim, daima kurban edilir ilk doğan. Bizlerse ilk doğanlarız, şimdi!

Gizli sunak taşları üstüne akar hepimizin kanı, eski putlar şerefine hepimiz yanarız kızartılırız.

En iyi olan ne varsa kendimizde henüz körpe: eski damakları gıdıklar bu. Etimiz yumuşak, derimiz kuzu derisi: – nasıl olur da o eski putperest-rahipleri imrendirmeyiz!

İçimizde oturur hâlâ, kendi ziyafeti için bizde mevcut en iyi şeyi kızartan o eski putperest-rahip. Ah, kardeşlerim nasıl, kurban olmazlar ilk doğanlar!

Ama soyumuz böyle ister bizim; ve kendilerini esirgemek istemeyenleri severim ben, bütün sevgimle severim ben batıp yok olanları: karşıya zira onlar geçerler. –

7

Doğru olmak – az kimse *olabilir* böyle! Olabilen de istemez! İyilerse hiç olamazlar.

Ah, bu iyiler! *İyi kimseler asla doğruyu söylemezler.* Böyle iyi olmak bir hastalıktır ruh için.

Boyun eğerler, bu iyiler, teslim olurlar; yürekleri taklit eder, ruhları itaat eder: oysa itaat eden *dinlemez kendini!*

İyilerin kötü dedikleri bütün şeyler bir araya gelmeli ki bir gerçek doğsun: iyi kardeşlerim, sizler de yeterince kötü müsünüz *bu* gerçek için?

Atılgan cüretkârlık, uzun güvensizlik, zalim hayır, tiksinti, canlıyı vurmak, – ne kadar seyrek gelir *bütün bunlar* bir araya! Böyle tohumdan ama çıkar gerçek ortaya!

Şimdiye dek her bilgi azaplı vicdan *dibinde* bitmiştir! Parçalayın, parçalayın, ey sezen kişiler, eski levhaları!

8

Suyun üstünde tahtalar dururken, köprü ile parmaklık nehrin bir kıyısından öbür kıyısına uzanırken, inanılmaz, doğrusu, şöyle diyene: "Her şey akıyor."

Ahmaklar bile yalanlar onu. "Ne" derler ahmaklar, "her şey akıyor mu?" Tahtalarla parmaklıklar suyun *üstünde* ya!"

"Nehrin *üstünde* her şey yerinde durur, nesnelerin bütün değerleri, köprüler, kavramlar, bütün 'iyi' ile 'kötü'ler: hepsi *yerinde durur* bunların!" –

Bir gelsin hele yaman kış, o nehir terbiye edicisi, en akıllılar bile öğrenirler o zaman güvensizliği; ve doğrusu, yalnız ahmaklar değildir o zaman şöyle diyen: "Her şey, *kımıldamadan durmuyor mu?"*

"Aslında her şey kımıldamadan durur" – tam bir kış öğretisidir bu, kısır bir devre için iyidir, kış uykusuna yatanlar ve ocak başında pinekleyenler için büyük bir tesellidir.

"Aslında her şey kımıldamadan durur" – bunun *aksini* vaaz eder ama eriten rüzgâr!

Eriten rüzgâr, bir boğa bu, sapan boğası değil, – azgın bir boğa, kızgın boynuzlarla buz kıran bir yıkıcı! Halbuki buz – *köprüleri çökertir!*

Ey benim kardeşlerim, *akmıyor mu şimdi* her şey? Bütün parmaklıklar ve köprüler çökmedi mi suya? Kim *tutunur* hâlâ "iyi" ile "kötü"ye?

"Yazık bize! Selam bize! Eriten rüzgâr esiyor!" – Böyle vaaz edin, ey benim kardeşlerim, bütün sokaklar boyunca!

9

Bir eski kuruntu vardır, iyi ile kötü denir adına. Falcılarla yıldızlardan talih okuyanlar çevresinde döndü bu kuruntunun çarkı bugüne dek.

Bir zamanlar insanoğlu falcılarla yıldızlardan talih okuyanlara *inandı:* ve *onun için* inandı şuna: "Her şey kaderdir: yapacaksın, yapmalısın çünkü!"

Sonra tekrar güvensizlik duydu bütün falcılarla yıldızlardan talih okuyanlara; ve onun için insanoğlu inandı şuna: Her şey özgürlüktür; yapabilirsin, istiyorsun çünkü!"

Ey kardeşlerim, yıldızlara ve geleceğe dair bugüne dek sadece kuruntu sahibi olunmuştur, bilgi değil; ve *onun için* iyi ile kötüye dair bugüne dek sadece kuruntu sahibi olunmuştur, bilgi değil!

10

"Çalmayacaksın! Öldürmeyeceksin!" – bu gibi sözlere kutsal denilirdi bir zamanlar; önünde diz çökülüp baş eğilir, ve ayakkabı çıkarılırdı.

Sorarım ama sizlere: neresinde görülmüştür dünyanın bu gibi kutsal sözlerden daha yavuz hırsız ve katil?

Bütün hayatın kendisinde dahi yok mudur çalma ile öldürme? Ve bu sözlere kutsal demekle, öldürülmüş olmuyor mu *gerçeğin* kendisi?

Yoksa bütün hayatı inkâr eden ve onun aksini öğütleyen şeye kutsal diyen bir ölüm vaazı mıydı? – Ey kardeşlerim, parçalayın, parçalayın benim için eski levhaları!

11

Bütün geçmişe karşı duyduğum merhamet, bırakılmış gördüğümdendir onu, – her gelen kuşağın kendine köprülük etmiş her şeyi yeniden yorumlayan, o kuşağın lütfuna, ruhuna ve çılgınlığına bırakılmış!

Lütfuyla ve amansızlığıyla, bütün geçmişi kendine bir köprü, bir müjdeci, bir haberci ve bir horoz sesi olmaya sıkıştırıp zorlayan büyük bir zorba, kurnaz bir canavar çıkabilir ortaya.

Şu ama başka bir tehlikedir ve başka bir merhametimdir benim: – yığından olanın düşünceleri, dedesine kadar geri gider, – dedesiyle birlikte halbuki zaman da durur.

Bütün geçmiş böylece bırakılır: öyle olabilir ki zira, bir gün yığın hâkim olur da, sığ sularda boğar bütün zamanı.

Onun için ey kardeşlerim, bütün yığınlara ve zorbalığa karşı duracak ve yeni levhalara yeniden "soylu" sözünü yazacak bir *yeni soyluluk* gerek.

Yeni soyluluk için nice soylu ve nice çeşit soylular gerek! Ya da, benzetmeceyle dediğim gibi bir zamanlar: "Tanrının değil, tanrıların olması, tanrılığın ta kendisidir!"

12

Ey kardeşlerim, sizleri kutsuyor ve yeni bir soyluluğun yolunu gösteriyorum sizlere: sizler geleceği doğuranlar, yetiştirenler ve ekenler olacaksınız. –

Gerçek, hırdavatçıların altınıyla hırdavatçılar gibi satın alabileceğiniz bir soyluluk değil; fiyat biçilen her şeyin değeri azdır çünkü.

Nereden geldiğiniz değil, fakat nereye gittiğiniz olsun bundan böyle şerefiniz! Sizi aşmayı arzulayan iradeniz ve ayaklarınız, – yeni şerefiniz bunlar olsun!

Gerçek, bir şehzadeye hizmet etmiş olmanız değil – ne önemi var şehzadelerin artık! – Yahut daha sağlam dursun diye, duran bir şeye desteklik etmiş olmanız değil!

Soyunuzun saraylarda kibarlaşmış olması değil, sığ havuzlarda rengârenk flamingolar gibi saatlerce dinlemeyi öğrenmiş olmanız değil.

– *Dinleyebilmek* zira bir meziyettir saraylı takımı arasında: ve saraylı takımının hepsi, oturma *izninin* ölümden sonraki bahtiyarlıkta bulunduğuna inanırlar!

Kutsal denilen bir ruhun, atalarınızı benim övmediğim o vaat edilmiş ülkelere götürmüş olması da değil; ağaçların en kötüsünün, haçın, yetiştiği ülkede çünkü bir şey yoktur ki övülecek! –

Gerçek, nereye alıp götürdüyse silahşorlarını "Kutsal-Ruh", keçilerle kazlar, çarpık ve çatlak kafalar, *önünde* olmuşlardır hep alayın! –

Ey kardeşlerim, geriye değil, *ileriye* bakmalı sizin soyluluğunuz! Bütün baba yurtlarının, bütün ata yurtlarının sürgünleri olmalısınız sizler!

Sizler *çocuklarınızın yurdunu* seveceksiniz: bu sevgi olsun sizin yeni soyluluğunuz, – en uzak denizlerdeki o henüz keşfedilmemiş yurdu! O yurdu dilerim arasın yelkenleriniz!

Babalarınızın çocukları olmanın karşılığını *ödeyeceksiniz* sizler çocuklarınıza: bütün geçmişi *böyle* kurtaracaksınız! Bu yeni levhayı yerleştiriyorum üstünüze!

13

"Niye yaşamalı? Her şey boş! Yaşamak –yani saman dövmek; yaşamak– yani kendini yakmak, yine de ısınamamak." –

Bu çeşit eski çağ gevezelikleri "bilgelik" sayılıyor hâlâ; ama eski olduğu ve küf koktuğu için daha da çok değer veriliyor bunlara. Küflülük bile soyluluk veriyor. –

Çocuklar konuşabilirler böyle: kendilerini yaktığı için *kaçınırlar* onlar ateşten! Nice nice çocukluklar vardır eski bilgelik kitaplarında.

Ve o biteviye "saman döven"e, ne diye müsaade etmeli onun dövmeye küfretmesine! Ağzını tıkamalı bu türlü kaçıkların!

Böyleleri otururlar da sofraya bir şey getirmezler beraberlerinde, iyi bir açlık bile: – küfrederler sonra da: "Her şey boş!"

Ama iyi yeyip içmek, kardeşlerim, boş bir sanat değildir gerçekten! Parçalayın, parçalayın benim için hiçbir zaman neşelenmeyenlerin levhalarını!

14

"Temiz olanlar için her şey temizdir" – böyle der halk. Bense size şöyle derim: Domuzlara her şey domuzca gelir!

Onun için softalar ve gönülleri dahi elemle eğilmiş eğik başlılar şöyle vaaz ederler. "Dünyanın kendisi pis bir canavardır."

Bunların hepsi zira kirli ruhlardır; hele dünyayı *kıç tarafından* görmedikçe huzur ve rahata kavuşmayanlar, – öte dünyalılar hani!

Hoş görülmese de yüzlerine söylüyorum *böylelerinin:* insanoğluna benzer dünya, kıçı olmasından ötürü, – *bu kadarı* doğru!

Çok pislik vardır dünyada: *bu kadarı* doğru! Ama dünyanın kendisi pis bir canavar değildir bu yüzden!

Dünyada pek çok şeyin kötü kötü kokmasında bir bilgelik vardır: tiksintinin kendisi, kanatlar, ve sezgiyle –pınar– bulma güçleri yaratır!

En iyide bile hâlâ tiksinilecek bir şey vardır; en iyi bile aşılması gereken bir şeydir hâlâ! –

Ey kardeşlerim, çok bilgelik vardır çok pislik olmasında dünyada!

15

Şöyle özlü sözler söylediklerini işittim vicdanlarına, sofu öte dünyalıların, hem doğrusu kötülük ve hilecilik etmeden, – hani dünyada bunlardan daha hileli ve kötü şey olmadığı halde.

"Bırak dünyayı kendi haline! Tek parmak dahi kaldırma ona!"

"Bırak isteyen boğazlasın, bıçaklasın, derisini yüzsün ve didiklesin halkı: tek parmak dahi kaldırma ona! Böylece öğrenirler onlar dünyadan el çekmeyi."

"Kendi aklını ise, – onu sen kendin boğazlayıp boğacaksın; bu dünyaya aittir çünkü o akıl, sen kendin de böylece öğreneceksin el çekmeyi dünyadan." –

Parçalayın, parçalayın, ey kardeşlerim, sofuların şu eski levhalarını! Kırıp parçalayın benim için dünyaya iftira edenlerin özlü sözlerini!

16

"Çok öğrenen, bütün şiddetli arzuları unutur" – böyle fısıldaşıyordu bugün karanlık sokakların hepsinde.

"Bilgelik yorgun düşürür, değeri yok hiçbir şeyin; arzu etmeyeceksin!" – Pazar yerlerinde bile asılı gördüm bu yeni levhayı ben.

Parçalayın benim için, ey kardeşlerim, parçalayın bu *yeni* levhayı da! Dünya-bezginleri astılar onu oraya, ölüm vaizleriyle zindancılar: bakın işte, köleliğe bir öğüt hem o!

Kötü öğrendiklerinden ve en iyisini öğrenmediklerinden, her şeyi de pek erken ve pek çabuk öğrendiklerinden; kötü *yediklerinden:* bundan ötürü bozuldu işte mideleri: –

– bozuk bir midedir zira onların ruhları: ölümü öğütler! Çünkü gerçekten, kardeşlerim, ruh bir *midedir!*

Hayat bir neşe kaynağıdır: kimin içinden, hüznün babası bozuk mide konuşursa ama, kaynakların hepsi zehirlidir o kimse için.

Bilmek: *neşedir* bu aslan-iradeli için! Ama yorgun düşenin kendisi, sadece "istenir", bütün dalgalar oynar onunla.

Ve zayıf insanlar böyle olurlar işte hep: kaybolurlar çıktıkları yolda. Ve nihayet sorar yorgunlukları: "Niye çıktık biz yola zaten? Hepsi bir!"

Kulaklarına hoş gelir şöyle vaaz edilince *kendilerine:* "Değeri yok hiçbir şeyin! İstemeyeceksin!" Bir kölelik vaazıdır bu halbuki.

Ey kardeşlerim, sert esen bir serin rüzgâr gibi geliyor Zerdüşt yol yorgunlarının cümlesine; daha birçok burunları aksırtacaktır o!

Duvarlardan bile işleyip eser benim hür nefesim, ta zindanlara ve hapsedilmiş ruhlara dek!

İsteme kurtarır: yaratmadır çünkü isteme: böyle öğretirim size ben. *Ve ancak* yaratmak için öğreneceksiniz siz!

Ve öğrenmeyi de benden *öğreneceksiniz* ancak, iyi öğrenmeyi! – Kulakları olan işitsin!

17

Orda duruyor işte gemi, – oraya, büyük hiçliğe gidiyor belki. – Kim ister ama bu "belki"ye binmeyi?

İçinizden hiçbiriniz istemiyor binmeyi ölüm-gemisine! Nasıl dünya-bezginleri olursunuz siz öyleyse!

Dünya-bezginleri! Daha çekilmemişsiniz bile yeryüzünden! Şehvetli buldum sizi ben hep yeryüzüne karşı, sevdalı buldum sizi hâlâ kendi yeryüzü-bezginliğinize!

Beyhude sarkmıyor dudağınız, – bir küçük yeryüzü-arzusu duruyor hâlâ üzerinde! Gözünüzdeyse – unutulmamış bir yeryüzü mutluluğunun bir bulut parçacığı yüzmüyor mu orda? Nice iyi buluşlar vardır yeryüzünde, kimi faydalı, kimi hoş, bunların hatırı için sevilmeli yeryüzü.

Ve o kadar çok iyi buluşlar vardır ki, kadın memeleri gibidirler: hem faydalı hem hoş.

Siz dünya-bezginleri ama! Siz yeryüzü-miskinleri! Sopa ile okşamalı sizleri! Falaka ile canlandırmalı bacaklarınızı yeniden.

Dünyanın bıktığı hastalar ve elden ayaktan düşmüş yaratıklar değilseniz, o halde kurnaz miskinler, ya da nazlı, sinsi keyif-kedilerisiniz sizler. Ve neşeli *koşuşmayacaksınız* yeniden, – göçüp gidin o zaman!

Şifa bulmazlara hekim olmayı dilememeli: böyle öğretir Zerdüşt, – sizler onun için göçeceksiniz!

Ama sonunu getirmek, daha çok cesaret gerektirir yeni bir şiir yazmaktan: cümle hekimlerle şairler bilirler bunu. –

18

Ey kardeşlerim, bezginliğin yarattığı levhalar vardır, tembelliğin yarattığı levhalar da vardır, kokmuş tembelliğin: bunlar aynı dili konuşurlarsa da, farklı dinlenmek isterler.

Bakın şu ölüm halindeki kişiye! Hedefinden bir karış mesafede ancak, bezginlikten ama inatla yatmış tozlara, bu cesur kişi!

Bezginlikten esniyor yola, yeryüzüne, hedefe ve kendine: bir adım daha atmak istemiyor, – bu cesur kişi!

Güneş işte parıltıyla yanıyor üstünde onun, ve terini yalıyor köpekler: ama orda inatla yatıyor o ve yeğ tutuyor ölüp gitmeyi:

– Bir karış kala hedefine, ölüp gitmek! Gerçek, saçlarından kavrayıp cennetine sürüklemeye mecbur olacaksınız siz onu, – bu kahramanı!

Daha iyisi bırakın da onu yattığı yerde, serinleten, çağıltılı yağmuruyla avutucu uyku gelsin ona:

Yatsın bırakın, kendiliğinden uyanıncaya dek, – bütün bezginliği ve bezginliğin öğrettiklerini kendiliğinden inkâr edinceye dek!

Yalnız, kardeşlerim, köpekleri, o sinsi sinsi dolaşan haylazları, ve bütün kaynaşan kurtları ürkütüp kaçırmalı yanından:

– Kaynaşan "kültürlüler" kurtlarının hepsini: o her kahramanın alınterinden kendilerine ziyafet çekenleri!

19

Çemberler ve kutsal sınırlar çiziyorum etrafıma; gittikçe yükselen dağlara benimle tırmananlar azalıyor gittikçe: sıradağlar kuruyorum gittikçe kutsallaşan dağlardan. –

Ama nereye tırmanırsanız tırmanın benimle, ey kardeşlerim, dikkat edin bir *asalak* birlikte tırmanmasın sizinle!

Asalak: bir kurttur o, hasta ve yaralı yerlerinizden kemirmeye çalışan, sürüngen, sokulgan bir kurt.

Sanatı da *şudur:* yükselen ruhların nerde yorgun düştüklerini sezip anlar: elemin ve can sıkıntısının içinde, duygulu utancın içinde kurar iğrenç yuvasını.

Güçlülerin zayıf oldukları, soyluların pek yumuşak oldukları yerler, – oralara kurar iğrenç yuvasını: büyüklerin küçük yaralı yerlerinde barınır.

Bütün varlık türlerinin en yükseği hangisidir, en alçağı hangisi? Asalaktır çeşitlerin en alçağı; ama en yüksek türden olan besler en çok asalak.

En yüksek merdiveni olup da en derinlere inebilen bir ruhta: nasıl olur da en çok asalak bulunmaz onda?

Kendi içinde en uzaklara koşabilen, yolunu şaşırıp oraya buraya gidebilen, gezip dolaşabilen en geniş ruh; sevinçten kendini rastlantıya fırlatan en gerekli ruh:

Oluşa dalan, var olan ruh; nelere sahipken arzulamayı ve özlemi *isteyen* ruh:

Kendi kendinden kaçan, en geniş çember içinde kendi kendini yakalayan ruh; cinnetin kendisine en tatlıca dil döktüğü en bilge ruh:

Her şeyin akıntısıyla karşı-akıntısı, yükselişiyle inişi kendi içinde bulunan, en çok kendi kendini seven ruh: – ah, nasıl olur da bulunmaz *en ulu ruhta* en kötü asalaklar?

20

Ey kardeşlerim, zalim miyim şu halde ben? Ama ben derim ki: düşeni, itmeli de!

Her şeyi bugünün – düşüyor, çürüyor: kim tutmak ister onu! Ama ben, ben dahi onu itmek istiyorum!

Dik uçurumlara taşlar yuvarlayan hazzı bilir misiniz siz? – Bugünün şu insanları: bakın nasıl yuvarlanıyorlar benim derinliklerime!

Daha iyi oyuncular için ben bir başlangıcım, ey kardeşlerim! Bir örnek! Siz de beni örnek *alın!*

Ve uçmayı öğretmediğiniz kişiye, *daha tez düşmeyi* öğretin bari!

21

Ben yiğitleri severim: ama iyi kılıç kullanmak kâfi değil, – kime karşı kılıç kullanacağını da bilmeli insan!

Çok defa kendini tutmasında ve geçip gitmesinde insanın daha çok yiğitlik vardır: kendini daha layık bir düşmana saklamış olur *böylece!* Nefret edilecek düşmanlarınız olmalı sizin ancak, yoksa hor görülecek düşmanlarınız değil: iftihar etmelisiniz düşmanlarınızla: böyle öğretmiştim size ben vaktiyle.

Daha layık düşmanlar için, ey dostlarım, saklayacaksınız kendinizi: onun için geçip gitmelisiniz birçoklarının yanından, – özellikle halka ve halklara dair biteviye gürültü patırtı edip kulağınızı patlatan ayaktakımının yanından.

Onların "lehte ve aleyhte olma"larından beri tutun gözlerinizi! Çok doğruluk, çok haksızlık vardır: seyrine dalan öfkelenir.

Seyre dalışla kılıç çalış, – aynı şeydir bunlar burada: onun için varın gidin ormanlara ve koyun kılıcınız uyusun!

Siz *kendi* yolunuzda yürüyün! Halkla halklar da kendi yollarında yürüsünler bırakın! – üzerinde artık tek bir umut şimşeğinin çakmadığı, gerçek karanlık yollarda!

Bırakın hırdavatçılar hüküm sürsünler orda, – hâlâ parlayan her şeyin hırdavatçı altını olduğu yerde! Krallar devri değil artık bugün kendine halk diyen, layık değil krallara.

Bakın, halkların kendileri şimdi nasıl hırdavatçılar gibi davranıyorlar: her türlü süprüntüden küçücük menfaatler topluyorlar!

Birbirlerine pusu kuruyorlar, birbirlerini tırtıklıyorlar, – "iyi komşuluk" diyorlar bunun adına. Bir halkın kendi kendine: "Halklar üstünde ben *hâkim* olmak isterim" dediği, ey kutlu uzak devir!

Çünkü, kardeşlerim: en iyiler hüküm sürmelidirler, en iyiler zaten hükmetmek *isterler!* Nerde başka türlü öğretiliyorsa, orda en iyi *yok demektir.*

22

Şayet *bunlar* bedava konsalardı ekmeğe, eyvah! acep ne için basacaklardı feryadı! Onların geçimleri – budur gerçek eğlenceleri; bundan ötürü zahmet çekmelidirler!

Onlar yırtıcı hayvandırlar: "çalışmalarında" bile çapulcuk: "kazanmalarında" bile hilekârlık vardır! Onun için zahmet çekmelidirler!

Daha iyi yırtıcı hayvan olmalıdırlar böylece, daha ince, daha kurnaz, *daha insan-benzeri:* çünkü insan âlâsıdır yırtıcı hayvanların.

Bütün hayvanların erdemlerini zaten talan etmişti insan: bu yüzden bütün hayvanlar içinde insan en çok zahmet çekeni olmuştur.

Yalnız kuşlar üstündedirler onun henüz. Uçmayı da hele öğrendi mi insan, eyvah! *Hangi yüksekliklere* uçmaz onun yırtıcılığı!

23

Şöyle isterim ben erkekle kadını: biri savaşa elverişli olmalı, öbürü doğurmaya, ikisi de ama kafa ve bacaklarla elverişli olmalı raksa.

Ve bir kere raks etmediğiniz gün, kayıp sayılmalı bizce! Beraberinde kahkaha getirmeyen her gerçek de uydurma sayılmalı bizce!

24

Evlilik bağınız: bakın ki kötü bir *bağ* olmasın bu! Çok acele olduysa bağlanmanız: *ardından* – evliliğin bozulması gelir!*

Evliliğin bu suretle bozulması ise, evlilikte doğru yoldan sapmaktan, evlilikte yalandan daha iyidir! – Şöyle demişti kadının biri bana: "Doğru, ben bozdum evliliği, ama daha önce evlilik bozdu beni!"

Uyuşmamış çiftlerin en kinci olduklarını gördüm ben her zaman: artık tek başlarına yaşamanın ceremesini elâleme ödetmek istiyorlar.

Onun için dürüst kişilerin birbirlerine şöyle demelerini isterim ben. "Birbirimizi seviyoruz: sevgimizi korumaya *bakalım!* Söz vermemiz yoksa bir hata mı olur?"

"Belli bir süre ile bir küçük evlilik bağışlayın bize, görelim bakalım uygun muyum büyük evliliğe! Büyük bir şeydir hani çift olmak hep."

Böyle öğüt veririm ben dürüst kişilerin hepsine başka türlü öğüt verip konuşsaydım eğer, Üstüninsana ve ileride geleceklerin cümlesine olan sevgim nerde kalırdı!

Yalnız ileri doğru değil, fakat *yukarı* doğru üretmenizde kendinizi – bu maksatla, ey kardeşlerim yardımcınız olsun evlilik bahçesi!

(*) Ehebrechen: zina, fakat gerçek anlamı 'evliliğin bozulması' (çn.).

25

Eski kaynaklar üzerine bilgelik sahibi olan, bakın, sonunda geleceğin pınarlarını ve yeni kaynakları arayacaktır. –

Ey kardeşlerim, çok geçmeden *yeni uluslar* çıkacak ortaya ve yeni pınarlar çağlayacak yeni derinliklere.

Deprem zira – nice pınarları gömüp kapatır ve çok susuzluğa sebep olur: ama içteki kuvvetleri ve sırları da ışığa çıkarır.

Deprem yeni pınarlar çıkarır ortaya. Eski ulusların depreminden yeni pınarlar fışkırır.

Ve kim haykırırsa: "Bakın, nice susuzlar için bir pınar işte, nice özlemliler için bir kalp, nice aletler için bir irade": – etrafında onun bir *ulus* toplanır: nice deneyiciler, yani.

Kim emredebilir, kim itaat etmelidir, – *tecrübe edilen budur orda!* Ah, hem de ne uzun aramalar, bulmalar ve başaramayışlar, öğrenmeler ve yeniden tecrübelerle!

İnsan toplumu: bir denemedir bu, böyle öğretirim ben, – uzun bir arama: ama emredecek başbuğ arar o!

– Bir tecrübe, ey kardeşlerim! "Sözleşme" de *değil!* Parçalayın, parçalayın benim için yufka yüreklilerin ve yarım yamalakların bu sözünü!

26

Ey kardeşlerim! Kimlerdir en büyük tehlike bütün insanlığın geleceği için? İyilerle doğrular değil mi?

Şöyle diyenlerce ve gönüllerinde şöyle duyanlarca: "Zaten biliyoruz biz iyi ile doğrunun ne olduğunu, sahibiz de ona; yazıklar olsun hâlâ onu arayanlara!"

Ve kötüler ne türlü zarar verirlerse versinler, zararların en zararlısıdır iyilerin zararı!

Ve dünyaya iftira edenler ne türlü zarar verirlerse versinler, zararların en zararlısıdır iyilerin zararı!

Ey kardeşlerim, bir zamanlar biri iyilerle doğruların kalplerindekini görmüştü de şöyle demişti: "Bunlar Ferisidirler (ham sofulardır)"* Anlamamışlardı ama onu.

(*) Musevilikte titizlikle biçimci bir mezhep; mürâi anlamına da gelir.

İyilerle kötülerin kendileri onu anlayamazlardı: ruhları hapsedilmişti iyi vicdanlarına. İyilerin ahmaklığında dibi bulunmaz kurnazlık vardır.

Şudur ama gerçek: iyiler Ferisî (ham sofu) olmak *zorundadırlar,* – yok ki başka çareleri!

İyiler kendi erdemini bulanı çarmıha germek *zorundadırlar!* Budur gerçek!

Lakin onların ülkesini bulan, iyilerle doğruların ülkesini, gönlünü ve toprağını bulan ikinci adam, şöyle sorandı o: "Kimden nefret ederler onlar en çok?"

Yaratıcıdan nefret ederler onlar en çok, levhaları kırandan ve eski kıymetleri bozandan, kırıp parçalayandan, – yasa-bozan derler ona.

İyiler çünkü – *yaratamazlar;* sonun başlangıcıdırlar onlar her zaman:

– Yeni levhalara yeni kıymetler yazanları onlar çarmıha gererler, geleceği *kendilerine* kurban ederler, – bütün insan geleceğini çarmıha gererler!

İyiler – sonun başlangıcı olmuşlardır onlar her zaman.

27

Ey kardeşlerim, şu sözü de anladınız mı? Ve bir zamanlar ne söylemiş olduğumu "son insan" için? –

Kimlerdir en büyük tehlike bütün insanlığın geleceği için? İyilerle doğrular değil mi?

Parçalayın, parçalayın benim için, *iyilerle doğruları!..* – Bu sözü dahi anladınız mı, ey kardeşlerim!

28

Benden kaçıyor musunuz? Korktunuz mu? Titriyor musunuz bu sözden?

Ey kardeşlerim, iyileri ve iyilerin levhalarını parçalayın dediğimde size ben, o zaman çıkardım ancak insanoğlunu açık denizlerde sefere.

Ve şimdi geliyor ancak ona büyük dehşet, büyük bakınma, büyük hastalık, büyük bulantı, büyük deniz tutması.

Yalancı kıyılar ve yalancı güvenlikler öğrettiler size iyiler, iyilerin yalanları içinde doğup büyüdünüz siz. Her şey temelinden çarpıtılmış ve bozulmuştur iyiler eliyle.

Halbuki "insanın" ülkesini keşfeden "insan geleceğinin" ülkesini de keşfetmiştir. Siz artık benim denizcilerim olacaksınız, cesur, sabırlı!

Vaktinde tam, dik yürüyün, ey kardeşlerim, dik yürümesini öğrenin! Deniz fırtınalı: birçokları doğrulmak istiyorlar yeniden sizin yardımınızla.

Deniz fırtınalı: her şey denizde. Pekâlâ! Haydi bakalım! Koca denizci-yürekleri!

Neymiş ki baba yurdu! *Oraya, çocuklarımızın yurduna* kırılıdır bizim dümenimiz! Oraya doğru, denizden de fırtınalı, coşar bizim büyük özlemimiz!

29

"Niye sertsin bu kadar!" demiş elmasa bir gün alelâde kömür; "yakın akraba değil miyiz ki biz?"

Niye yumuşaksınız bu kadar? Ey kardeşlerim, soruyorum size ben: kardeşlerim değil misiniz, – benim siz?

Neden bu kadar yumuşak, bu kadar uysal ve bırakış kendini? Neden bunca inkâr ve feragat var yüreklerinizde? Kader bunca az bakışlarınızda?

Ve sizler eğer alınyazıları ve katı yürekliler olmak istemezseniz, nasıl çıkabilirsiniz bir gün benimle fethe?

Ve sertliğiniz eğer şimşek gibi çakmak ve kesmek ve kesip parçalamak istemezse, nasıl bir gün benimle yaratabilirsiniz?

Yaratıcılar zira serttirler. Ve elinizi balmumuna basar gibi binlerce yıla basmanız büyük mutluluk sayılmalı sizce.

Mutluluk binlerce yılın iradesi üstüne yazmak, tunç üstüne yazar gibi, – tunçtan daha sert, tunçtan daha soylu. Bütünüyle sert olan soylu kişidir ancak.

Bu yeni levhayı, ey kardeşlerim, yerleştiriyorum üstünüze: *sert olun!*

30

Sen ey, iradem benim! Ey her ihtiyacın kolunu büken, *benim* ihtiyacım! Bütün küçük zaferlerden esirge beni!

Ey ruhumun alınyazısı, benim mukadderat dediğim! Sen ey içimdeki! Üstümdeki! Bir büyük kader için koru ve esirge beni.

Ve son büyüklüğünü, iradem benim, son gayretine sakla, – zaferinde merhametsiz olasın diye! Ah, kim mağlup olmadı ki zaferine!

Ah, kimin gözü kararmadı ki bu sarhoş alacakaranlıkta! Ah, zaferde kimin ayağı sendelemedi ve ayakta durmayı unutmadı ki!

– Bir gün büyük öğlede hazır ve olgun olabileyim diye: parıl parıl yanan maden gibi, şimşek yüklü bulut ve kabarık, sütlü-meme gibi hazır ve olgun – kendim için ve en gizli iradem için hazır: oku için yanıp tutuşan bir yay, yıldızı için yanıp tutuşan bir ok:

– Bir yıldız, öğlesinde kendinin hazır ve olgun, parıl parıl yanan, mahvedici güneş – oklarıyla delik deşik, bahtiyarlık içinde:

– Bir güneş kendisi ve bir merhametsiz güneş-iradesi, zaferde yok etmeye hazır!

Ey irade, ey her ihtiyacın kolunu büken, *benim* ihtiyacım! Bir büyük zafer için tut ayır beni! –

Zerdüşt böyle diyordu.

NEKAHETTEKİ KİŞİ

1

Bir sabah, mağarasına dönüşü üstünden çok geçmeden, Zerdüşt bir deli gibi döşeğinden fırladı, korkunç bir sesle bağırdı, ve sanki başka biri yatıyormuş da döşekte kalkmak istemiyormuş gibi hareket ediyordu. Ve sesi Zerdüşt'ün öyle bir yankılandı ki, hayvanları korku içinde sokuldular kendisine, ve Zerdüşt'ün mağarasına komşu mağaralardan ve inlerden bütün yaratıklar kaçıştılar, – ayak ya da kanat çeşitlerine göre uçarak, kanat çırparak, sürünerek ya da sıçrayarak. Fakat Zerdüşt şu sözleri söyledi:

Çık derinliğimden yukarı, ey uçurumlu düşünce! Senin horozun ve söken şafağınım ben, ey uykucu solucan: Çık! Çık yukarı! Ötüşüm handiyse uyandıracak seni!

Çıkar kulaklarının tıkacını: dinle! İşitmek istiyorum seni ben zira! Çık! Çık yukarı! Mezarlara bile dinletecek kadar gökgürültüsü var burada!

Ve sil gözlerinden uykuyu ve her türlü bulanıklığı, körlüğü! Gözlerinle de dinle beni: sesim anadan doğma körler için bile bir devadır.

Ve bir defa uyandın mı, uyanık kalacaksın sen hep. Büyük nineleri uykularından uyandırıp uyuyun demek onlara, âdetim değildir *benim!*

Kımıldıyor, geriniyor, hırıldıyor musun, ne o? Çık! Çık yukarı! Hırıldamayacaksın sen, – konuşacaksın benimle! Zerdüşt çağırıyor seni, tanrısız Zerdüşt!

Ben, Zerdüşt, hayatın sözcüsü, ıstırabın sözcüsü, sonrasız dönüş çemberinin sözcüsü, – seni çağırıyorum ben, en uçurumlu düşüncemi!

Hey, yaşasın! Geliyorum, – işitiyorum seni! Uçurumum benim *konuşuyor,* en son derinliğimi ışığa çevirdim!

Hey, yaşasın! Gel beri! Ver bana elini – ha! Bırak! Haha! – Tiksinti, tiksinti, tiksinti – yazıklar olsun bana!

2

Fakat, bu sözleri söyler söylemez bir ölü gibi Zerdüşt yıkıldı yere ve ölü gibi kaldı uzun zaman. Tekrar kendine geldiğinde, benzi uçmuş, titriyor ve yatıyordu öylece yerde; uzun zaman da ne yemek istedi canı, ne de içmek. Yedi gün sürdü bu hal; hayvanları, ama, gece gündüz ayrılmadılar yanından, yiyecek getirmek için kartalın arada uçup gitmesi hariç. Bulup getirdiklerini o da döşeğine bırakıyordu Zerdüşt'ün: öyle ki, sonunda artık Zerdüşt sarı ve kırmızı böğürtlenler, üzümler, pembe pembe elmalar, mis kokulu otlar ve çam kozalakları ile kaplı kaldı. Ayak ucunaysa, kartalın çobanlardan güç bela aşırdığı iki kuzu serilmişti.

Nihayet, yedi gün sonra, Zerdüşt yatağında doğruldu, pembe bir elma aldı eline, kokladı ve hoşuna gitti kokusu. O zaman inandılar hayvanları Zerdüşt'le konuşma zamanının geldiğine.

"Ey Zerdüşt," dediler, "ağırlaşmış gözlerle sen yedi gün yattın böyle: nihayet ayağa kalkmak istemez misin yeniden?

Çık mağarandan dışarı: bir bahçe gibi dünya seni bekliyor. Seni arayan ağır, güzel kokularla oynuyor rüzgâr. Ve bütün dereler senin ardından akmayı arzuluyor.

Her şey sana hasret, yedi gün yalnız başına kaldığın için, – çık mağarandan dışarı! Her şey senin hekimin olmak istiyor

Yeni bir bilgi mi geldi yoksa sana, acı, çetin bir bilgi? Mayalı bir hamur gibi yattın, ruhun kabarıp taştı kıyılardan öte."

– Hayvanlarım benim, diye Zerdüşt cevap verdi, konuşun böyle siz ve ben dinleyeyim! İçimi ferahlatıyor konuşmamız: nerde konuşma varsa, orda dünya bir bahçe gibidir bana.

Ne kadar hoş, sözlerle ezgilerin oluşu: sözlerle ezgiler, sonrasızca ayrılmış olanlar arasında gökkuşakları ve hayal köprüleri değil midirler?

Her ruhun ayrı bir âlemi vardır; her ruha başka ruh bir öte-dünyadır.

Birbirine en çok benzeyen şeyler arasında söyler hayal en güzel yalanını: en dar olan yar, aşılması en zor olandır çünkü.

Benim için, – nasıl olabilir benim-dışımda diye bir şey? Dış diye bir şey yoktur! Ezgiler ama bize unuttururlar bunu; unutmamız ne kadar hoş!

İsimlerle sesler verilmesi nesnelere, yorgunluğunu gidermesi için değil midir insanın? Güzel bir cinnettir konuşmak: onunla raks ederek geçer insan her şeyin üzerinden.

Ne kadar hoştur her konuşma ve seslerin her yalanı! Ezgilerle raks eder sevgimiz rengârenk gökkuşakları üzerinde. –

"Ey Zerdüşt," dediler o zaman hayvanları, "bizler gibi düşünenler için, bütün şeyler raks ederler: gelirler ve el uzatırlar ve gülüp kaçarlar, – ve geri gelirler.

Her şey gider, her şey geri gelir; varlık çarkı sonrasızca döner. Her şey ölür, her şey çiçeklenir yeniden; varlık yılı sürüp gider ebediyen.

Her şey kırılır, her şey birleşir yeniden; ebediyen kurar kendini aynı varlık evi. Bütün nesneler ayrılırlar, bütün nesneler selamlaşırlar yeniden; varlık halkası vefalı kalır kendine ebediyen.

Her an yeniden başlar varlık; her 'Bura'nın etrafında 'Ora' denen yuvarlak döner. Ora, her yerdedir. Ebediyet yolu eğridir." –

– Hay gidi maskaralar, laternalar hay! diye Zerdüşt cevap verdi ve tekrar güldü, ne güzel biliyorsunuz nelerin yerine getirilmesi gerektiğini yedi günde:

– Ve nasıl o canavarın boğazıma süzülüp beni boğduğunu da! Ama ısırıp kopardım ben onun başını ve tükürüp attım uzağa.

Ve siz, – siz demek bir laterna türküsü mü çıkardınız bundan? Bense, yatıyorum şuracıkta, o ısırmadan ve tükürüp atmadan yorgunum hâlâ, kendi kurtuluşumdan ötürü hastayım hâlâ.

Siz de bütün bunları seyrettiniz ha? Ey benim hayvanlarım, sizler de mi zalimsiniz? Sizler de benim büyük ıstırabımı seyretmek mi istediniz, insanlar gibi? İnsan çünkü hayvanların en zalimidir.

Acıklı oyunlardan, boğa güreşlerinden ve çarmıha germelerden hoşlanmıştır en çok o şimdiye dek yeryüzünde; ve cehennemi icat ettiğinde, bakın şu işe, yeryüzündeki cenneti oldu bu onun.

Büyük adam haykırdığında hemen küçük adam yanına koşar, ve ihtirastan dili ağzından sarkar. Oysa buna o "merhamet" der.

Küçük adam, hele şair – nasıl cânı gönülden suçlar hayatı sözlerle! Dinleyin onu, ama bütün bu suçlamalardaki hazzı da kaçırmayın dikkatten!

Hayatın bu gibi suçlayıcılarının – bir bakışta hakkından gelir hayat. "Seviyor musun beni?" der arsız; "bekle birazcık, sana verecek vaktim yok henüz."

Kendine karşı insan en zalim olan hayvandır; ve kendilerine "günahkârlar" ve "haç taşıyanlar" ve "tövbekârlar" diyenlerin sızlanma ve suçlamalarındaki şehveti kaçırmayın dikkatten!

Ve ben kendim, – bununla ben insanoğlunun suçlayıcısı mı olmak istiyorum? Ah, hayvanlarım benim, şunu ancak öğrendim ki ben şimdiye dek, insandaki en kötü olan ondaki en iyi olan için gerekli, – ondaki en kötü olan en âlâ *kudretidir* onun, en yüksek yaratıcı için en sert taştır; ve insanoğlu daha iyi *ve* daha kötü olmalıdır:

İnsanoğlunun kötü olduğunu bilmekle, bu işkence direğine çakılmış olmadım ben, – aksine, bugüne kadar kimsenin haykırmadığı şekilde haykırdım:

"Ah, öyle küçük ki insandaki en kötü olan! Ah, insandaki en iyi olan öyle küçük ki!"

İnsanlardan duyulan büyük usanç – işte *bu* boğdu beni, bu süzülüp girdi boğazıma: ve falcının falda söylediği: birbirinin aynı her şey, değeri yok hiçbir şeyin, bilgi boğar."

Uzun bir alacakaranlık topallayarak geçiyordu önünden, esneyerek konuşan, ölüm yorgunluğunda, ölüm sarhoşluğunda bir hüzün.

"Ebediyen döner gelir o, senin usandığın insan, o küçük insan" – böyle esniyordu hüznüm benim, ayaklarını sürüyor ve dalamıyordu uykuya.

Bir mağaraya dönmüştü gözümde insanoğlunun dünyası, bağrı çökük içine; canlı her şey bana insan çürümesi, kemik ve çürüyüp toz olan geçmiş gibi geliyordu.

Bütün insan mezarları üstünde oturuyordu iç çekişim ve kalkamıyordu bir daha: iç çekişim ve soru soruşum çirkin bir sesle bağırıyor ve nefes tıkıyor, kemiriyor ve sızlanıyordu gece gündüz:

"Ah, insan ebediyen döner gelir! Küçük insan ebediyen geri gelir!"

Çıplak görmüştüm bir zaman ben ikisini de, en büyük insanla en küçük insanı: pek benziyorlar birbirine, – pek fazla insan, en büyüğü bile!

Pek küçük, en büyüğü bile insanın! – Buydu benim iğrenmem insanoğlundan! Ve de ebediyen geri dönüşünden en küçük insanın! – Bütün varlıktan tiksinmem benim buydu!

Ah, Tiksinti! Tiksinti! Tiksinti! – Böyle konuştu Zerdüşt, iç çekti ve titredi; hastalığını anımsamıştı çünkü. Fakat hayvanları o zaman daha fazla konuşturmadılar onu.

"Konuşma artık, ey nekahetteki kişi!" diye cevap verdiler hayvanları, "Bir bahçe gibi dünyanın seni beklediği yerlere, dışarılara çık.

Dışarılara çıkıp güllere, arılara ve güvercin sürülerine git! Hele ama öten kuşlara git, *şakımayı* öğrenmek için onlardan!

Şakımak yaraşır zira nekahetteki kişiye; sıhhatteki kişiler konuşabilirler de. Ve sıhhatteki kişiler de türkü isterlerse, nekahetteki kişilerin istediklerinden başka türküler isterler zaten onlar." –

"Hay gidi maskaralar, laternalar hay, susun bakalım!" diye cevap verdi Zerdüşt ve hayvanlarına gülümsedi. "Yeni günde kendime bulduğum teselliyi ne güzel biliyorsunuz!"

Bir daha şakımam gerektiğini – *bu* teselliyi buldum ben kendime, ve *bu* nekaheti: bir laterna türküsü mü çıkarmak istiyorsunuz bundan da?" –

"Konuşma artık," diye cevap verdiler hayvanları tekrar; "onun yerine, sen ey nekahetteki kişi, önce kendine bir çenk, yeni bir çenk hazırlasan!

Gör ki zira, ey Zerdüşt! Yeni türkülerin için yeni çenkler gerek.

Türküler söyle ve coş, ey Zerdüşt, şifa sun ruhuna yeni türkülerle: hiç kimsenin kısmeti olmamış büyük alınyazını taşıyabilsin diye!

Hayvanların çünkü, ey Zerdüşt, iyi bilirler senin kim olduğunu ve kim olman gerektiğini: bak işte, *ebedi dönüşü öğretensin sen,* – artık alınyazın bu senin!

İlk olarak bu öğretiyi senin öğretmen gerekir de, – bu büyük alınyazısı aynı zamanda senin en büyük tehliken ve hastalığın nasıl olmaz! Bak işte, biliriz biz senin de öğrettiğini: bütün şeylerin sonrasızca dönüp geldiğini, onlarla birlikte bizim de, ve sonsuz kereler varolduğumuzu daha önce de, bizimle birlikte bütün şeylerin de.

Sen büyük bir Oluş Yılı, büyük yıllar içinde dev gibi bir yıl bulunduğunu öğretirsin: bu yıl, bir kum saati gibi, biteviye yeniden çevrilmeli ki, aksın da boşalsın yeniden:

Öyle ki bütün bu yıllar benzeridir birbirlerinin, en büyükte de en küçükte de, – öyle ki her büyük yılda biz kendimiz kendimizin aynıyız, en büyükte de en küçükte de.

Ve sen ölmek isteseydin şimdi, ey Zerdüşt, bak işte, senin kendi kendine ne diyeceğini de biliriz: – ama hayvanların henüz ölmemeni diliyorlar senden!

Diyeceksin ki, titremeden hem, tersine mutlulukla derin derin nefes alarak: büyük bir yük ve sıkıntı kalkmış olacaktı çünkü üstünden, ey en sabırlı kişi! –

'Ölüyorum işte ve kaybolup gidiyorum', diyecektin, 've bir anda hiç olacağım. Ruhlar da fanidir bedenler gibi.

İçine örülü bulunduğum nedenler düğümü lakin dönüp gelir yeniden, – beni tekrar yaratacaktır o! Ben kendim, sonrasız dönüş nedenlerinden biriyim.

Geri gelirim ben, bu güneşle, yeryüzüyle, bu kartalla, bu yılanla, – yeni bir hayata, ya da daha iyi bir hayata, ya da benzer bir hayata *değil:*

Bütün nesnelerin sonrasızca dönüşünü yeniden öğretmek için, sonrasızca döner gelirim ben, bu farksız ve aynı hayata, en büyük şeyleriyle ve en küçük şeyleriyle, – yeryüzünün ve insanın büyük öğlesinden söz etmek için yeniden, insanoğluna yeniden Üstüninsanı haber vermek için.

Ben sözümü söyledim, – sözümle ben göçerim: böyle ister benim sonrasız alınyazım – haberci olarak ben yok olurum!

İşte geldi batanın kendini kutsama saati. Böyle, *biter* Zerdüşt'ün batışı." –

Bu sözleri söyledikten sonra hayvanlar sustular ve beklediler, bir şey söylesin diye Zerdüşt kendilerine; ama Zerdüşt duymadı onların sustuğunu. Aksine, uyumuyordu ama, uyuyan biri gibi gözleri kapalı sessizce yatıyordu: gönlüyle çünkü hasbıhal ediyordu. Fakat, yılanla kartal onu böylesine susmuş görünce, etrafındaki büyük sessizliğe saygı duydular ve sıvıştılar usulca.

BÜYÜK ÖZLEM YERİNE

Ey benim gönlüm, sana ben "bir gün" ve "eskiden" der gibi "bugün" demeyi ve her türlü Bura ve Ora ve Öte üzerinden raks ederek geçmeyi öğrettim.

Ey benim gönlüm, seni ben bütün karanlık köşelerden kurtardım, tozları, örümcekleri ve alacakaranlığı silip süpürdüm üzerinden.

Ey benim gönlüm, seni ben küçük utançtan ve karanlık-köşe erdeminden temizledim, bakışları önünde güneşin seni çıplak durmaya razı ettim.

"Ruh" denilen fırtınayla kabaran denizinin üstünden estim; bütün bulutları dağıtıp uzaklaştırdım oradan; "günah" denilen boğucuyu bile boğdum.

Ey benim gönlüm, sana ben fırtına gibi Hayır demek, ve parlak göğün Evet demesi gibi Evet demek hakkını verdim; ışık gibi sakin durur ve inkârcı fırtınalar içinden geçersin şimdi.

Ey benim gönlüm, yaratılmışlarla yaratılmamışlar üstüne geri verdim sana ben özgürlüğünü: ve senin bildiğin gibi kimbilir geleceğin şehvetini?

Ey benim gönlüm, sana ben bir kurt-kemirmesi gibi gelen horgörüyü değil, en çok hor gördüğü yerde en çok seven, büyük, seven horgörüyü öğrettim.

Ey benim gönlüm, öyle öğrettim ki sana ben kandırmayı, ta dipleri dahi sana gelmeye kandırıp razı edersin; denizi bile kendi yüksekliğine süzülmeye kandıran güneş gibi tıpkı.

Ey benim gönlüm, her türlü itaati, diz kırmayı ve "Efendim" demeyi aldım elinden ben senin; "Zorunluluğun Kolunu Büken" ve "Kader" adlarını sana ben taktım.

Ey benim gönlüm, yeni adlar ve rengârenk oyuncaklar verdim sana ben, "Kader", "Çevreler Çevresi", "Zamanın Göbek-Bağı" ve "Mavi Gökler Çanı" dedim ben sana.

Ey benim gönlüm, içsin diye toprağına bütün bilgeliği verdim, bütün yeni şarapları ve bilgeliğin ta ezelden eski sert şaraplarını.

Ey benim gönlüm, her güneşi boşalttım üstüne, her geceyi, her sessizliği ve her özlemi de: – derken benim için bir asma gibi büyüdün sen.

Ey benim gönlüm, zengin mi zengin ve yüklü durursun orda şimdi, dolgun memeleri ve koyu altın sarısı sık salkımları olan bir asma: – mutluluğunla dopdolu ve eğilmiş, bolluktan ötürü bekleyen, bekleyişinden ama utanç duyan.

Ey benim gönlüm, senden daha çok seven, senden daha çok saran ve senden daha engin bir gönül yoktur hiçbir yerde! Gelecekle geçmiş sende olduğu kadar nerde yaklaşır daha çok birbirine?

Ey benim gönlüm, her şeyimi verdim sana ben, ve senin yüzünden boş kaldı ellerim; – Şimdi de! diyorsun ki bana şimdi, tebessümle ve gamla dolu: "Hangimiziz teşekkür borçlu? –

Veren teşekkür borçlu değil midir alana, aldığı için? Armağan etmek bir ihtiyaç değil midir? Almak – acımak değil midir?"

Ey benim gönlüm, anlıyorum melalindeki tebessümü ben: aşırı zenginliğinin kendisi özlem dolu eller uzatıyor şimdi!

Bolluğun köpüren denizlere bakıyor, arıyor, bekliyor: gözlerinin gülümseyen göğünden aşırı bolluğun özlemi bakıyor!

"Ve" gerçek, ey benim gönlüm! Kim görür de senin tebessümünü, gözyaşları boşanmaz? Melekler bile tutamazlar gözyaşlarını senin tebessümünün iyiliği karşısında.

İyiliğin ve aşırı iyiliğindir senin, ne ağlamak ne de sızlanmak isteyen: yine ama, ey benim gönlüm, tebessümün gözyaşlarının, titreyen ağzın da hıçkırıkların özlemini çeker.

'Her ağlayış bir sızlanma değil midir? Her sızlanma da bir suçlama?' Böyle dersin sen kendi kendine: bu yüzden de, ey benim gönlüm, gülümsemek istersin derdini dökmek yerine:

Bolluğundan doğan derdini, asmanın bağ bozumcusuna ve bağ bıçağına duyduğu özlemden doğan derdi, gözyaşı selleri halinde dökmek yerine!

Ama ağlamak istemezsen, gözyaşları halinde dökmek istemezsen koyu menekşe rengi melalini, *şakıman* gerek öyleyse, ey benim gönlüm! – Bak işte, gülümsüyorum ben de, önceden haber verirken sana şunları:

– kükreyen bir türkü ile şakıman, ta ki özlemini dinlemek için bütün denizler duruluncaya dek, –

– ta ki sakin, hasret çeken denizler üzerinde o sandal kayıncaya dek, hani altının etrafında bütün iyi, kötü ve harika şeylerin sıçrayıp oynaştığı o altın harika: –

– keza nice irili ufaklı hayvanlar ve menekşe-mavisi dar yollarda koşabilecek çevik, harika ayakları olan her şey,

– altın harikaya, özgür irade sandalına ve onun efendisine doğru elmas bağ bıçağıyla bekleyen bağ bozumcusudur, halbuki o, –

– senin büyük kurtarıcındır, ey benim gönlüm, adsız kişidir, – ona ancak gelecekteki türküler ad bulacaklar! Ve gerçek, gelecekteki türkülerin hoş kokusu var nefesinde şimdiden, –

– şimdiden parıl parıl yanıyorsun ve rüya görüyorsun, şimdiden bütün derinlerden yankılanan teselli pınarlarından kana kana içiyorsun, gelecekteki türkülerin mutluluğunda dinleniyor melalin şimdiden! –

Ey benim gönlüm, her şeyimi verdim artık sana ben, en son şeyimi bile; ve ellerim boşaldı bütün senin yüzünden: – *şakımanı söyledim ya hani,* bak, oydu işte sana vereceğim en son şey!

Şakımanı söyledim ya hani, – söyle bakalım, haydi: *hangimiz* teşekkür borçlu? – Daha iyisi, ama: şakı bana, şakı, ey benim gönlüm! Ve ben teşekkür edeyim sana! –

Zerdüşt böyle diyordu.

İKİNCİ OYUN TÜRKÜSÜ

1

"Gözlerinin içine baktım geçenlerde, ey Hayat: altın parıltısı gördüm gece misali gözlerinde, – kalbim durdu zevkten.

Bir altın sandalın parıldadığını gördüm gece sularında, batan, dalıp çıkan, yeniden parıldayan, bir altın oynak sandalın!

Raks delisi ayaklarıma bir bakış baktın, gülen, soruşturan, eriten, oynatan bir bakış:

İki kez ancak çırpmıştın ki çalparanı küçük ellerinle, raks çılgınlığıyla başladı ayaklarım oynamaya. –

Topuklarım kalktı havaya, ayak parmaklarım daldı dinlemeye, – anlasınlar seni diye: raks edenlerin, hani, kulakları ayak parmaklarında olur ya!

Sana doğru sıçradım: geri kaçtın sen sıçrayışımdan; dalgalanan, uçuşan zülüflerinin dilleri yalayıp geçti beni!

Uzağa sıçradım senden ve yılanlardan; orda durdun sen, yarı dönük, gözlerin arzu dolu.

Eğri bakışlarla – eğri yollar öğretsin bana; eğri yollarda ayaklarım hilekârlık öğrenir!

Yakından korkarım senden, uzaktan severim seni; kaçışın kendine çeker beni, arayışın beni dondurur yerimde: – ıstırap çekerim, ama senin için nelere katlanmam ki ben seve seve!

Sen ki, soğukluğun alevlendirir, nefretin baştan çıkarır, kaçışın bağlar, alaya alışın tahrik eder:

– Kim nefret etmez senden, ey büyük bağlayıcı, sarıcı, ayartıcı, arayıcı, bulucu! Kim sevmez seni, ey masum, sabırsız, rüzgâr gibi tez, çocuk gözlü günahkâr!

Nereye çekiyorsun beni şimdi ey mükemmellik örneği, vahşi dişi? Ve kaçıyorsun benden yine, seni ele avuca sığmaz, kadirbilmez seni! Raks ediyorum ardınca, düştüm peşine en belirsiz izlerinin bile. Nerdesin? Ver bana elini! Ya da bir tek parmağını olsun yalnızca!

Mağaralar ve çalılıklar var burada: yolumuzu şaşıracağız! – Dur! Kımıldama hiç! Görmüyor musun baykuşlarla yarasaların uçuştuklarını?

Ey baykuş! Ey yarasa! Alay mı ediyorsun benimle? Neredeyiz şimdi biz? Böyle havlamakla ulumayı köpeklerden öğrendin sen.

Küçük beyaz dişlerini tatlı tatlı gıcırdatıyorsun bana, kıvırcık küçük yelenin altından hain bakışlı gözlerin beni hırsla süzüyor! Dere tepe demeyen bir rakstır bu: avcıyım ben, – tazım mı olmayı dilersin sen, ceylanım mı?

Gel hadi yanıma! Çabucak hem, günahkâr hoppa! Sıçra hadi! Atla hop! Yazık! Kendim düştüm sıçrarken!

Ah, yerdeyim bak gör beni, ey muzip, rahmet diliyorum senden! Daha hoş yollarda seninle yürümeyi isterdim!

– Sessiz, renk renk çiçekli çalılar arasından geçen sevgi yollarında! Ta oralardaki, hani içinde kırmızı balıkların yüzüp oynaştığı göl kenarında yahut da!

Yoruldun mu artık? Ötelerde koyunlar ve akşamın kızıllığı var: kaval çalarken çobanlar, güzel olmaz mı uyumak?

Öylesine yorgunsun ha? Ben taşırım seni oraya, bırak sen, düşsün hele kolların! Susarsan eğer, – verecek bir şeyim bulunur, ama içmek istemez ki ağzın!

– Ah şu lanet, kıvrak, kaygan yılan, şu süzülüp akan büyücü! Nereye sıvıştın? Elinin bıraktığı iki izi, iki kırmızı lekeyi hissediyorum ama ben yüzümde!

Doğrusu bıktım, süklüm püklüm uysal çobanın olmaktan hep senin! Ey büyücü, ben türkü söyledim sana bugüne dek, şimdi de s e n haykıracaksın benim için!

Kamçımın ahengine uyarak raks edecek ve haykıracaksın! Unutmadım ya kamçımı? – Unutur muyum hiç!"

2

O zaman Hayat, nazik kulaklarını tıkayarak şöyle cevap verdi bana:

"Ey Zerdüşt! O kadar dehşetle şaklatma kırbacını! Bilirsin ki şüphesiz, gürültü öldürür düşünceyi, – şimdi ise öyle ince düşünceler geliyor ki bana.

İkimiz de biz doğrusu ne hayırlı kimseleriz, ne de hayırsız. İyi ile kötünün ötesinde bulduk biz adamızı ve yeşil çayırlarımızı, – yalnız ikimiz! Onun için sevmeliyiz birbirimizi!

Ve candan sevmesek bile birbirimizi, – kin mi bağlamalı insan candan sevmiyor diye?

Seni sevdiğimi, çok defa aşırı sevdiğimi de bilirsin: nedeni bunun, bilgeliğini kıskanmamdır. Ah, bilgelik denen bu çılgın, koca divane!

Bir gün eğer bilgeliğin senden kaçıp giderse, ah! sevgim de hemen kaçıp gider senden." –

Bunun üzerine Hayat düşünceli düşünceli ardına ve etrafına bakındı ve yavaşça dedi: "Ey Zerdüşt, yeterince vefalı değilsin bana sen! Dediğin kadar sevmiyorsun beni; biliyorum yakında benden ayrılmayı düşündüğünü.

Homurdayan bir eski çan vardır, ağır ki ağır: homurtusu geceleyin senin mağarana kadar gelir: –

– geceyarısını çaldığını işittiğinde bu çanın, birle on iki arası düşünürsün –

– ey Zerdüşt, bilirim, yakında benden ayrılmayı düşünürsün!" –

"Evet," diye cevap verdim ben tereddütle, "şunu da bilirsin ki ama," ve darmadağınık, sarı, divane kâküllerinin arasından bir şey söyledim kulağına:

"*Biliyorsun* ha bunu sen, ey Zerdüşt? Kimse bilmez bunu." –

Ve birbirimizle bakıştık ve o anda tam serin akşamın üzerinden geçmekte olduğu yeşil çayırı seyrettik ve ağlaştık. – O zaman ama Hayat, bütün bilgeliğimden daha sevgiliydi benim için. –

Zerdüşt böyle diyordu.

3

B i r !

Ey insanoğlu! Dinle iyice!

İ k i !

Ne dar geceyarısı, derin gece?

Ü ç !

"Uyudum, uyudum, –

D ö r t !

"En derin uykudan uyandım, dedim şöylece: –

Beş !

"Dünya derin,

Altı!

"Gündüzün düşündüğünden daha derin.

Yedi!

"Istırabı derin, –

Sekiz!

"Zevk – gönül ağrısından da derin:

Dokuz!

"Istırap der: Silinip git!

On!

"Ebed'lik ister ama hepsi zevklerin, –

On bir!

"Derin ebedilik ister, derin!"

On iki!

YEDİ MÜHÜR
(YAHUT: EVET – VE – AMİN TÜRKÜSÜ)

1

Bir falcıysam ben eğer ve iki deniz arasındaki dağ sırtlarında gezinen falcılık ruhuyla doluysam, – geçmişle gelecek arasında ağır bir bulut gibi sezinen, – sıcak ve sıkıntılı ovalarda ve yorgun olan, ne ölebilen ne yaşayabilen ne varsa hepsine düşman:

Karanlık bağrında şimşeğe hazır, kurtarıcı ışık parıltısına da, Evet diyen şimşeklerle yüklü! Evet diye gülen! gelecekten haber veren şimşek çakışlarına hazır:

Mübarektir ama böyle yüklü olan kişi! Ve gerçek, ağır bir fırtına bulutu gibi uzun süre asılı kalması gerek dağlara, o günün birinde geleceğin ışığını tutuşturacak kişinin! –

Ah, nasıl ateşli arzu duymam ben Ebediyet için ve evliliğin halkalar halkası için, – yeniden dönüş halkası o?

Çocuklarımı kendisinden edinmek istediğim kadını bir türlü bulamadım daha, meğer ki benim sevdiğim kadın ola bu: çünkü ben seni seviyorum ey Ebediyet!

Çünkü ben seni seviyorum, ey Ebediyet!

2

Eğer öfkem bir kere mezarları darmadağın etmişse, sınır taşlarının yerini değiştirmişse ve kırılıp parçalanmış eski levhaları sarp derinliklere yuvarlamışsa:

Eğer alaycılığın bir kere çürümüş sözleri dağıtıp savurmuşsa; örümceklere karşı bir süpürge gibi gelmişsem ve köhne, küflü odalarına temizleyici bir rüzgâr gibi:

Eski tanrıların gömülü oldukları yerlere oturup neşelenmişsem bir kere, kutsayarak dünyayı, dünyayı severek, dünyanın o eski iftiracılarının anıtları dibinde:

– Kiliseleri ve tanrı-mezarlarını bile zira severim ben; yeter ki harap çatılarından saf gözlerle sema baksın içeri; yıkık kiliseler üstünde otlar ve kırmızı gelincikler gibi oturmaktan hoşlanırım ben –

Ah, nasıl ateşli arzu duyamam ben Ebediyet için ve evliliğin halkalar halkası için, – yeniden dönüş halkası hani o?

Çocuklarımı kendisinden edinmek istediğim kadını bir türlü bulamadım daha, meğer ki benim sevdiğim kadın ola bu: çünkü ben seni seviyorum ey Ebediyet!

Çünkü ben seni seviyorum, ey Ebediyet!

3

Yaratıcı nefesten ve tesadüfleri bile yıldız-raksları raks etmeye zorlayan o göksel ihtiyaçtan bir nefes gelmişse bana bir kere eğer:

Ardından, homurdanarak ama itaatli, eylemin uzun gürlemesinin geldiği yaratıcı şimşeğin kahkahasıyla gülmüşsem eğer bir kere:

Yeryüzünün ilahi masasında tanrılarla zar atmışsam eğer bir kere, öyle ki hani yeryüzü sallanıp yarılmış ve ateş-selleri fışkırtmış olsun:

– İlahi bir masadır yeryüzü zira, yeni yaratıcı sözlerle tanrılarının zar atışlarıyla titrer:

Ah, nasıl ateşli arzu duymam ben Ebediyet için ve evliliğin halkalar halkası için, – yeniden dönüş halkası hani o?

Çocuklarımı kendisinden edinmek istediğim kadını bir türlü bulamadım daha, meğer ki benim sevdiğim kadın ola bu: çünkü ben seni seviyorum, ey Ebediyet!

Çünkü ben seni seviyorum, ey Ebediyet!

4

İçinde her şeyin güzelce karıldığı köpüklü baharat ve çeşni – kâsesinden kana kana içmişsem eğer bir kere:

Bir kere elim en uzağı en yakınla karmışsa eğer, ateşi ruhla, zevki elemle ve en kötü şeyleri en iyi şeylerle:

Ben kendim karma kâsesindeki her şeyin iyice karılmasını sağlayan o kurtarıcı tuzun zerresiysem eğer:

– İyi ile kötüyü birleştiren bir tuz vardır zira; ve en kötü bile baharat olarak kullanılma ve son köpürüp taşma için yararlıdır:

Ah, nasıl ateşli arzu duymam ben Ebediyet için ve evliliğin halkalar halkası için, – yeniden dönüş halkası hani o?

Çocuklarımı kendisinden edinmek istediğim kadını bir türlü bulamadım daha, meğer ki benim sevdiğim kadın ola bu: çünkü ben seni seviyorum, ey Ebediyet!

Çünkü ben seni seviyorum, ey Ebediyet!

5

Denize tutkunsam ve denizden olan her şeye, ve en çok da öfkeyle karşı geldiğinde bana, tutkunsam ona:

Yelkenleri, keşfedilmemişe çevirten araştırma sevdası varsa içimde, gemici-sevdası varsa sevdamda:

Bir kere eğer haykırmışsa sevincim: Sahil kayboldu gözden, – son zincir de artık koptu benden – uçsuz bucaksızlık kükrüyor etrafımda, ta uzaklarda zamanla mekân parıldıyor, – sevin işte! sevin! koca gönül!" –

Ah, nasıl ateşli arzu duymam ben Ebediyet için ve evliliğin halkalar halkası için, – yeniden dönüş halkası hani o?

Çocuklarını kendisinden edinmek istediğim kadını bir türlü bulamadım daha, meğer ki benim sevdiğim kadın ola bu: çünkü ben seni seviyorum, ey Ebediyet!

Çünkü ben seni seviyorum, ey Ebediyet!

6

Erdemim bir raks edenin erdemiyse, ve iki ayağımla birlikte sıçramışşam sık sık altın –ve– zümrütten coşkun sevince:

Kötülüğüm gülen bir kötülükse, gül tarhlarıyla zambak çitleri dibine yerleşmiş:

Gülmede zira bir araya gelirler bütün kötülükler, ama mutluluğuyla onun takdis edilirler ve beraat ederler:

– Ve ağır olan her şeyin hafifleşmesiyse, her kişinin bir raks eden ve her ruhun bir kuş olmasıysa benim için Baş ve Son: gerçek, benim için Baş ve Son budur işte! –

Ah, nasıl ateşli arzu duymam ben Ebediyet için ve evliliğin halkalar halkası için, – yeniden dönüş halkası hani o?

Çocuklarımı kendisinden edinmek istediğim kadını bir türlü bulamadım daha, meğer ki benim sevdiğim kadın ola bu: çünkü ben seni seviyorum, ey Ebediyet!

Çünkü ben seni seviyorum, ey Ebediyet!

7

Bir kere eğer üstüme sakin gökler germişsem, ve kendi kanatlarımla kendi göklerimde uçmuşsam:

Derin ışık uzaklıklarında oynaşarak yüzmüşsem, kuş bilgeliği gelmişse bana özgürlüğümün:

– Kuş bilgeliği şöyle der ama: "İşte bak, üst de yoktur, alt da! Salıver kendini etrafa, ileri, geri, ey hafif kişi! Şakı! konuşma artık!" –

–"Bütün sözler ağırlar için ortaya çıkarılmış değil mi? Hafifler için bütün sözler yalancılık etmez mi? Şakı! konuşma artık!" –

Ah, nasıl ateşli arzu duymam ben Ebediyet için ve evliliğin halkalar halkası için, – yeniden dönüş halkası hani o?

Çocuklarımı kendisinden edinmek istediğim kadını bir türlü bulamadım daha, meğer ki benim sevdiğim kadın ola bu: çünkü ben seni seviyorum, ey Ebediyet!

Çünkü ben seni seviyorum, ey Ebediyet!

DÖRDÜNCÜ VE SON BÖLÜM

Ah, neresinde dünyanın acıyanların çılgınlıklarından daha büyük çılgınlıklar görülmüştür? Ve dünyada acıyanların çılgınlıklarından daha çok ne ıstırap vermiştir?

Yazıklar olsun bütün o seven ve merhametlerinin üstüne yükselemeyen kişilere!

Bir gün iblis şöyle dedi bana: "Tanrının bile kendi cehennemi var: insana olan sevgisidir bu."

Şöyle dediğini işittim geçenlerde de: "Tanrı öldü: insana merhametinden öldü Tanrı."

"Acıyanlar Üzerine" (İkinci Bölüm, s. 85)

BAL SUNUSU

– Ve yeniden aylarla yıllar geçti Zerdüşt'ün gönlü üzerinden, ve aldırmadı buna o; saçları ağarmıştı ama. Bir gün mağarasının önündeki bir taş üstünde oturmuş, sakin sakin uzaklara bakarken, – oradan deniz ve yılankavi uçurumlar üzerinden daha öteler görünür zira, – düşünceli düşünceli hayvanları dolaştılar etrafında, ve nihayet gelip durdular karşısında.

"Ey Zerdüşt," dediler, "mutluluğunu mu süzüyorsun yoksa?" – "Ne önemi var mutluluğun!" diye cevap verdi Zerdüşt, "uzun zamandır didinmeyi bıraktım artık mutluluk için, eserim için didiniyorum ben." – "Ey Zerdüşt," dediler hayvanlar yeniden, "elinde pek bol iyi şeyler bulunan biri gibi söylüyorsun bunu. Gök-mavisi bir mutluluk gölünde yatmıyor musun sen?" – "Sizi çapkın soytarılar," diye Zerdüşt cevap verdi ve gülümsedi, "ne güzel seçtiniz benzetiyi! Şunu da bilirsiniz ki mutluluğum benim ağırdır, akar bir su dalgasına benzemez: beni sıkıştırır, benden ayrılmaz, erimiş zift gibidir sanki." –

O sırada düşünceli düşünceli hayvanları yeniden dolaştılar etrafında ve tekrar gelip durdular karşısında. "Ey Zerdüşt," dediler. "*bu sebeple mi* demek kendin gittikçe sararıp kararırsın, saçların ak ve lepiska görünse bile? İşte bak, ziftinin içinde oturuyorsun!" – "Neler söylüyorsunuz, hayvanlarım?" dedi Zerdüşt gülerek, "Gerçekten küfür ettim ben bahsetmekle ziftten. Benim başıma gelenler, olgunlaşan meyvelerin hepsinin başına gelir. Damarlarımdaki *baldır* kanımı koyulaştıran, gönlümü de daha sakinleştiren" – "Öyle olacak, ey Zerdüşt," diye hayvanları cevap verdiler ve yanına sokuldular; "peki yüce bir dağa çıkmak istemez misin bugün sen? Hava berrak, her zamankinden daha iyi görülür bugün dünya." – "Evet hayvanlarım," diye Zerdüşt cevap verdi, "mükemmel öğüt verdiniz, tam da gönlüme göre: bugün yüce bir dağa çıkacağım! Ama bakın ki siz elimin altında hazır olsun bal, sarı, ak, iyi, buz gibi serin, altın petek balı. Bilin ki, zira yukarlarda bal sunusu yapacağım."

Ama Zerdüşt doruğa vardığında, kendine yoldaşlık eden hayvanlarını geri yolladı ve artık yalnız kaldığını fark etti: – o zaman ta yürekten güldü, etrafına bakındı ve şöyle dedi:

Sunulardan ve bal sunularından söz etmem, sadece bir sohbet kurnazlığıydı ve doğrusu, faydalı bir delilikti! Şu dağ başında şimdi yalnızların mağaralarının ve yalnızların evcil hayvanlarının önünde konuştuğumdan daha özgür konuşurum.

Ne sunması! Bana verileni ben saçıp savururum, bin elle saçıp savuran bir müsrifim ben: nasıl olur da ben sunma derim buna?

Bal isterken ben, istediğim sadece yem ve homurdanan ayılarla acayip, suratsız, uğursuz kuşların bile ağızlarını sulandıran tatlı özsu ve yabani ağda idi:

–Avcılarla balıkçıların istediği yemin âlâsı. Çünkü dünya hayvanlarla kaynaşan karanlık bir orman ve yabani avcıların bir eğlence bahçesi de olsa, bana daha ziyade, – bunu yeğ tutarım ben – dipsiz, zengin bir deniz gibi görünür,

–renk renk balıklar ve yengeçlerle dolu bir deniz ki, tanrılar bile imrenirler de ona, balıkçı olmak ve serpme atmak gelir içlerinden: küçüklü büyüklü eşsiz şeylerle öylesine zengindir dünya!

Hele insan dünyası, insan denizi: – *ona* doğru atıyorum işte ben altın oltamı şimdi ve diyorum: açıl, ey insan uçurumu!

Açıl da bana fırlat balıklarınla pırıl pırıl yengeçlerini! En iyi yemimle kendime çekeceğim bugün ben en acayip insan balığını!

–Doğu ile öğle ve batı arasında uzak, engin her yere atıyorum mutluluğumu, bakalım haylice insan balığı mutluluğuma takılıp çırpınarak asılmayı öğrenecek mi diye.

–Ta ki, sivri ve gizli olta iğnelerine takılıp *benim* yüksekliğime çıkmak zorunda kalıncaya dek, ta ki sonsuz derinliklerin en renkli küçücük yaratıkları insan balıkçılarının en habisine yükselinceye dek.

Çünkü ben cânıgönülden ve oluştan *böyleyim* – çekerim, bu tarafa çekerim, yukarı çekerim, yükseltirim; bir çekici, yetiştirici, yetiştirme üstadı biriyim, hani bir zamanlar kendi kendine şu öğüdü boşuna vermemiş biri: "Olduğun gibi ol!"

Benim yanıma şimdi böyle *çıkabilirler* işte insanlar; çünkü henüz aşağılara inme zamanını gösterecek belirtileri bekliyorum; ben kendim, inmem gerekli olduğu halde, aşağılara inmiyorum henüz insanlar arasına.

Onun için, kurnaz ve küçümser, bekliyorum burada, yüce dağ başında, ne sabırlı ne sabırsız olarak; daha ziyade, "çile çekmediği" için artık sabrı da unutmuş biri olarak.

Kaderim zira zaman bırakıyor bana: unuttu mu beni yoksa? Yoksa gölgesine oturup koca bir taşın sinek mi avlıyor?

Doğrusu, hani, sürüp koşturmayarak ve sıkıştırmayarak beni, maskaralık ve muziplik etmem için zaman bıraktığından bana, severim ezeli-ebedi kaderimi: bu yüzden çıktım ya bugün de yüce dağ başına balık tutmaya.

Yüce dağ başlarında balık tutan olmuş mudur hiç? Burada istediğim ve yaptığım delilik bile olsa, aşağılarda bekleye bekleye ağırbaşlı olmaktan ve yeşerip sararmaktan daha iyidir böylesi – bekleye bekleye kasılarak öfkeyle soluyan biri olmaktan vadilere haykıran: "Dinleyin, Tanrı kırbacıyla kırbaçlarım yoksa sizi!"

Böylesi hiddetli kişilere bu yüzden hınçlandığımdan değil: benim için tam gülünecek kişilerdir onlar! Ya bugün konuşur ya da hiç konuşmaz bu büyük, gürültülü davullar, pek sabırsız olmalılar!

Oysa ben ve kaderim, – biz Bugüne seslenmiyoruz, Asla'ya da değil bizim seslenmemiz: konuşmak için sabrımız, zamanımız ve bol zamanımız var. Bir gün gelecektir o zira, ve geçip gidemeyecektir.

Nedir bir gün gelecek ve gidemeyecek olan? Büyük Hazarımız bizim, yani, bizim büyük, uzak insanoğlu-Saltanatımız, bin yıllık Zerdüşt-Saltanatı. –

Bu "uzaklık" ne kadar uzak olabilir? Bundan bana ne? Bu yüzden ama daha az kesin değil ki benim için – her iki ayağımla ben sımsıkı duruyorum bu temel üstünde;

–Ebedi bir temel üstünde, sert, en eski kayalar üstünde, bütün rüzgârların fırtınaların – dağılım-çizgisine gelir gibi geldiği ve Nerede? Nereden? ve Nereye? diye sorduğu bu en yüce, en sert, dağ sırtında.

Gül, gül burada, ey benim apaydın ve sağlam kötülüğüm! O parıldayan alay-kahkahanı koyuver yüce dağlardan aşağı! O parıltılarınla en güzel insan balıklarını yemle benim için!

Ve bütün denizlerde ne varsa *bana* ait, bütün şeylerde benden ve benim için olan ne varsa, – *onu* avlayıp tut benim için, *onu* getir bana: onu bekliyorum işte ben, bütün balıkçıların içi en kötü olanı ben.

Dışarı, dışarı, oltam benim! Aşağı, aşağı, mutluluğumun yemi! En tatlı çiğini damlat, ey gönlümün balı! Saplan oltam, bütün siyah kederlerin karnına saplan!

Engine, engine, gözüm! Ah, ne kadar çok deniz var etrafımda, ne şafak sökmesi böyle bu insan geleceklerinin! Üstümdeyse – ne gül rengi sükûnet! Ne bulutsuz sessizlik!

YARDIM ÇIĞLIĞI

Ertesi gün Zerdüşt mağarasının önünde oturuyordu yine, hayvanları ise yeni yiyecek ve yeni bal getirmek için dışarılarda dolaşıyorlardı o ara; çünkü Zerdüşt son damlasına kadar tüketmişti eski balı, saçıp savurmuştu. Fakat, Zerdüşt böyle oturmuş, elinde değneği, yere vuran gölgesinin çizgileri üstünden geçer ve dalgın düşünürken – gerçek! düşündüğü ne kendisiydi ne de gölgesi, – birden ürktü ve geri çekildi: bir başka gölge görmüştü çünkü kendi gölgesinin yanında.

Ve çabucak etrafına bakınıp ayağa kalktığında, şu işe bakın, o falcı duruyordu yanı başında, hani sofrasında yedirip içirdiği, büyük yorgunluğu âleme bildiren ve: "Hepsi bir, değeri yok hiçbir şeyin, dünya anlamsız, bilgi boğar," diye öğreten aynı falcı. Ama o zamandan beri değişmişti yüzü; ve Zerdüşt gözlerinin içine baktığında, yüreği oynadı yeniden: öylesine şom kehanetler ve külrengi şimşekler geçmişti ki bu yüzün üzerinden.

Zerdüşt'ün ruhunda neler olup bittiğini fark eden falcı, bu izlenimi silmek istermiş gibi sanki, eliyle yüzünü sildi; aynı şeyi yaptı Zerdüşt de.

Ve her ikisi böylece sükûnet ve kuvvet bulunca, birbirlerini yeniden tanımak istediklerinin işareti olarak, el sıkıştılar.

"Hoş geldin," dedi Zerdüşt, "ey büyük yorgunluğun falcısı, boşuna gitmesin bir zamanlar benim sofa arkadaşım ve konuğum oluşun. Ye, iç bugün de benimle, ve neşeli ihtiyar bir adamın affet seninle sofraya oturmasını!" – "Neşeli ihtiyar bir adam mı?" diye falcı cevap verdi sallayarak başını, "Fakat kim olursan ol sen, kim olmak istersen ya da, ey Zerdüşt, en uzun kalan sensin bu yücelerde, – yakında sandalın barınmayacak artık karada!" – "Karada mı barınıyorum peki ben?" – diye Zerdüşt, gülerek sordu. – "dağının etrafındaki dalgalar," diye cevap verdi falcı, "yükselir de yükselir, büyük ıstırap ve elem dalgaları yakında senin sandalını da kaldıracak ve alıp götürecekler seni." – Zerdüşt sustu bunun üzerine ve şaştı. – "Bir şey işitmiyor musun hâlâ?" diye falcı devam etti: "Derinlikten çağıldayarak kükremiyor mu?" – Zerdüşt sustu yine ve kulak verdi: o sıra işte uzun mu uzun bir çığlık işitti, uçurumların birbirine attığı, birbirine aşırdığı bir çığlık; hiçbiri alıkoymak istemiyordu onu çünkü kendine: öylesine uğursuzca yankılanıyordu.

"Ey şom ağızlı," dedi Zerdüşt nihayet, "bir imdat çığlığı bu, hem bir adam çığlığı; karanlık bir denizden geliyor belki. Peki ama insan ıstırabından bana ne! Son günahıma, bana ayrılmış son günaha – bilir misin ne derler ona?"

–"*Merhamet!*" diye cevap verdi falcı taşkın bir yürekle, ve iki elini birden havaya kaldırdı – "Ey Zerdüşt, seni son günahına ayartmaya geldim ben!"

Ve bu sözler henüz söylenmişti ki, çığlık yeniden yankılandı, daha uzun ve daha ıstıraplı öncekinden – hem daha yakın. "İşitiyor musun? İşitiyor musun, ey Zerdüşt?" diye falcı bağırdı, "sana bu çığlık, seni çağırıyor: gel, gel, gel; vaktidir, tam mı tam vaktidir!" –

Zerdüşt sustu bunun üzerine, şaşırmış ve sarsılmıştı; kendi içinde tereddütler duyan biri gibi sordu nihayet. "Peki kim bu beni çağıran?"

"Pekâlâ bilirsin onu sen," diye falcı cevap verdi sertçe, "ne diye saklıyorsun kendini? *Yüksek insandır* o seni çağıran!"

"Yüksek insan mı?" diye bağırdı Zerdüşt, dehşet içinde kalarak: "Ne istiyor? Ne istiyor? Yüksek insan ha! Ne istiyor buradan?" – Ve ter kapladı bütün vücudunu.

Ama, falcı karşılık vermedi Zerdüşt'ün korkularına, fakat dinledi, dinledi derinlikleri. Fakat sessizlik uzun sürünce, ardına baktı, ve Zerdüşt'ü ayakta titrek gördü.

"Ey Zerdüşt," diye başladı, kederli bir sesle, "mutluluktan başı dönmüş biri gibi durmuyorsun orda: düşmemen için raks etmen gerek! Hani önünde raks etmek, o yana bu yana sıçrayıp bütün marifetlerini göstermek istesen de, kimse diyememeli ki bana: "Bak işte, son neşeli insan raks ediyor!"

Beyhude gelir bu yücelere *onu* arayan: gerçi mağaralar, mağaracıklar, gizlenmiş kişiler için saklanacak yerler bulur; ama mutluluk madenleri, hazine odaları, mutluluğun yeni altın damarlarını bulamaz.

Mutluluk – nasıl olur da böyle diri diri gömülmüş kişiler ve yalnızlar arasında bulur mutluluğu insan! Son mutluluğu ben hâlâ Mutlu Adalarda, ve ta uzaklarda unutulmuş denizler arasında mı aramalıyım?

Ama hepsi bir, değeri yok hiçbir şeyin, bütün arama boşuna, yok artık Mutlu Adalar diye bir şey!"

Böylece içini çekip durdu falcı; lakin son defa çekerken içini, derin bir uçurumdan ışığa çıkmış biri gibi nurlandı yine Zerdüşt ve güvenle doldu içi. "Hayır! Hayır! Üç kere Hayır!" diye haykırdı gür bir sesle ve sakalını sıvazladı, – "*onu* daha iyi bilirim ben! Hâlâ var Mutlu Adalar! Sus sen *bu konuda,* ey iç çeken gam kumkuması!

Kes fışırdamayı *bu konu* üzerine ey kuşluk vaktinin yağmur bulutu! Derdinle ıslanıp sırılsıklam olmuş bir köpek gibi durmuyor muyum burada ben zaten şimdiden?

Kurulanmak için yine, silkiniyorum işte ve kaçıyorum senden: buna şaşmayasın sen! Nezaketsiz mi oluyorum gözünde? Ama burası *benim* konağım.

Şu yüksek insanına gelince senin: pekâlâ! Hemen o ormanlarda arayacağım onu: *oralardan* geliyordu çığlığı. Zararlı bir hayvan musallat olmuştur belki kendisine.

Benim ülkemde o: bir zarar gelmemeli burada ona! Gerçekten de, nice zararlı hayvanlar var etrafımda." –

Bu sözleri söyleyince, Zerdüşt, ayrılmak üzere döndü. O zaman falcı dedi: "Ey Zerdüşt, yaramazın birisin sen!

İyice biliyorum: kurtulmak istiyorsun benden! Ormanlara koşup zararlı hayvanlara tuzak kurmayı benimle kalmaya yeğ tutuyorsun!

Ne işine yarar ama senin bu? Akşamları yine beni yanında bulacaksın ya: senin kendi mağaranda oturacağım ben, bir kütük gibi sabırlı ve ağır – bekleyeceğim seni!"

"Varsın öyle olsun!" diye haykırdı Zerdüşt, çekilip giderken: "Ve benim olan ne varsa mağaramda, senindir de, ey benim misafirim!

Ama bal da bulacak olursan orda, pekâlâ! Yalayıp yutuver onu da, ey homurdayan ayı, ve ruhunu tatlandır! Akşama zira ikimizin de keyiflerimiz denk olmalı.

–Keyiflerimiz denk ve neşeli, bugün sona erdi diye! Ve sen benim oynayan ayım olarak, türkülerimle oynayacaksın.

İnanmıyor musun buna? Başını sallıyorsun demek? Pekâlâ! Pekâlâ! Koca ayı! Ama ben de – bir falcıyım."

Zerdüşt böyle diyordu.

KRALLARLA KONUŞMA

1

Zerdüşt, dağları ve ormanları arasında henüz bir saat yol almıştı ki, garip bir alay gördü birdenbire. Tam ineceği yoldan taçlarla ve koyu kırmızı kuşaklarla süslü, flamingolar gibi rengârenk iki kral geliyordu: önlerinde yüklü bir eşek sürüyorlardı. "Bu krallar benim ülkemde ne ararlar?" dedi Zerdüşt gönlüne hayret içinde ve çalı ardına gizlendi. Fakat krallar kendisine yaklaşınca, kendi kendine konuşan biri gibi, yavaşça dedi: "Tuhaf! Tuhaf! Nasıl bağdaşır bu? İki kral görüyorum – ve sadece tek eşek!"

Bunun üzerine iki kral durdular; gülümsediler ve sesin geldiği yere doğru baktılar, sonra da birbirlerine bakıştılar. "Böyle şeyler bizim aramızda da düşünülür," dedi sağdaki kral, "ama söylenmez."

Soldaki kral ise omuzlarını silkerek cevap verdi: "Bir keçi çobanıdır belki. Ya da kayalarla ağaçlar arasında pek uzun zaman kalmış yalnızın biri. Toplumdan tamamen ayrı kalmak da bozar çünkü terbiyeyi."

"Terbiye mi?" diye öfkeli öfkeli ve acı acı cevap verdi öteki kral: "Peki öyleyse biz neden kaçıyoruz? Terbiyeden değil mi? 'İyi toplumumuzdan' değil mi?

Yalnızlarla keçi çobanları arasında yaşamak, bizim yaldızlı, sahte ve boyalara bulanmış güruhumuz arasında yaşamaktan, doğrusu, daha iyidir, – kendisine o güruh 'iyi toplum' dese bile.

–'Asiler' dese bile o kendisine. Orda ama her şey sahteleşmiş ve çürümüştür, hele en başta kan – eski hastalıklar ve bunlardan da beter sahte hekimler sayesinde.

Bence bugün en iyisi ve değerlisi sıhhatli bir köylüdür yine, kaba saba, kurnaz, inatçı ve dayanıklı: budur en asil soy bugün.

En iyisidir bugün köylü; ve köylüler soyu egemen olmalıdır! Halbuki ayaktakımı ülkesidir ortada görülen, – bırakmam artık kendimi daha fazla aldatılmaya. Güruh demek, karmançorman demektir.

Ayaktakımı – karmançorman: her şey karışmıştır orda birbirine, – ermişiyle rezili, ağasıyla Yahudisi, her türlü hayvan Nuh'un gemisinden.

Terbiye ha! Her şey sahte ve bozuk bizde. Hürmet etmeyi bilmiyor artık kimse: biz de *bundan* kaçıyoruz zaten. Yapmacık, yılışık köpeklerdir onlar; hurma yapraklarını yaldızlarlar.

Bu tiksinti boğuyor beni, böyle atalarımızın eski püskü, solmuş ihtişamına bürünüp gizlenerek biz krallar kendimizin sahteleşmemiz ve en ahmak, en kurnaz kişilerle bugün iktidar bezirgânlığı yapan herkes için seyirlik nesneler olmamız.

Önde gelenler *değiliz* bizler – ama *temsil* zorundayız onları: bıktık ve iğrendik bu sahtekârlıktan nihayet.

Kaçıp uzaklaştık ayaktakımından, bütün o yaygara basanlarla kalem çiziktiren murdar sineklerden, hırdavatçı kokundan, post hırsıyla çırpınışlardan, kokan ağızlardan – yazıklar olsun, ayaktakımı arasında yaşamaya!

–Yazıklar olsun, önde gelenleri temsil etmeye ayaktakımı arasında! Ah, iğrenme! İğrenme! İğrenme! Biz kralların artık ne önemimiz kaldı!" –

"Eski hastalığın tuttu yine," dedi soldaki kral burada, "iğrenme nöbetin tuttu seni, zavallı kardeşim. Biliyorsun ki, halbuki, birisi dinliyor bizi."

Bu konuşmaları gözlerini açıp can kulağıyla dinleyen Zerdüşt, birden gizlendiği yerden kalktı, krallara doğru ilerledi ve şöyle başladı:

"Sizi dinleyenin, sizi seve seve dinleyenin adına, ey krallar, Zerdüşt derler.

Bir zamanlar size: 'Kralların artık ne önemi kaldı!' diyen Zerdüşt'üm ben. Affedin, siz birbirinize: 'Biz kralların ne önemi kaldı!' dediğinizde, sevindim.

Fakat burası *benim* krallığım, *benim* mülkümdür: nedir acep ülkemde aradığınız? Belki de, ama, o benim aradığımı *bulmuşsunuzdur* siz yolda: yüksek insanı, yani."

Krallar işitince bunu, göğüslerini dövdüler ve bir ağızdan dediler: "Tanıdık!

Bu sözün kılıcıyla en koyu karanlığına işledin gönüllerimizin. Derdimizi keşfettin; bak işte! Yüksek insanı bulmak için düzüldük yollara – bizden yüksek insanı: kral da olsak bizler. Ona götürüyoruz bu eşeği. En yüksek insan zira, en yüksek efendisi de olacaktır yeryüzünün.

Bütün insan yazgısında, yeryüzündeki güçlülerin aynı zamanda önde gelen kişiler olmaması kadar zalimce talihsizlik yoktur. O zaman işte her şey sahte ve çarpık çurpuk ve canavarca oluyor.

Ve hele onlar sonuncu insansalar ve insandan daha çok hayvansalar: artar da artar o zaman yığınların değeri, sonunda da şöyle der hatta yığın-erdemi: 'İşte bak, yalnıza ben'im erdem!'" –

"Neler işitiyorum" diye cevap verdi Zerdüşt. "Ne bilgelik bu krallarda! Meftun oldum ve doğrusu, içimden bir şiir düzmek arzusu duyuyorum bunun için:

–Herkesin kulağına göre olmasa bile bu şiir. Uzun kulaklıları itibara almayı ben çoktandır unuttum. Haydi bakalım! Haydi şimdi! (Burada, ama, ne olduysa oldu, eşek de geldi dile: açık açık ve habisçe, Yİ-A dedi.)

Bir zamanlar – zannımca, Miladın ilk yılında –
Demişti ki falcı acûze, içmeden sarhoşluğunda: –
"Yazık, ters gidiyor cümlesi işlerin!
Çöküntü! Çöküntü! Dünya batmadı hiç böyle derin!
Roma alçalıp orospu oldu, kerhane hem şimdi,
Sezar alçalıp hayvan oldu, Tanrı ise Yahudi!"

2

Zerdüşt'ün bu mısralarından krallar hoşlandılar; sağdaki kral dedi: "Ey Zerdüşt ne iyi ettik de yola çıktık seni görmek için!

Düşmanların çünkü seni kendi aynalarında gösterdiler bize: alaycı bir gülüşle, şeytan suratıyla bakıyordun onlardan: öyle ki, senden korktuk.

Ne faydası oldu ama bunun! Özdeyişlerinle sen gönüllerimize ve kulaklarımıza işleyip duruyordun. Nihayet şöyle dedik: nasıl görünürse görünsün, ne çıkar bundan!

Dinlemeliyiz biz onu, hani–, 'Barışı yeni savaşlara vasıta olarak seveceksiniz siz, kısa barışı ise uzun barıştan daha çok seveceksiniz!' diye öğreteni.

Bugüne kadar kimse böyle savaşçı sözler söylememiştir: 'İyi nedir? Cesur olmak iyidir. İyi bir savaştır kutsayan her şeyi.'

Ey Zerdüşt, bu sözlerle atalarımızın kanı kaynıyordu damarlarımızda: eski şarap fıçılarına seslenişi gibiydi bu ilkbaharın.

Kılıçlar, kırmızı benekli yılanlar gibi girince birbirine, atalarımız biterlerdi hayatın zevkine; her türlü barış güneşi onlara ölgün ve soğuk gelirdi, uzun barış ise utanç verirdi kendilerine.

Nasıl iç çekerlerdi atalarımız, şimşek gibi parıldayan, kurumuş kılıçları asılı görünce duvarlarda! Onlar gibi susuzluk duyarlardı savaşa. Kılıç zira kan içmek ister, arzuyla parıldar." –

Krallar bu suretle atalarının mutlulukları üzerine büyük bir istekle konuşup yarenlik ederlerken, Zerdüşt onların bu istekliliğiyle alay etmek için büyük bir arzu duydu içinde: çünkü besbelliydi ki, bu karşısında duran krallar, yaşlı ve ince yüzleriyle, barışsever mi barışsever krallardı. Ama kendini tuttu. "Haydi!" dedi, "Oraya gider bu yol, ordadır mağarası Zerdüşt'ün; ve bugünün uzun bir akşamı olacak! Şimdi lakin, acele bir yardım çığlığı çığırıyor beni, ayırıyor sizden.

Mağaram şereflenir krallar eğer oturup beklemek isterlerse içinde: fakat şüphesiz, uzun zaman beklemeniz gerekecek!

Peki! Ne çıkar! İnsan beklemeyi bugün saraylardan daha iyi nerde öğrenebilir ki? Ve krallara kalmış yegâne erdemin adına, *bekleyebilmek* demiyorlar mı bugün?

Zerdüşt böyle diyordu.

SÜLÜK

Ve Zerdüşt, ormanlar içinden ve bataklıklar kenarından geçerek daha uzaklara, daha aşağılara doğru, düşünceli düşünceli devam etti yoluna; fakat, çetin meseleleri düşünen herkesin başına geldiği gibi, farkında olmadan bir adamın üstüne bastı. Ve bakın siz işe, birdenbire bir ıstırap çığlığıyla iki inkisar ve yirmi berbat küfür fışkırdı yüzüne; öyle ki, korkuyla asâsını kaldırdı ve üstüne bastığı adama indireyazdı. Fakat hemen ardından aklı başına geldi; gönlü de az önce yaptığı deliliğe güldü.

"Affedersin," dedi üstüne basıp da öfkeyle doğrularak oturmuş adama, "affet de beni, bir benzetmece dinle önce.

Tenha bir yolda uzak şeyleri tahayyül eden bir gezgin farkına varmadan nasıl basarsa uyuyan bir köpeğin, güneşte uzanmış bir köpeğin üstüne:

–Nasıl fırlayıp da ikisi, korkudan ödü kopmuş bu iki mahlûk, can düşmanları gibi girişirse birbirine, – öyle yaptık biz de işte.

Halbuki! Halbuki – ne kadar az bir şey kalmıştı birbirini okşamaya, o köpekle o yalnız kişinin! Her ikisi de onların, yalnız değil mi!"

–"Kimin nesiysen," dedi üstüne basılan, öfkesi hâlâ üstünde, "sadece ayağınla değil, benzetmecenle de pek sokuldun yanıma!

Bak hele! Köpek miyim ben öyleyse? – Ve bunun üzerine oturan adam ayağa kalktı ve çıplak kolunu bataklıktan çıkardı. Çünkü evvela bataklık hayvanlarına pusu kurmuş biri gibi, gizli ve fark edilmez, uzanmış yatıyordu yerde.

"İyi ama ne yapıyorsun sen öyle!" diye Zerdüşt bağırdı korkuyla, çok kan aktığını görmüştü çünkü çıplak kolun üstünden, – "ne oldu sana? Melun bir hayvan mı ısırdı yoksa seni, ey bahtsız kişi?"

Kolundan kan akan adam güldü, öfkeli hâlâ, "Bundan sana ne!" dedi, ve çekilip gitmek istedi. "Burada ben yurdumda ve kendi ülkemdeyim. Canı isteyen soracağını sorsun bana; ama ben zor cevap veririm bir ahmağa."

"Aldanıyorsun," dedi Zerdüşt acıyarak, ve sıkıca tuttu adamı; "aldanıyorsun. Yurdunda değilsin burada sen, benim ülkemdesin ve kimseye burada zarar gelmemesi gerek.

Ama sen, nasıl istersen öyle de bana, – ne olmalıysam ben oyum. Zerdüşt derim ben kendime.

Haydi bakalım! Şu yükselen yol, mağarasına gider Zerdüşt'ün: uzak değildir, – benim yerimde bakmak istemez misin yaralarına?

Talihin yaver gitmemiş, ey bahtsız adam, senin bu hayatta: önce bir hayvan ısırdı seni, sonra da adamın biri bastı üstüne!" –

Fakat Zerdüşt adını işitince, üstüne basılan adam değişti. "Ne oluyor bana!" diye bağırdı, "*Kim* beni bu hayatta bu bir tek adam, yani Zerdüşt kadar ve kanla yaşayan bu bir tek hayvan, yani sülük kadar ilgilendirir?

Sülüğün uğruna uzanmıştım bir balıkçı gibi bu bataklık kenarına ve uzattığım kolumu on defa sokup emmişti ki sülük, o ara kanımı emmek için daha güzel bir sülük, Zerdüşt'ün kendişi soktu beni!

Ey mutluluk! Ey mucize! Övgüler olsun beni bu bataklığa çeken bugüne! Bugün hayatta olan en iyi, en canlı vantuza övgüler olsun; övgüler olsun büyük vicdan sülüğüne, Zerdüşt'e!" –

Böyle dedi üstüne basılan adam, Zerdüşt de sevindi onun sözlerine ve bu sözlerin ince, saygılı söylenişine. "Kimsin sen?" diye sordu ve elini uzattı ona, "Çok şey var aramızda aydınlanıp açıklanacak: ama öyle geliyor ki bana, berrak, pırıl pırıl bir gün doğacak handiyse."

"*Ruhen vicdanlı kişiyim* ben," diye cevap verdi kendisine soru sorulan adam, "ve ruh işlerinde, üstadım olan Zerdüşt'ün kendisi hariç, benden daha sert, daha sıkı, daha dar olanı yoktur hemen hemen.

Yarım yamalak bilmektense birçok şeyi, hiç bilmemek daha iyidir! Başkalarının fikirleriyle bilge olmaktansa, kendi hesabına deli olmak daha iyidir! Ben – esasına, temeline inerim her şeyin:

–Büyük olmuş, küçük olmuş, ne çıkar? Bataklık olmuş adı, gök olmuş ya da? Avuç içi kadar temel kâfi bana: yeter ki gerçek temel olsun bu!

–Avuç içi kadar bir temel: bunun da üstünde durabilir insan. Gerçekten bilen-vicdan için ne büyük diye bir şey vardır, ne de küçük diye bir şey."

"Demek ki sen sülüğü tanıyan kişisin öyle mi?" diye sordu Zerdüşt; "Sülüğü de esas temeline kadar araştırıyor musun, ey vicdanlı kişi?"

"Ey Zerdüşt," diye cevap verdi üstüne basılan adam, "pek büyük bir iş olur bu; nasıl kalkışırım bunu yapmaya ben!

Ama benim üstadı olduğum ve bildiğim, *beynidir* sülüğün: – budur *benim* dünyam!

Bu da bir dünyadır! Bağışla burada gururumun dile gelmesini, bu bahiste eşsizim de çünkü. Onun için dedim: "Burada yurdumdayım ben."

Ne kadar uzun araştırdım bu bir tek şeyi, sülüğün beynini, kaygan hakikat kaçmasın artık elimden diye! *Benim* ülkem burası!

–Bunun uğruna her şeyi bir kenara attım, her şeye ilgisiz kaldım bunun uğruna; bilgimin hemen yanı başındaysa kara cahilliğim uzanır.

Ruhumun vicdanı tek şey bilmemi, başka bir şey bilmememi ister benden; yarı-ruhsal, puslu, sallantıda ve hayali şeylerin hepsinden iğrenirim.

Dürüstlüğümün bittiği yerde körüm ben ve kör olmak da isterim. Ama, bilmek istediğim yerde de dürüst olmak isterim, – yani, sert, haşin, dar, zalim ve merhametsiz.

Bir zamanlar *senin* söylemiş olduğun gibi, ey Zerdüşt: "Ruh, hayata saplanan hayatın kendisidir, – senin öğretine bu götürdü, bu ayarttı beni. Gerçekten de, kendi kanımla artırdım ben bilgimi!"

"Görülenden belli," diye sözünü kesti Zerdüşt; zira çıplak kolundan kan akıyordu hâlâ vicdanlı adamın. On sülük sokmuştu çünkü bu kolu.

"Ey garip kişi, ne kadar çok şey öğretiyor bana şu gördüğüm, – yani, senin kendini! Belki boşaltamam hepsini senin o sert kulaklarına!

Haydi bakalım! Ayrılalım artık burada! Ama tekrar buluşmak isterim seninle. Şu yükselen yol mağarama gider: orada benim aziz misafirim olacaksın bu gece.

Zerdüşt'ün, ayaklarıyla çiğnemesinin karşılığını da ödemek isterim vücuduna: düşünüyorum bunu. Şimdilik ama acele bir yardım çığlığı çağırıyor beni, ayırıyor senden; buluşmak isterim seninle. Şu yükselen yol mağarama gider: orada benim aziz misafirim olacaksın bu gece."

Zerdüşt böyle diyordu.

BÜYÜCÜ

1

Zerdüşt bir kayayı dönünce, kendinden biraz aşağıda, aynı yolun üstünde, kolunu bacağını deli gibi sallayıp oynatan ve nihayet karnı üstüne düşen bir adam gördü. "Dur!" dedi Zerdüşt o zaman gölüne, "Bu adam olmalı yüksek insan, bundan geliyordu o korkunç yardım çığlığı, – bakayım yardım edebilir miyim kendisine." Fakat, adamın yattığı yere koştuğunda, gözlerini dikmiş titreyen bir ihtiyar adam buldu orda; ve adamı kaldırıp ayakları üstünde tutmak için ne kadar çaba harcadıysa Zerdüşt, hepsi boşa gitti. Zavallı adam yanında birinin bulunduğunun bile farkında değildi; tersine, terk edilmiş bütün dünyadan ayrılıp kopmuş biri gibi, dokunaklı hareketlerle durmadan etrafına bakınıyordu. Fakat nihayet, hayli titremeler, çırpınmalar ve kıvranmalardan sonra, ağlayıp sızlanmaya başladı şöyle:

Kim ısıtır, kim sever hâlâ beni?
Uzatın bana sıcak elleri!
Verin kor gibi yanan gönülleri!
Uzanıp boylu boyunca titreyerek,
Ayakları ısıtılan bir yarı ölü haliyle –
Ve sarsılır nöbetlerle, ah! bilinmez ateşlerle,
Ürperir keskin, buz gibi oklarıyla ayazın
Peşimi bırakmazsın, ey düşünce!
Dile Gelmez! Gizli! Korkunç!
Ey bulutlar ardındaki avcı!
Çarpılmış senin yıldırımınla,
Ey alaycı göz beni karanlıktan seyreden:
–yatarım böyle ben,
Eğilip bükülür, kıvranırım işkence içinde
Ebedi azaplarla,

Vuruldum
Senin elinle, en zalimi avcıların
Ey bilinmeyen Tanrı...

Vur daha derin!
Vur bir daha yeniden!
Del de geç bu yüreği, parçala!
Nedir bu işkence
Uçları körleşmiş oklarla?
Niye bakarsın hâlâ daha,
Bıkmadan insan ıstırabına,
El acısından zevklenen ilahi-şimşek-gözlerle?
İstemezsin öldürmek,
Sırf işkence, işkence demek?
Neden peki – işkence *bana,*
El acısından zevklenen bilinmez Tanrı? –

Ha ha! Gizlice sokuluyor musun ne o?
Geceyarısı böyle
İstediğin ne Söylesene!
Sıkıştırıyorsun beni, bastırıyorsun –
Ha! pek de yanaştın şimdi!
Çekil git! Çekil git!
Nefes alışımı dinliyorsun,
Kalbimi dinliyorsun,
Kıskanç seni –
Kıskandığın ne peki?
Çekil git! Çekil git! Bu merdiven niye?
Girmek mi istediğin
Kalp içine,
Gizlice girmek mi benim en gizli
Düşüncelerime girmek mi gizlice?
Utanmaz! Bilinmez hırsız!
Nedir çalmak istediğin?
Nedir dinlemek istediğin?
Nedir işkenceden dileğin?
Ey işkence eden!
Ey – Cellat-Tanrı!

Bir köpek gibi, yoksa
Yuvarlanayım mı önünde?
Tutkun, sevinçler içinde,
Kuyruk mu sallayayım sana?

Beyhude! Saplan daha çok,
En zalim diken! Hayır,
Köpek değilim – avınım ben senin ancak,
Zalimin zalimi avcı!
En gururlu esirin,
Ey bulutlar ardındaki haydut!
Konuş artık!
Ey yol kesen haydut, nedir istediğin, *benden?*
Ey şimşeğe bürünen! Ey bilinmeyen! Konuş,
Nedir *istediğin,* ey bilinmeyen Tanrı? –

Ne? Kurtuluş akçesi mi?
İstediğin kurtuluş akçesi ne kadar?
Çok iste, – böyle öğütler gururum!
Hem uzatma lafı – böyle öğütler öbür gururum!
Ha ha!
Beni mi, – istiyorsun? Beni mi
Tam olarak – beni mi?..
Ha ha!
İşkence mi ediyorsun bana, vay gidi çılgın,
Gururumu yaralıyorsun ha?
Bana *sevgi* verin, – kim ısıtır beni hâlâ?
Kim sever hâlâ beni? – uzatın bana sıcak elleri,
Verin kor gibi yanan gönülleri,

Verin bana yalnızlar yalnızına,
Buz ki, ah, yedi kat buz
Öğretti bana özlem duymayı düşmanlara,
Düşmanların ta kendilerine,
Ver, bırakıp ver bana
Ey zalimin zalimi düşman,
– *Kendini!* –

Gitti!
Kendi kaçtı,
Benim son, biricik yoldaşım,
Büyük düşmanım,
Beni bilinmeyen,
Cellat-Tanrım benim! –
– Hayır! Geri gel,

Bütün işkencelerinle!
Yalnızların sonuncusuna!
Ah, dön, geri gel!
Akar gözyaşlarım hep ırmaklar misali
Akar sana!
Ve gönlümün son alevi –
Parlar *sana!*
Ah, geri gel,
Benim bilinmeyen Tanrım! *Sızım* benim
Son – Mutluluğum

2

–Burada, fakat, Zerdüşt daha fazla tutamadı kendini; asâsını kavradı ve var kuvvetiyle indirdi ağlayıp sızlayan adama. "Kes," diye bağırdı öfkeli kahkahayla, "kes, şaklaban seni! Kalpazan seni! Seni katıksız yalancı seni! Ben seni iyi bilirim!

Şimdi ısıtırım bacaklarını ben senin, uğursuz büyücü, senin gibilerin, iyi bilirim ben, nasıl ısıtıldığını!"

–"Dur," dedi ihtiyar adam ve sıçrayıp kalktı yerden, "vurma artık, ey Zerdüşt! Ben sırf oyun olsun diye yapıyordum öyle!

Sanatım gereği benim bu gibi şeyler. Bu oyunu oynamakla imtihan etmek istedim de seni. Doğrusu, beni iyi yakaladın hani!

Sen de ama – bana öyle küçümsenecek örnek vermedin ya kendinden. Sen *sertsin,* ey bilge Zerdüşt! Sen vuruyorsun 'gerçeklerinle', sopan söyletti bana – *bu* gerçeği!"

–"Dalkavukluk etme," diye cevap verdi Zerdüşt, hâlâ heyecanlı ve somurtkan bakışlı, "şaklabanın ta kendisi seni! Sen sahtesin: ne diye bahsini edersin – gerçeğin!

Tavuslar tavusu seni, seni kibir denizi, *ne* oyunuydu o karşımda oynadığın oyun, ey uğursuz büyücü; ben *kime* inanacaktım, sen böyle ağlayıp sızlanırken?"

"*Ruh tövbekârı,*" dedi ihtiyar adam, "oydu – benim oynadığım; sen kendin bulmuştun bir zamanlar bu sözü – en nihayet ruhunu kendi aleyhine çeviren, şair ve büyücüydü, kötü bilgisiyle kötü vicdanı yüzünden donmuş, değişmiş kişiydi oynadığım.

Şunu da itiraf et: hile ve yalanımı geç anladım, ey Zerdüşt! Başımı iki elinle tuttuğunda, *inanmıştın* sıkıntıda olduğuma, –

'Pek az sevmişler onu, pek az sevmişler!' diye sızlandığını işittim senin. Böylesine aldattım seni diye, şenlik ediyordu habisliğim içimde."

"Benden daha kurnaz kimseleri aldatmış olabilirsin," dedi Zerdüşt sert sert. "Hilekârlardan sakınmam ben kendimi, ben ihtiyatsız olmak *mecburiyetindeyim:* böyle diler benim kaderim.

Sen, ama – aldatmak *mecburiyetindesin:* bu kadar tanırım seni! Sen daima iki manalı, üç, dört ve beş manalı olmak mecburiyetindesin! Demin itiraf ettiğin şey bile, benim için ne yeterince doğru, ne de yeterince yanlış!

Ey habis kalpazan, ne gelir ki başkaca elinden! Çıplak gösterirken sen kendini hekimine, hastalığını bile teller pullarsın.

'Ben *sırf* oyun olsun diye yaptım öyle,' derken de önümde, böyle telleyip pulladın yalanını işte. *Ciddi* bir taraf da vardı bunda, azıcık ruh tövbekârısındır ya sen hani!

İyi anlıyorum seni: büyücüsü oldun sen âlemin; kendine karşı kullanacak yalanın ve hilen kalmadı ama, – kendine karşı bozuldu büyün! Yegâne gerçeğin olarak tiksinti biçtin. Hiçbir sözün senin gerçek değil artık, ağzın ama gerçek: yani, ağzına yapışan şu tiksinti." –

"Sen kim oluyorsun ki!" diye bağırdı ihtiyar büyücü meydan okuyan bir sesle, "kimin haddine böyle konuşmak *benimle,* bugün yaşayan insanların en büyüğüyle?" – Ve yeşil bir şimşek çaktı gözlerinde Zerdüşt'e doğru. Ama hemen ardından değişti ve mahzun mahzun dedi:

"Ey Zerdüşt, usandım artık, iğreniyorum marifetlerimden, *büyük* değilim ben, niçin olduğumdan gayri gösteriyorum kendimi! Ama sen iyi bilirsin – ben büyüklük arıyordum!

Büyük bir adam gibi görünmek istiyordum ben, kandırdım da birçoklarını: fakat bu yalan aştı benim gücümü. Büküyor belimi.

Ey Zerdüşt, her şey yalan bende; fakat çöküşüm, – bu çöküşüm benim, *gerçek!*" –

"Şeref verir sana bu," dedi Zerdüşt kederli kederli ve yan gözle yere bakarak, "şeref verir sana büyüklüğü araman, ama ihanet de eder sana. Sen büyük değilsin.

Ey uğursuz ihtiyar büyücü, senin en iyi ve en dürüst, benim de hürmet ettiğim tarafın, kendinden usandığını söyleyip açıkça şöyle demendir: 'Ben büyük değilim.'

Bundan ötürü bir ruh tövbekârı olarak sana hürmet duyarım: sadece göz açıp kapayıncaya dek sürmüş de olsa, sen o an için – gerçektin.

Peki ama söyle bana, ne arıyorsun sen *benim* ormanlarımla kayalıklarımda? Yatıp da *benim* yolumun üstüne, ne gibi imtihan etmek istedin beni? –

–Benim *neyimi* denedin?" –

Böyle diyordu Zerdüşt ve gözleri ışıl ışıldı. İhtiyar büyücü bir müddet sustu, sonra dedi: "Denemek mi seni? Ben – arıyorum sadece.

Ey Zerdüşt, ben gerçek, doğru, sade, tek anlamlı, dürüst mü dürüst bir adam, bilgelik küpü, bilgi ermişi, büyük bir adam arıyorum!

Bilmiyor musun ki, ey Zerdüşt? *Zerdüşt'ü arıyorum ben!*"

–Ve burada uzun bir sessizlik oldu ikisi arasında; Zerdüşt ise derin bir düşünceye dalmış, gözlerini kapamıştı. Ama sonra, konuştuğu adama dönerek, büyücünün elini sımsıkı tuttu ve tam bir nezaket ve hilekârlıkla dedi:

"Haydi bakalım! Oraya çıkar bu yol, ardadır mağarası Zerdüşt'ün. Bulmak istediğin kişiyi arayabilirsin orada.

Ve akıl danış hayvanlarıma, kartalımla, yılanıma: yardım ederler onlar aramana. Mağaram benim büyüktür ama.

Ben kendim, doğrusu – henüz büyük adam görmedim. En hassas kişilerin gözleri bile, bugün büyüğün ne olduğunu görecek keskinlikte değil. Yığınların ülkesidir bu.

Nice kişiler gördüm kendini gerip de şişiren, halk da bağırıyordu onlar için: 'Bakın işte, büyük adam!' Fakat neye yarar körükler! Nihayet yel çıkıp gider.

Kendini şişirdikçe şişiren kurbağa çatlar nihayet: O zaman da yel çıkıp gider. Şişmiş birinin karnını şişlemeye, enfes eğlence derim ben. Haberiniz ola, delikanlılar!

Bugünümüz yığınlarındır: *bilen* kim artık büyüğü, küçüğü! Büyüklüğü muvaffakiyetle kim arayabilir! Bir deli ancak: deliler muvaffak olurlar.

Büyük adamlar arıyorsun ha, ey garip deli? Kim *öğretti* sana bunu? Bugün sırası mı onun? Ah, melun arayıcı, ne diye imtihan edersin beni?" –

Zerdüşt böyle dedi, gönlü ferah, gülerek devam etti yoluna.

EMEKLİ

Fakat Zerdüşt, büyücüyü başından savdıktan az sonra, takip ettiği yolun kenarına oturmuş birini gördü yine – uzun boylu, kara, avurtları çökmüş, solgun yüzlü bir adam: *bu adam* fena halde canını sıktı, "Eyvah," dedi gönlüne, "kılık değiştirmiş keder oturuyor karşımda; öyle geliyor ki bana, rahipler cinsinden olacak: ne arıyorlar *bunlar* benim ülkemde?

Ne! Güç halle kurtuldum o büyücüden, bir kara oyuncu daha mı çıkacaktı yoluma, – başa el koyarak büyü yapan biri, Tanrı inayetiyle mucizeler gösteren karanlık biri, dünyaya iftira eden kutsanmış biri: canını şeytan alasıca!

Ama şeytan hiçbir zaman bulunmaz ki gereken yerde: daima geç gelir o melun cüce, o melun topal!" –

Böyle küfretti Zerdüşt içinden sabırsızlanarak, ve başını öbür yana çevirip kara adamın önünden nasıl sıvışsam diye düşünüyordu: fakat bakın ki, başka türlü oldu iş. O anda zira oturan adam görmüştü bile kendisini; umulmadık bir mutluluğa kavuşmuş biri gibi ayağa fırlamış, Zerdüşt'e doğru yürüyordu.

"Her kimsen, ey yolcu," dedi, "yolunu şaşırmış birine, arayıcının birine, burada kolayca felakete uğrayabilecek bir ihtiyara yardım et!

Bu dünya yabancı ve uzak bana; vahşi hayvanların uluduklarını da işittim; beni koruyabilecek kimse ise, – kendisi de yok artık onun.

Ben o sonuncu dindar adamı, ormanında yapayalnız yaşayıp da bugün bütün dünyanın bildiği şeyi henüz duymamış kişiyi bir ermişi, bir yalnızı arıyordum."

"*Neymiş* bildiği bugün bütün dünyanın?" diye sordu Zerdüşt. "Bir zamanlar bütün dünyanın inandığı o eski Tanrı'nın artık yaşamadığı mı acaba?"

"O dediğin işte," diye cevap verdi ihtiyar adam mahzun mahzun. "Ben hizmet ettim o eski Tanrı'ya ta son saatine dek.

Şimdi artık emekliyim, efendim de yok, yine de ama özgür değilim, hatıralar hariç, neşem kalmadı artık hiç.

Onun için çıktım bu dağlara ben; ihtiyar bir papaya, bir kilise pederine yaraşırcasına sonunda bir kere daha bayram edeyim diye: bil ki zira, ben son papayım! – sofuca hatıralar ve dinsel tören bayramı.

Şimdi, halbuki, ölmüş o da, insanların en sofusu, Tanrısını biteviye türkü söyleyip mırıldanarak öven ormandaki ermiş.

Kendisini bulamadım artık kulübesini bulduğumda, ama ölümüne uluyan iki kurt gördüm içinde, – bütün hayvanlar severlerdi çünkü kendisini. O zaman kaçtım oradan.

Bu ormanlarla dağlara demek ben boşuna mı gelmiştim? O zaman başka birini, Tanrı'ya inanmayanların en sofusunu aramaya karar verdi gönlüm, – Zerdüşt'ü aramaya karar verdi gönlüm!"

Böyle diyordu yaşlı adam ve keskin gözlerle bakıyordu karşısındakine. Zerdüşt ise ihtiyar papanın elini tuttu ve hayran hayran uzun müddet aktı bu ele.

"Bak! ey muhterem kişi," dedi sora, "ne güzel ve uzun el! Daima hayır duası ihsan etmiş birinin eli bu. Şimdiyse senin aradığın kişiyi tutuyor, beni, Zerdüşt'ü.

Ben'im o, tanrısız Zerdüşt, hani: 'Kim var ki benden daha tanrısız, zevk alayım öğrettiklerimden? diyen." –

Böyle diyordu Zerdüşt ve bakışlarıyla düşüncelerine ve art düşüncelerine işliyordu ihtiyar papanın. Nihayet öteki başladı:

"Onu en çok sevmiş, en çok sahip olmuş kişi, onu en çok da kaybetmiş olandır şimdi:

–Bak, ikimizden şimdi en tanrısızı ben değil miyim? Kim sevinebilir ama buna!" –

Derin bir sessizlikten sonra, "Sonuna kadar hizmet ettin demek sen ona?" diye sordu Zerdüşt düşünceli düşünceli, "*Nasıl* öldüğünü biliyor musun sen onun? Söylenenler doğru mu, merhametin onu boğduğu, –*insanı* çarmıha gerili görüp de buna dayanamadığı; – insan sevgisinin, onun cehennemi, sonunda da ölümüne sebep olduğu?" –

Fakat ihtiyar papa cevap vermedi, ama ürkek ürkek, yüzünde mustarip ve karanlık bir ifadeyle yana baktı.

Uzun bir düşünmeden sonra, "Bırak göçsün," dedi Zerdüşt, hâlâ gözlerinin ta içine bakarak ihtiyar adamın:

"Bırak göçsün, göçtü zaten. Gerçi sana şeref verir bu ölünün ardından sırf iyi şeyler söylemek, ama benim kadar sen de bilirsin onun k i m olduğunu, ne garip yollarda yürüdüğünü."

"Laf aramızda, – şahit işte şu üç göz de," dedi ihtiyar papa keyifli keyifli (zira bir gözü kördü), "Tanrı'yla ilgili şeylerde daha aydınımdır Zerdüşt'ün kendisinden, – elbette öyle olacak ya.

Yıllar yılı hizmet etti ona sevgim, onun iradesini takip etti her şeyde iradem. İyi bir hizmetçi de her şeyi bilir, efendisinin kendi kendisinden sakladığı türlü şeyleri ile.

Gizli bir Tanrı'ydı o, sırlar içinde. Gerçek, oğlunu bile gizli yollardan edindi ancak. İman kapısında onun zina durur.

Sevgi Tanrısı diye övenler onu, sevgiyi yeterince yüksek görmeyenlerdir. Hâkim de olmak istemiyor muydu, bu Tanrı? Seven halbuki, mükâfatın ötesinde, karşılığın ötesinde sever.

Gençliğinde, Doğu'dan çıkan bu Tanrı sert ve kindardı; ve gözdelerini eğlendirmek için bir cehennem kurmuştu.

Sonunda lakin, ihtiyarladı ve yumuşak, olgun ve merhametli, babadan çok bir dedeye, fakat en çok sarsak bir neneye benzeyen biri olup çıktı.

Büzülmüş, dermansız bacaklarından ötürü dertlenerek, dünya yorgunu, irade yorgunu otururdu ocağının başında; ve o pek büyük merhameti yüzünden boğulup gitti günün birinde." –

"Ey koca papa," diye sözünü kesti Zerdüşt, "kendi gözlerinle gördün mü sen *bunu*? Pekâlâ olabilirdi bu türlü: bu türlü ve başka türlü de. Tanrılar öldüklerinde, türlü ölümlerle ölürler hep.

Haydi neyse! Öyle ya da böyle, öyle ve böyle – göçüp gitti ya! Kulak ve göz zevkime aykırı gelirdi o benim; bundan kötü bir şey söylemek istemem ardından.

Gözleri duru, sözleri doğru her şeyi severim ben. Ama o – pekâlâ biliyorsun, ey yaşlı rahip, senin cinsinden, rahipler cinsinden olan bir taraf vardı onda – türlü anlamlıydı o.

Anlaşılmazdı da. Nasıl öfkelenirdi bize, bu öfkeyle ateş/püsküren, kendisini yanlış anlıyoruz diye. Peki niye daha açık konuşmazdı?

Ve kabahat kulaklarımızda idiyse, ne diye kendisini yanlış anlayan kulaklar verdi bize? Kulaklarımız çamurla tıkalı idiyse, –pekâlâ!– ya bu çamuru kim tıkadı oraya?

Nice başarısızlıkları olurdu, işinin tam ehli olmamış bu çömlekçinin! Halbuki çömleklerinden ve yarattıklarından intikam alması, iyi olmadılar diye – *sağ beğeniye* karşı işlenmiş bir günahtı bu.

Sofulukta bile vardır sağbeğeni: şöyle dedi bu beğeni nihayet. 'Varsın *böyle* Tanrı eksik olsun! Daha iyi Tanrısız olmak, daha iyi kaderini kendi başına yapmak, daha iyi deli olmak, daha iyi kendin Tanrı olmak!'"

–"Neler işitiyorum!" dedi ihtiyar papa kulak kabartarak; "Bu imkânsızlıkla sen sandığından da dindarsın! İçindeki bir tanrı döndürmüş seni bu tanrısızlığa. Dindarlığının ta kendisi değil mi, seni artık bir Tanrı'ya inanmaktan alıkoyan? Ve aşırı dürüstlüğün, daha seni iyi ile kötünün ötesine de götürecek!

Bak, nedir sana kalan? Ta ezelden beri nasibi kutsamak olan gözlerin ve ellerin ve ağzın var. Kutsamak elle olmaz ki sadece.

En tanrısız kişi olmak istiyorsun sen ama, senin yanında uzun kutsamaların gizli, kutsal, tatlı kokusu geliyor burnuma: hem sevindiriyor beni bu, hem ıstırap veriyor.

Bırak da bir gececik misafirin olayım, ey Zerdüşt! Hiçbir yerinde artık dünyanın senin yanında olduğumdan daha âlâ olamam!" –

"Amin! Öyle olsun!" dedi Zerdüşt büyük bir hayret içinde, "Oraya çıkar bu yol, ordadır mağarası Zerdüşt'ün.

Seve seve, doğrusu, ben kendim götürmek isterdim seni oraya, ey muhterem kişi, dindarların hepsini severim zira. Şimdi lakin acele bir yardım çığlığı çağırıyor beni, ayırıyor senden.

Ülkemde istemem kimseye zarar gelmesini: mağaram benim iyi bir limandır. Ve her mustaribi ben yeniden sağlam bir karaya ve sağlam ayaklar üstüne bastırmayı isterim en çok.

Fakat *senin* kapkara hüznünü kim kaldırabilir ki omuzlarından? Bunun için ben çok dermansızım. Doğrusu, pek uzun zaman beklememiz gerek, birinin gelip de Tanrı'nı sana yeniden uyandırması için.

O eski Tanrı çünkü hayatta değil artık: tamamen öldü o." –

Zerdüşt böyle diyordu.

EN ÇİRKİN İNSAN

Ve yine Zerdüşt'ün ayakları dağları aştı, ormanlar içinden geçti; gözleri arandı, arandı, ama bu gözlerin görmek istediği kişi yoktu ortalıkta – hani o, büyük ıstırap içinde yardım çığlığı atan kimse. Fakat bütün yol boyunca gönlünde büyük sevinç duyuyordu ve minnettarlık doluydu içi. "Kötü başlamasına karşılık olarak," diyordu, "ne güzel şeyler getirdi bugün bana! Ne garip konuşan adamlar çıktı yoluma! Sözlerini onların has tahıl taneleri çiğner gibi çiğneyeceğim şimdi uzun müddet; bu sözleri dişlerim ince öğütüp ezecek, süt misali gönlüme akıncaya dek!" –

Fakat yolu yeniden bir kayayı dolanınca, manzara birdenbire değişti; ve Zerdüşt bir ölüm diyarına girdi. Kara ve kızıl kayalar yükseliyordu dimdik burada: ne ot, ne ağaç ve ne de kuş sesi vardı. Bütün hayvanların, yırtıcı hayvanların bile sakındıkları bir vadiydi burası; yalnız bir çeşit çirkin, kanlı, yeşil yılanlar, kocadıklarında ölmek için gelirlerdi buraya. Onun için çobanlar bu vadiye "Yılan Ölümü" derlerdi.

Fakat Zerdüşt, kara kara hatıralara daldı, zira evvelce de bir kez bu vadiyi seyretmiş gibi geliyordu ona. Öylesine ağırlıklar çökmüştü ki içine, bu yüzden gittikçe ağır, daha ağır yürüyordu ve nihayet durakaldı. Fakat gözlerini açınca, yol kenarına oturmuş insan biçiminde, insana da pek benzemeyen bir şey gördü, tarifi imkânsız bir şey. Ve gözleriyle gördü diye böyle bir şeyi, birdenbire Zerdüşt büyük bir utanca kapıldı: ak saçlarının diplerine dek kızardı, bakışlarını öte yana çevirdi, bu uğursuz yerden ayrılmak üzere ayağını kaldırdı. Fakat bu ölü ıssızlık dile geldi o zaman: zira geceleyin tıkanık borularda suyun lıkırdayıp da hırıldaması gibi, lıkırdaya hırıldaya bir gürültü kaynıyordu yerden; sonunda da insan sesine, insan sözüne dönüştü bu: – şöyle diyordu bu ses:

"Zerdüşt! Zerdüşt! Çöz bilmecemi! Konuş, konuş! *Şahitten intikam almak* nedir?

Geriye çekiyorum seni; kaygan buz burası! Sakın, aman sakın gururun bacağını kırmasın burada!

Kendini sen bilge sanırsın, ey gururlu Zerdüşt! Çöz öyleyse bakalım şu bilmeceyi, ey sert cevizler kıran, – kendim olan bilmeceyi! Söyle bakalım: kimim ben?" –

Fakat Zerdüşt bu sözleri işittiğinde, – neler olup bitti dersiniz ruhunda? *Merhamete kaptırdı kendini;* ve uzun zaman oduncuların baltalarına karşı koymuş bir meşe, nasıl kendisini devirmek isteyenleri dahi dehşete salarak gümbürtüyle devrilirse birdenbire, – Zerdüşt de aniden devriliverdi öyle. Fakat hemen doğrulup kalktı yerden, yüzü sertleşti.

"İyi tanıyorum seni ben," dedi tunçtan bir sesle, "*sen Tanrı'yı öldürensin!* Bırak gideyim.

Sen *tahammül* edemezsin *seni* görene, – seni buncasına, içini dışını görene, ey çirkin insan! Bu şahitten intikam aldın!"

Zerdüşt böyle diyordu ve gitmeye niyetleniyordu; fakat o tarihi imkânsızlık mahlûk elbisesinin bir ucundan yakaladı ve yeniden lıkırdamaya, söz aramaya başladı. "Kal," dedi nihayet. –

"Kal! Geçip gitme! Anladım hangi baltaymış seni deviren: Selam sana, ey Zerdüşt, kalktın yine ayağa!

Anladın, iyi biliyorum, onu öldüren, – Tanrı'yı öldüren neler duyar içinden. Kal! Otur şöyle yanıma; beyhude olmaz bu.

Kime gideyim senden başka? Kal, otur! Bakma ama bana! Böyle hürmet et – çirkinliğime!

İşkence ediyorlar bana: *sensin* artık benim son sığınağım. Nefretleriyle *değil,* uşaklarıyla *değil*; – ah, böylesi işkenceyle alay ederdim ben, gururlanır, sevinirdim!

Bütün muvaffakiyetler bugüne dek iyice işkence edilenlerin olmamış mıdır? Ve iyice işkence eden, kolayca öğrenir *peşine düşmeyi:* başkalarının peşine düştüğünden hep! Fakat *merhametlerinden* –

–Merhametlerinden kaçıyorum onların, sana sığınıyorum. Ey Zerdüşt, sen koru beni, ey benim son sığınağım, ey benim yegâne anlayanım:

–Tam anladın sen, neler duyar *onu* öldüren. Kal! Gideceksen de, ey sabırsız kişi, benim geldiğim yoldan gitme. Bozuktur o yol.

Kızıyor musun yoksa bana sözü uzatıp çetrefil konuştum diye? Öğüt verdim diye sana? Ama bil ki, ben'im o ben, en çirkin insan.

En büyük, en ağır ayakları olan, *benim* yürüdüğüm bütün yerlerde, bozulur yol. Yürüdüğüm bütün yolları ben mahveder, bozarım.

Ama yanımdan sessizce geçtiğini, yüzünün kızardığını iyice gördüm: böylelikle tanıdım işte senin Zerdüşt olduğunu.

Başka herhangi biri olsa, bakışıyla, sözüyle atardı bana sadakalarını, merhametini. Halbuki ben dilenci değilim o kadar: sen anladın bunu

– aksine, aşırı *zenginim* ben, büyük, korkunç, en çirkin, en söylenemeyen şeyler bakımından zengin! Utancın senin, ey Zerdüşt, *şeref* verdi bana! Güçlükle kurtuldum merhametliler kalabalığından, – günümüzde 'merhamet can sıkıcıdır' diye öğreten tek kişiyi – seni, ey Zerdüşt, bulabileyim diye!

–İster bir Tanrı'nın merhameti olsun, ister insan merhameti, incitir bu utanç duygusunu. Ve yardım etmeyi istememek, yardıma can atan erdemden daha soylu olabilir.

Budur halbuki bütün küçük insanların bugün erdem dedikleri, – merhamettir: büyük felakete, büyük çirkinliğe, büyük muvaffakiyetsizliğe saygıları yoktur onların.

Kaynaşan koyun sürülerinin sırtları üzerinden bakan bir köpek gibi, bütün bunlardan ötelere bakıyorum ben. Küçük, iyi yünlü, iyi niyetli, boz insanlardır bunlar.

Başını arkaya atmış, sığ gölcükler üzerinden horgörüyle uzaklara bakan balıkçıl kuşu gibi: öyle bakıyorum ben de uzaklara, bu kaynaşan boz renkli küçük dalgalar, küçük iradeler ve küçük ruhlar üzerinden.

Pek uzun müddet hak verildi onlara, bu küçük insanlara: *böylece* kudrette verildi sonunda kendilerine; – şimdi de kalkıp öğretiyorlar: 'küçük insanların iyi dedikleri iyidir ancak.'

Ve 'gerçek' bugün, kendisi onların içinden çıkan vaizin, o acayip ermişin ve küçük insanlar sözcüsünün, o kendi kendisi için 'gerçek benim' diye şahitlik edenin söylediğidir.

Bu haddini bilmez kişidir bunca zaman ibiklerini dik tutan küçük insanların, – 'gerçek ben'im' derken öğrettiği yanlış, hiç de yabana atılır yanlış değildir.

Haddini bilmez bir kişiye bundan daha nazik cevap verilmiş midir hiç? – Sen halbuki, ey Zerdüşt, geçip gittin onun yanından, ve dedin: 'Hayır! Hayır! Üç kere hayır!'

Sen uyardın insanları onun yanlışına karşı, ilk sen uyardın merhamete karşı: – herkesi değil, kimseyi değil, fakat kendini ve benzerlerini.

Büyük mustariplerin utancından sen utanç duyarsın; 'büyük bir bulut geliyor merhametten; ey insanlar, sakının!' derken de.

–'Bütün yaratıcılar sert olurlar, bütün büyük sevgiler merhametlerinin üstündedirler' diye öğretirken: – Ey Zerdüşt, hava belirtilerinden öyle iyi anlar görünüyorsun ki bana sen!

Ama sen kendini, – kendini de uyar *kendi* merhametine karşı! Birçokları zira sana doğru geliyorlar, çıkmışlar da yola, birçok mustarip, kuşkulu, umutsuz, boğulan, donan kişiler –

Kendime karşı da uyarırım seni ben. Sen benim en iyi, ne kötü bilmecemi, kendimi ve ne yaptığımı çözdün. Ben bilirim seni devirebilecek baltayı.

Fakat o – *mecburdu* ölmeye! o, her şeyi gören gözlerle bakıyordu, – insanın derinliklerini, ulaşılmaz diplerini, bütün gizli zenginliğini ve çirkinliğini görüyordu.

Merhamet, utanma nedir bilmezdi: en kirli köşelerime kadar sokulmuştu o. Bu son derece mütecessis, aşırı sırnaşık, aşırı merhametli Tanrı mecburdu ölmeye.

Beni görüyordu o hep: intikam almam gerekti böyle bir şahitten – ya da kendi ölümüm.

Her şeyi gören Tanrı, *insanı dahi* gören: mecburdu bu Tanrı ölmeye! İnsan *tahammül* edemez böylesi bir şahidin yaşamasına."

Böyle diyordu en çirkin insan. Zerdüşt ise ayağa kalktı, gitmeye hazırlandı: iliklerine kadar donduğunu hissediyordu zira.

"Ey tarifi imkânsız şey," dedi, "yoluna karşı uyarıyorsun beni. Teşekkür olarak ben de kendi yolumu öveyim sana. Bak, ordadır işte mağarası Zerdüşt'ün.

Benim mağaram büyüktür, derindir ve haylidir köşe bucağı; en saklı kişi bile saklanacak yer bulur orda. Hemen yakınlarındaysa mağaramın, sürünen, kanat çırpan ve sıçrayan yaratıkların gizleneceği yüzlerce delik gedik vardır.

Ey kendi kendini sürmüş sürgün, yaşamak istemiyor musun sen insanlar ve insan merhameti içinde? Peki öyleyse, benim gibi yap! Öğrenirsin de hem böylece benden, yapan öğrenir ancak.

Ve her şeyden evvel hayvanlarımla konuş! En mağrur hayvanla en akıllı hayvan – pekâlâ gösterebilirler onlar çıkar yolu ikimize de!" –

Böyle diyordu Zerdüşt; ve öncesinden daha düşünceli, daha yavaş devam etti yoluna: kendi kendine çünkü birçok şeyler soruyor ve kolay kolay bir cevap bulamıyordu.

"Ne kadar da zavallı insan!" diye düşündü içinden, "Ne kadar çirkin, ne kadar hırıltılı, ne kadar dolu gizli utançla!

Bana, insan kendini sever diyorlar: ah, ne kadar büyük olmalı bu öz sevgisi! Ne büyük bir horgörü var bu sevginin karşısında!

Kendini hor gördüğü gibi seviyordu da kendini şu adam bile – büyük bir sevendir o büyük bir hor gören bence.

Kendini ondan daha derin hor gören hiç kimseye rastlamadım daha ben: b u dahi yüceliktir: Eyvah feryadını işittiğim yüksek insan b u olmasın sakın?

Büyük hor görenleri severim ben. İnsan aşılması gereken bir şeydir."

GÖNÜLLÜ DİLENCİ

Zerdüşt en çirkin adamdan ayrıldığında üşüyor ve kendini yalnız hissediyordu: zira içinden birçok soğuk ve yalnız şeyler geçiyordu, öyle ki bu yüzden bütün uzuvları dahi üşümüştü. Fakat kâh yeşil çayırlardan, kâh vaktiyle belki sabırsız bir çayın yatak açtığı vahşi taşlık yerlerden geçerek dere tepe aşıp tırmandı, tırmandı: nihayet ısındı birdenbire ve neşelendi yeniden.

"Ne oldu bana?" diye soruyordu kendi kendine, "Sıcak, hayat dolu bir şey beni canlandırıyor, benim çevremde olsa gerek bu.

Daha az yalnızım şimdiden; bilinmez yoldaşlar ve kardeşler dolaşıyorlar etrafımda; ruhumu ürpertiyor sıcak nefesleri."

Fakat etrafına bakınıp yalnızlığını avutanları ararken: bakın hele, bir tepeciğin üstünde toplanmış inekler duruyordu; onların yakınlığı ve korkusuydu gönlünü ısıtan. Ama inekler konuşan birini istekle dinler gibiydiler ve kendilerine yaklaşan kişiye aldırmadılar. Fakat Zerdüşt iyice yaklaşınca o zaman bir insan sesinin ineklerin ortasında konuştuğunu duydu açıkça, ve belli ki konuşandan yana çevirmişti hepsi de başını.

O zaman Zerdüşt davranıp seğirtti ileri ve bir kenara sürdü hayvanları; çünkü orada birinin başına kötü bir şey, inek merhametinin de kolay kolay çare bulunamayacağı kötü bir şey gelmiş olmasından korkuyordu. Ama bunda aldanmıştı; zira, bakındı şu işe, bir adam oturuyordu yerde ve sanki kendisinden korkmamaları için inandırmaya çalışıyordu hayvanları; halim selim bir adamdı, gözleri iyiliğin ta kendini vaaz eden bir dağ vaiziydi. "Ne arıyorsun burada?" diye bağırdı Zerdüşt şaşkınlık içinde.

"Ne mi arıyorum burada?" diye cevap verdi öteki: "Senin aradığının aynını, ey huzur bozan! Yeryüzü mutluluğunu, yani. Bu ineklerden öğrenmek istiyordum onu da. Zira, biliyor musun ki sabah vaktinin yarısını onlarla konuşmakla geçirdim ve tam cevap vermek üzereydiler şimdi bana. Ne diye tedirgin edersin onları?

Geri dönüp de şayet inekler gibi olmazsak, giremeyeceğiz cennete. Çünkü onlardan bizim bir tek şey öğrenmemiz gerek: geviş getirmek.

Gerçekten, insanoğlu varıp da bütün dünyayı kazansa, ama bu bir tek şeyi, geviş getirmeyi öğrenmese, bunun ne faydası var ona! Kurtulamaz ki derdinden.

–O büyük derdinden: bu derde ise bugün *tiksinti* diyorlar. Kimin gönlü, ağzı ve gözleri tiksintiyle dolu değil ki bugün? Sen bile! Sen bile! Şu ineklere bak halbuki!" –

Böyle dedi dağ vaizi ve Zerdüşt'ten yana çevirdi bakışlarını, – o âna kadar zira, gözleri sevgiyle ineklerdeydi hep – lakin değişiverdi birden. "Bu konuştuğum da kim?" diye irkilerek bağırdı ve ayağı fırladı.

"Tiksintisiz insan bu, ta kendisi Zerdüşt'ün, büyük tiksintiyi yenen; kendi gözü, kendi ağzı, kendi gönlü bu Zerdüşt'ün."

Ve böyle konuşurken, kendisine söz yönelttiği kişinin ellerini öpüyor, gözlerinden yaşlar boşanıyordu; ve tıpkı, kendisine sanki gökten umulmadık değerli bir armağan ve mücevher düşmüş biri gibi hareket ediyordu. İneklerse, bütün bu olup bitenleri seyrediyor ve şaşıyorlardı.

"Söz etme benden, ey garip kişi! Ey sevimli kişi!" dedi Zerdüşt ve hislerini gemledi, "Önce kendinden söz et bana! Bir zamanlar büyük bir serveti fırlatıp atan gönüllü dilenci değil misin sen, – hani, servetinden ve zenginlerden utanan, varını ve gönlünü bağışlamak için en fakirlere koşan? Fakat kendisini kabul etmemişlerdi onlar."

"Fakat beni kabul etmemişlerdi onlar," dedi gönüllü dilenci, "biliyorsun sen, evet. İşte nihayet ben de hayvanların, şu ineklerin yanına geldim."

"Demek ki," diye sözünü kesti Zerdüşt, "yaraşırca vermenin, yaraşırca almaktan ne kadar daha güç olduğunu öğrendin ve yaraşırca armağan etmenin bir *sanat,* – iyiliğin en son, en ince baş-sanatı olduğunu."

"Hele bugünkü günde," diye cevap verdi gönüllü dilenci, "yani, her aşağılık şeyin başkaldırdığı, yanına yanaşılmaz olduğu ve kendi soyunca – yığınların soyunca yani, kurumlandığı bugünkü günde.

Biliyorsun ya, yığınlarla kölelerin o büyük, uğursuz, uzun, yavaş ayaklanma saati erişti zira: büyüyor, gittikçe büyüyor bu!

Her iyilik ve az veriş kışkırtıyor şimdi ayaktakımını; aşırı zenginler tetikte dursunlar!

Hani o geniş karınlı, pek dar boyunlu şişelerden damlar gibi damlayan herkes dikkat etsin bugün: – böylesi şişelerin boyunlarını kırıyorlar bugün seve seve.

Şehvetli açgözlülük, zehir gibi acı haset, ifrit kesilmiş hınç, yığın gururu: bunlar çarptı bütün, gözlerime. Fakirlerin mutlu oldukları doğru değil artık. Cennet halbuki, ineklerindir."

Halim selim adamı alışık alışık koklayan inekleri geri durdurmaya çalışırken, "Neden zenginlerin değil peki?" diye sordu Zerdüşt, denercesine.

"Niye deniyorsun beni?" diye cevap verdi öteki. "Benden de iyi bilirsin sen kendin. Neydi beni en fakirlere gitmeye zorlayan, ey Zerdüşt? En zenginlerden duyduğum tiksinti değil mi?

–Süprüntünün her türlüsünden menfaat sağlayan, bakışları soğuk, düşünceleri şehvetli, servet mahkûmlarından, – pis kokuları gökleri tutan bu ayaktakımından.

–Babaları yankesici, yahut leş kargası, ya da paçavra toplayıcıları, analarıysa uysal, şehvetli ve unutkan olan bu yaldızlı, sahte yığınlardan: – çünkü bunlardan hiçbirinin pek farkı yoktur orospudan. –

Yukarıda halk yığını, aşağıda halk yığını! 'Fakir' nedir bugün, 'zengin' ne! Bu farkı unuttum ben, – sonra işte uzaklara, hep uzaklara kaçtım, bu ineklerin yanına gelinceye dek."

Böyle diyordu halim selim adam, konuşurken nefes nefese soluyor ve ter döküyordu: öyle ki, tekrar şaştılar inekler. Zerdüşt ise, gözlerini ayırmadan onun yüzüne bakıyor, o böyle sert sert konuştukça gülümsüyor ve sessizce başını sallıyordu.

"Sen kendine zarar veriyorsun, ey dağ vaizi, böyle sert sözler söylerken. Ne ağzın ne gözün yaratılmış böylesi sertlik için.

Ne de miden, zannımca: bütün bu hiddetler, nefretler, köpürüp taşmalar, *ona zarar.* Daha yumuşak şeyler ister miden: kasap değilsin ki sen.

Daha ziyade bana sen bitki ve kök adamı gibi görünüyorsun. Tahıl taneleri öğütürsün belki de. Ama muhakkak ten zevklerine karşı durursun, balı ise seversin."

"Sen beni iyi anladın," diye cevap verdi gönüllü dilenci, ferahlamış yürekle. "Bayılırım bala, tahıl taneleri de öğütürüm; zira ben hep ağza tat veren ve nefesi temizleyen şeyler aramış durmuşumdur:

–Uzun zaman isteyen, günün tamamını alan ve şirin haylazlarla miskinlere göre ağza eğlencelik şeyler de aramışımdır.

Şüphesiz, bu işi inekler götürmüştür en ileri: onlar bulmuşlardır geviş getirmeyi ve güneşte yatmayı. Yürek kaldıran kara kara düşüncelerden de sakınırlar onlar."

–Peki öyleyse! dedi Zerdüşt, "*Benim* hayvanlarımı, kartalımla yılanımı da görmelisin, – eşi benzeri yoktur bugün onların dünyada.

Bak, şu yol mağarama gider, misafiri ol mağaramın bu gece. Ve hayvanlarımla, hayvanların mutluluğu üzerine sohbet et dönünceye kadar ben. Şimdi lakin acele bir yardım çığlığı çağırıyor beni, ayırıyor senden. Yeni bal da bulacaksın mağaramda, altın petek balı, buz gibi; ye ondan!

Şimdi ama hemen ayrıl ineklerinden, ey garip kişi! Ey sevimli kişi! Güç de olsa senin için bu. Ne de olsa onlar senin en candan dostların ve üstadlarındırlar!" –

"Daha çok sevdiğim biri hariç," diye cevap verdi gönüllü dilenci. "Sen kendin iyisin, bir inekten de iyisin, ey Zerdüşt!"

"Defol, defol şuradan! seni çapkın dalkavuk seni!" diye haykırdı Zerdüşt muzipçe, "Ne diye şımartırsın beni bu türlü övgüyle, bu türlü dalkavukluk balıyla?"

"Defol, defol yanımdan!" diye haykırdı bir daha ve asasını muhabbetli dilenciye kaldırdı, fakat adam seğirtip sıvışıverdi oradan.

GÖLGE

Fakat gönüllü dilenci daha henüz sıvışıp kaçmış ve Zerdüşt yine yalnız kalmıştı ki, arkasından yeni bir sesin bağırdığını işitti: "Dur! Zerdüşt! Bekle! Evet ben'im, ey Zerdüşt ben, gölgen senin!" Ama Zerdüşt beklemedi; zira dağlarına üşüşülmesinden ve kalabalık edilmesinden öfkelenmişti birdenbire. "Nereye gitti benim yalnızlığım?" diyordu.

"Doğrusu, pek fazla oluyor, bu dağlar karınca gibi kaynıyor, benim ülkem artık b u dünyadan değil, yeni dağlar gerek bana.

Beni gölgem mi çağırıyor? Vız gelir gölgem! Varsın koşsun ardımdan! Ben – kaçarım ondan."

Böyle dedi Zerdüşt gönlüne ve koşup kaçtı. Fakat ardındaki onu takip ediyordu, öyle ki, hemencecik üçleşti birbiri ardında koşanlar, – yani, en önde gönüllü dilenci, sonra Zerdüşt, üçüncü olarak da, en arkada, gölgesi. Ama böylece çok koşmamışlardı ki, çılgınlığının farkına vardı Zerdüşt ve bir silkinişte öfkesiyle tiksintisini attı üzerinden.

"Ne!" dedi, "En gülünç şeyler daima biz ihtiyar yalnızlarla ermişlerin başına gelmez mi?

Gerçek, cennetim benim büyüyüp gelişti dağlarda! Altı yaşlı kaçığın bacaklarının birbiri ardında takırdadığını işitiyorum şimdi işte!

Ama Zerdüşt bir gölgeden korkmalı mı ya? Sonra, bana öyle geliyor ki, ne de olsa benimkilerden daha uzun onun bacakları."

Böyle diyordu Zerdüşt, gözü gönlü gülerek; sonra durdu, çabucak arkasına döndü, – ve bakın hele, peşini bırakmayanı, gölgesini az kalsın yere devirecekti, o kadar yakından takip ediyordu beriki kendisini, o kadar da zayıftı ki hem. Zerdüşt, başkalarıyla gölgesini dikkatle süzünce, sanki aniden bir hayalet görmüş gibi korktu, öyle zayıf, kara kuru, çökmüş ve bitkin görünüyordu bu takip eden.

"Kimsin sen?" diye Zerdüşt sordu öfkeyle, "İşin ne burada? Ve ne diye senin gölgenim ben diyorsun? Hoşlanmıyorum senden."

"Affet beni," diye cevap verdi gölge, "gölgen olmamı affet; ve hoşuna gitmiyorsam eğer, – varsın öyle olsun, ey Zerdüşt! Seni ve sağ beğenini takdir ederim bundan ötürü.

Uzun zaman peşini bırakmamış bir gezginim ben; yoldayım daima, ama gayesiz ve yurtsuz da hem: hani doğrusu ebedi Gezgin Yahudi olmama az bir şey kaldı, şu farkla ki, ne ebediyim ben, ne de bir Yahudi.

Ne? Yolda mı olmam gerek daima? Esen her rüzgârla savrularak, durup bir yere konmadan, sürüklenerek oradan oraya? Ey dünya yuvarlağı, bana sen pek yuvarlak gelmeye başladın!

Her yüzeyde oturmuşum ben şimdiye dek, yorgun tozlar gibi aynalarda ve pencere camlarında uyuyup kalmışım: her şey benden alıyor, bir şey veren yok bana; gittikçe inceliyorum, – handiyse bir gölgeye döndüm.

Ama senin ardında, ey Zerdüşt, uçtum yürüdüm en çok; senden sakladımsa da kendimi, yine de bendim senin en iyi gölgen: nereye oturduysan sen, ben de oturdum oraya.

En uzak, en soğuk dünyalarda dolaştım seninle; kış damları ve karlar üstünde gönüllü gezen bir hayalet misali.

En yasak, en kötü ve en uzak şeylerin içine seninle geçip girdim: ve erdem diye bir şey varsa eğer içimde, hiçbir yasaktan korkmayışımdandır bu.

Seninle kırıp parçaladım nesi varsa gönlümün saydığı; bütün sınır taşlarını ve heykelleri alaşağı ettim; en tehlikeli arzuların peşine düştüm, – gerçek, bir vakitler ben her suçun üstünden geçtim.

Ben seninle unuttum kelimelerle değerlere ve büyük isimlere inanmayı. İblis deri değiştirince, ismi de değişmez mi? Zira, o da deridir. İblisin kendisi belki – deridir.

'Hiçbir şey doğru değil, her şeye müsaade var,' – böyle diyorum ben kendi kendime. En soğuk sulara daldım kafamla ve gönlümle. Ah, kaç kereler çıplak kaldım orada bu yüzden, kırmızı bir yengeç gibi!

Ah, nereye gitti benim bütün iyiliğim, bütün utancım ve iyilere duyduğum bütün inancım! Ah, nerde bir zamanlar sahip olduğum yalancı masumluk, iyilerin ve onların soylu yalanlarının masumluğu nerde şimdi!

Doğru, sık sık peşinden giderek, iyice yakından takip ederdim gerçeği: o vakit tekmeyi yapıştırdı yüzüme. Bazen yalan söylediğimi zannederdim, bakın ki siz şu işe, tam isabet, gerçeği o zaman vurmuşum asıl!

Birçok şeyler aydınlandı gözümde: hiçbiri artık ilgilendirmiyor beni. Sevdiğim hiçbir şey hayatta değil artık, – nasıl severim ben kendimi hâlâ?

'Ya canımın istediğince yaşamak, ya da hiç yaşamamak: bunu isterim ben; en mübarek kişi de bunu ister. Fakat heyhat! Nasıl olur da hâlâ bende istek olur?

Hâlâ benim – bir gayem var mı? *Benim* yelkenimin yöneldiği bir liman?

Müsait bir rüzgâr? Ah, ancak yelken açtığı *yönü* bilen bilir hangi rüzgârın kendisi için iyi, hangi rüzgârın müsait olduğunu.

Ne kaldı ki daha bana? Yorgun ve haddini bilmez bir kalp: kararsız bir irade; çırpınan kanatlar, kırık bir belkemiği.

Bu *kendi* yurdumu arayış: ey Zerdüşt, bilir misin ki bu arayış derdi oldu içimin; beni yiyip bitirir.

'*Nerde – benim* yurdum? Bunu sorup ararım, bunu aradım ne zamandır, ama bulamadım. Ey ebedi 'her yer', ey ebedi 'hiçbir yer', ey ebedi 'beyhude!'" –

Böyle diyordu gölge; Zerdüşt'ün yüzü ise, onu dinlerken asıklaşıyordu. "Benim gölgemsin sen!" dedi nihayet mahzun mahzun.

"Karşılaştığın tehlike küçük değil, ey özgür ruh, ey gezgin! Fena bir gün geçirdin: bak bir daha beter bir akşam geçirmeyesin! Senin gibi huzursuz olanlara, sonunda zindan bile mutluluk gibi gelir. Hapse atılmış suçluların nasıl uyuduklarını gördün mü sen hiç? Sakin sakin uyurlar, yeni güvenliklerinden zevk alırlar.

Sakın ki sonunda dar bir inancın, sert, amansız bir aldanışın tuzağına düşmeyesin! Çünkü dar ve katı olan her şey seni kandırır, ayartır artık.

Kaybetmişsin sen gayeni: yazık, nasıl unutur da bu kaybın acısını, teselli bulursun? Bununla –sen yolunu da kaybetmiş oldun!

Ey zavallı yolcu, zavallı avare, ey yorgun kelebek! Dinlenmek ister misin, yerin yurdun olsun ister misin bu akşam? Haydi öyleyse benim mağarama git!

Şu yol benim mağarama gider. Artık çabucak, koşarak ayrılacağım yine senden. Şimdiden bir gölge var sanki üstümde.

Yalnız başıma koşacağım, öyle ki pırıl pırıl olsun etrafım yeniden. Bunun için, uzun zaman daha neşeli durup kalmalıyım bacaklarımın üstünde. Akşam ama, mağaramda – raks edilecek!" –

Zerdüşt böyle diyordu.

ÖĞLEYİN

Ve Zerdüşt koştu, koştu, ama başka hiçbir kimseyi bulamadı, yalnız başına kaldı ve kendini buldu hep tekrar tekrar; tadını çıkara çıkara zevkle içti yalnızlığını ve iyi şeyler düşündü – saatler saati. Fakat öğleye doğru, güneş tam tepesindeyken, Zerdüşt, bir asmanın coşkun sevgisiyle kucaklanıp kendi kendinden saklanmış yaşlı, eğri ve budaklı bir ağacın yanına vardı: asmadan bolluk içinde sarı üzümler sarkıyor, gezgine ikram ediyorlardı kendilerini. O ara, biraz susuzluğunu gidermek, bir salkım üzüm koparmak geldi içinden. Fakat, henüz uzatmıştı ki elini, daha kuvvetli başka bir arzu duydu içinde: yani, bu mükemmel öğle saatinde ağacın dibine uzanıp uyumak.

Öyle yaptı Zerdüşt; ve rengârenk otların sessizliği ve gizliliği içinde yatar yatmaz yere, unutuverdi küçük susuzluğunu ve uykuya daldı. Zira, Zerdüşt'ün bir özdeyişindeki gibi: "Her şey birbirinden daha lüzumludur." Gözleri yalnız açık kaldı, – bu gözler çünkü ağacı ve asmanın sevgisini seyre ve övmeye kanamamıştı. Fakat uykuya varırken, Zerdüşt şöyle dedi gönlüne:

"Sus! Sus! Mükemmelleşmedi mi şimdi dünya? Ne oluyor bana böyle?

Bir ince rüzgâr nasıl görünmeden denizin titreşe titreşe parıldayan yüzünde hafif, tüy gibi hafifçecik oynarsa, – öyle oynuyor uyku benim üstümde.

Kapadığı yok gözlerimi, uyanık bırakıyor gönlümü. Hafiftir o, hakikaten, tüy gibi hafif.

Nasıl oluyor bilmem, kandırıyor beni, okşayan ellerle içime içime dokunuyor, beni zorluyor. Evet, zorluyor beni, öyle ki gönlüm yayılıp geriniyor:

Nasıl gevşeyip yorgun düştü, garip gönlüm benim! Yedinci günün akşamı, tam öğleyin mi geldi gönlüme? İyi ve olgun şeyler arasında pek uzun zaman mı gezinmiş yoksa, mutlu mutlu?

Geriniyor işte, uzuyor, – uzadıkça uzuyor! Sakin yatıyor, benim garip gönlüm. Hayli güzel şeyler tatmıştır o; bu altın hüzün onu eziyor, ağzını çarpıtıyor o da.

–En sakin koyuna giren bir gemi gibi: – uzun yolculuklardan ve güvenilmez denizlerden yorgun düşmüş, karaya yaslanıyor şimdi. Daha bir vefalı değil midir kara?

Böyle bir geminin sahile yaklaşması, sahile yanaşması gibi: – bir örümceğin artık karadan ona ağ çekmesi kâfidir. Daha sağlam halatlara hacet kalmaz.

En sakin koydaki böyle bir gemi gibi, dinleniyorum ben de işte, – toprağa yakın, vefalı, güvenli, bekleyerek, en ince bağlarla bağlı ona.

Ey saadet! Ey saadet! Şakımak mı istiyorsun ey gönlüm? Otlar içinde yatıyorsun. Ama, hiçbir çobanın kaval çalmadığı, mahrem ve ağır saat bu.

Aman, sakın ha! Kızgın öğle uyuyor kırlarda. Şakıyım deme! Sus! Ne mükemmel bak dünya.

Şakıyım deme, ey çayır kuşu, ey gönlüm benim! Fısıldama bile! Bak – sus! uyuyor koca öğle, ağzını oynatıyor: bir damla saadet içmiyor mu şu anda tam – eski bir esmer damla altın saadetten, altın şaraptan? Bir şey geçiyor üzerinden sessizce ve hızlı, saadeti gülüyor. İşte – böyle güler bir tanrı. Sus!

–'Saadet için, ne kadar da az şey gerek saadet için!' Böyle demiştim de bir zamanlar, bilge sanmıştım kendimi. Bir küfürdü bu halbuki: *bunu* öğrendim şimdi ben. Akıllı deliler daha iyi konuşurlar.

Asıl en küçük şey, en narin, en hafif şey, bir kertenkelenin hışırtısı, bir esinti, bir hızlıca kayış, bir ani bakış – az şeylerdir yaratan *en iyi* saadeti. Sus!

–Ne oldu böyle bana? Dinle! Zaman uçup gitmiş olmasın? Düşmüyor muyum ben? Ben düşmedim mi – dinle! ebediyet kuyusuna?

–Ne oluyor böyle bana? Sus! Saplanıyor mu yoksa – ah – kalbime? Kalbe! Ah, parçaları, parçaları ey kalp, böyle bir saadetten, böyle bir vurulmadan sonra!

–Ne? Daha mükemmelleşmedi mi şimdi dünya? Yuvarlak ve olgun? Ah, yuvarlak altın halka – nereye uçuyor böyle? Varıp ardından koşayım! Hemencecik!

"Sus!" – (Ve burada Zerdüşt gerindi, uyuduğunun farkına vardı.)

"Kalk!" dedi kendi kendine, "Seni gidi uykucu! Öğle uykucusu seni! Haydi bakalım, kalkın, yaşlı bacaklar! Vakit erişti, geçiyor bile. Epey yol var daha önünüzde!

Uyudunuz kana kana işte; ne kadar zaman mı uyudunuz? Bir ebediyet yarısı! Haydi bakalım, kalk artık, benim koca gönlüm! Böyle bir uykudan sonra bakalım daha ne zamana kadar uyanık kalabilirsin?"

(Ama o ara yine uykuya daldı, gönlü ise ona karşı koydu, kendini savundu ve yattı yeniden) – "Rahat bırak beni! Sus! Mükemmelleşmedi mi şimdi dünya? Ah, o yuvarlak, altın top!" –

"Haydi kalk," dedi Zerdüşt, "seni küçük hırsız, seni haylaz! Ne? Hâlâ geriniyor, esniyor, iç çekiyor, derin kuyulara mı düşüyorsun?

Kimsin sen peki, ey benim gönlüm!" (Ve burada irkildi, çünkü gökten bir ışın demeti düşmüştü yüzüne.)

"Ey üstümdeki gök," dedi içini çekerek, doğruldu, "beni mi süzüyorsun? Garip gönlümü mü dinliyorsun benim?

Yeryüzünden olan bütün şeylerin üstüne düşen bu çiğ tanesini ne zaman içeceksin, – ne zaman içeceksin bu garip gönlü?

Ne zaman, ey ebediyet pınarı? Ey neşeli ve korkunç öğle uçurumu! Ne zaman içeceksin de gönlümü, geri çekeceksin kendine?"

Böyle dedi Zerdüşt, ve ağacın dibindeki döşeğinden kalktı, garip bir sarhoşluktan uyanır gibi: ve bakın hele! güneş tam tepesindeydi hâlâ. Ama bundan, haklı olarak, Zerdüşt'ün pek uzun zaman uyumadığı sonucuna varılabilir.

SELAMLAMA

Zerdüşt, uzun uzadıya beyhude aramalar ve dolaşmalardan sonra, ikindi üzeri döndü ancak mağarasına. Fakat yirmi adım kadar yaklaştığında mağaraya, hiç ummadığı bir şey oldu o anda: o büyük *yardım çığlığını* işitti yeniden. Ve hayret edilecek şey! Bu kez çığlık kendi mağarasından geliyordu. Uzun, çok çeşitli, garip bir çığlıktı bu; ve Zerdüşt bu çığlığın birçok seslerden meydana geldiğini açıkça fark ediyordu: hani uzaktan işitildiğinde tek ağızdan kopan bir çığlığı andırsa bile.

O zaman Zerdüşt mağarasından içeri daldı, ve şu hale bakın siz! O nağmelerden sonra ama nasıl da bir sahne bekliyordu ya kendisini! Orda yan yana oturmuyorlar mı gündüz rastladığı o adamların hepsi: sağdaki kralla soldaki kral, ihtiyar büyücü, papa, gönüllü dilenci, gölge, ruhça vicdanlı kişi, mahzun falcı ve eşek, en çirkin insana gelince, o bir taç geçirmiş başına, beline de iki kırmızı kemer kuşanmıştı, – çünkü o, çirkinlerin hepsi gibi, kendisini gizlemeye ve güzel görünmeye bayılıyordu. Bu kederli topluluğun ortasında ise, Zerdüşt'ün kartalı duruyordu, tüyleri dikilmiş ve huzursuzdu; zira, gururunun cevap veremeyeceği bir sürü şeyler sorulmuştu kendisine; akıllı yılana gelince, kartalın boynuna dolanmış sarkıyordu.

Bütün bunlara Zerdüşt büyük bir hayret içinde baktı; sonra da her misafiri nazik bir tecessüsle bir bir gözden geçirdi, içlerini okudu ve bir daha hayret etti. Bu arada topluluk ayağa kalkmış, saygıyla Zerdüşt'ün konuşmasını bekliyordu. Zerdüşt ise şöyle dedi:

"Ey umutsuz kişiler! Ey garip kişiler! İşittiğim, *sizin* yardım çığlığınızdı demek? Nerede bulacağımı da biliyorum artık, bugün beyhude aradığım o kişiyi: *o yüksek insanı*:

–Benim kendi mağaramda oturuyor o yüksek insan! Öyleyse niye hayret edeyim! Ben kendim çekmedi mi onu buraya, bal sunularıyla ve saadetimin kurnaz, ayartıcı davetleriyle?

Ama öyle geliyor ki bana uyuşamıyorsunuz sizler bir arada: bir arada otururken böyle, ey yardım çığlığı atanlar, haşinleşiyor, birbirinizi sinirlendiriyorsunuz. Her şeyden önce başka birinin gelmesi gerek.

–Sizi tekrar güldürecek biri, şöyle keyifli, neşeli bir soytarı, bir köçek, bir rüzgâr, ele avuca sığmaz bir zıpır, şöyle bir koca deli: – ne dersiniz?

Bağışlayın da beni ama, ey umutsuz kişiler, önünüzde sizin böyle ipe sapa gelmeyen, bu türlü misafirlere, doğrusu, layık olmayan şeyler söylediğim için!

Fakat siz anlamıyorsunuz ki benim yüreğimi *nedir* böyle coşturan:

–Sizsiniz siz, ve görünüşünüz sizin, affedin beni! Zira umutsuz birini gören herkes cesaretlenir. Umutsuzun birine cesaret vermek – bu işi başaracak kadar kuvvetli sanır kendini herkes.

Bana da siz verdiniz bu kuvveti, – güzel bir armağan, benim ulu misafirlerim! Tam bir misafir armağanı! Peki öyleyse, kızmayınız sakın, ben de şimdi kendimden size bir şey sunarım.

Benim ülkem, benim sultanlığım burası: fakat benim olan her şey, bu akşam ve bu gece, sizin olacak. Hayvanlarım size hizmet edecekler: dilerim mağaram dinlenme yeriniz ola!

Ocağımda, yuvamda benim, kimse umutsuzluğa düşmesin: bölgem içinde ben herkesi korurum kendi vahşi hayvanlarından. Size sunduğum ilk şey de budur işte: güvenlik!

İkincisi ise: küçük parmağımdır. Ve aldınız mı o n u, bütün elimi de alın artık, üstelik, kalbimi de alın! Hoş geldiniz benim misafirlerim!"

Zerdüşt böyle diyordu ve sevgiyle, muziplikle gülüyordu. Bu selamlamadan sonra misafirleri bir daha eğildiler ve saygıyla sustular, fakat sağdaki kral cevap verdi hepsi adına.

"Ey Zerdüşt, bize elini verişinden ve bizi selamlayışından, anlıyoruz senin Zerdüşt olduğunu. Kendini alçalttın önümüzde; saygı duygumuzu yaralıyordun az kalsın:

Ama senden başka kim böyle gururla alçaltabilir kendisini? Bu bizim kendimizi de yükseltir, gözümüzü gönlümüzü ferahlatır.

Sırf bunu görmek için, bundan daha yüksek dağlara tırmanırız seve seve. Çünkü biz görmeye can atarak geldik buraya; neymiş, görmek istedik donuk gözleri parlatan.

İşte bak! Dindi artık yardım çığlıklarımızı. Zihnimiz, gönlümüz açıldı, büyük sevinç içinde. Handiyse ruhlarımız taşkınlık edecek.

Yeryüzünde, ey Zerdüşt, ulu ve güçlü bir iradeden daha çok haz veren bir şey yetişmez: en güzelidir o, yeryüzünün yetiştirdiği. Bütün tabiat parçası, canlanır böylesi bir tek ağaçla.

Senin gibi büyüyen çam ağacına benzetirim onu ben, ey Zerdüşt – uzun, sessiz, dayanıklı, yalnız, en iyi, en esnek odundan, görkemli, – ama nihayet, yukarılara doğru güçlü, yeşil dallarla *kendi* ülkesini yaratmak için yayılan; rüzgâra, fırtınaya ve yücelerde yerleşip oturan her şeye çetin sorular soran; – daha çetin cevaplar veren, bir komutan, bir fatih! Ey! Kim çıkmaz yüce dağlara böyle ağaçlar görmek için?

Bu senin ağacın, ey Zerdüşt, yaslıları, başarısızları bile canlandırır; seni görmekle huzursuz kişi dahi güvene kavuşur ve gönlü şifa bulur.

Ve gerçek, senin dağına ve senin ağacına çevrilmiştir nice gözler bugün; büyük bir özlem doğmuş, birçok kimseler de 'Kimdir Zerdüşt?' diye sormayı öğrenmiştir.

Ve bir zamanlar türkünü ve balını kulaklarına damlattıkların: bütün o saklı kişiler, yalnız başına oturanlarla çift oturanlar, hep bir ağızdan gönüllerine dediler:

'Sağ mı Zerdüşt hâlâ? Değmez artık yaşamaya, her şey aynı, her şey boş; meğer ki – birlikte yaşayalım Zerdüşt'le!'

'Niçin gelmiyor, geleceğini çok evvelden bildiren kişi, – böyle soruyorlar işte birçok kimseler; 'yuttu mu yalnızlık yoksa onu? Yoksa biz mi gitsek ona?'

Şimdi öyle oluyor ki, yalnızlığın kendisi inceliyor, artık ölüsünü tutamayan ve parçalanıp açılan bir mezar gibi, parçalanıp açılıyor.

Şimdi dalgalar yükseldikçe yükseliyor dağının etrafında, ey Zerdüşt. Ve zirven ne kadar yüce olursa olsun, birçoğu erişecektir sana: sandalın karaya çekilmiş kalamaz artık daha fazla.

Ve biz umutsuzların şimdi senin mağarana gelmemiz, umutsuzluğa düşmememiz artık: – bizden üstün kişilerin sana doğru yola çıktıklarını gösteren bir işaret, bir alâmettir bu ancak, – hani o sana doğru yola çıkmış olanlar, insanlar arasında Tanrı'nın son kalıntılarıdır onlar, yani: büyük özleme, büyük tiksintiye, büyük tokluğa tutulmuş bütün kişiler,

–*Umutlanmaya* yeniden öğrenmedikçe yaşamak istemeyenlerin cümlesi, – *o büyük* umudu, ey Zerdüşt, öğrenmedikçe senden!"

Böyle dedi sağdaki kral ve öpmek üzere elini tuttu Zerdüşt'ün; fakat Zerdüşt önledi onun saygısını ve geri çekildi irkilerek, sessiz ve çabucak, ta uzaklara kaçacakmış gibi sanki. Fakat biraz sonra, yine döndü misafirlerinin yanına, berrak, soruşturan gözlerle onları süzdü; ve dedi:

"Misafirlerim, ey yüksek insanlar, sizinle apaçık, dobra dobra konuşacağım. *Sizler* değildiniz benim bu dağlarda beklediğim."

("Apaçık ve dobra dobra mı? Allah Allah!" dedi soldaki kral kendi kendine; "bu Doğulu bilgenin, bizim sevgili Batılılarımızı tanımadığı anlaşılıyor!

Fakat 'lafını sakınmadan ve kaba saba' demek istiyor o, – pekâlâ! En kötü zevk değil bugünlerde henüz bu!")

"Doğrusu, hepiniz yüksek insanlar olabilirsiniz," diye devam etti Zerdüşt; "ama benim nazarımda – ne yeterince yüksek, ne de yeterince güçlüsünüz.

Benim nazarımda, yani, şimdi içimde susan, fakat her zaman susmayacak olan merhametsizin nazarında. Sizler bana ait olsanız da, sağ kolum gibi değilsiniz yine de.

Çünkü, sizler gibi, hastalıklı ve ince bacaklar üstünde duran kişi, ya bile bile ya da kendi kendisinden gizleyerek, her şeyden önce, *esirgenmek* ister.

Bense kollarımı, bacaklarımı esirgemem, *esirgemem ben savaşçılarımı:* nasıl olur da yararsınız sizler *benim* savaşıma?

Siz benim bütün zaferlerimi berbat edersiniz. Ve davullarımın gür sesini bir işitseniz, yere yuvarlanır içinizden birçoğu.

Sonra, siz yeterince yakışıklı ve soylu da değilsiniz benim için. Öğretilerim için ben duru, pürüzsüz aynalar isterim; sizin yüzeyinizde benim şeklim bile çarpık çurpuk oluyor.

Nice yük, nice hatıra altında omuzlarınız çöküyor, nice melun cüce bağdaş kurup oturmuş köşenizde bucağınızda. Sizin dahi içinizde gizlenmiş ayaktakımı kalabalıklar var.

Yüksek olsanız da, yüksek soydan gelseniz de, içinizdeki pek çok şey çarpık ve biçimsiz. Çekiciyle örsünde dövüp de benim için sizi doğrultup düzeltecek demirci yok yeryüzünde.

Sizler köprüsünüz ancak: üstünüzden daha yüksek kişiler geçsin, dilerim! Basamaklarsınız sizler: onun için kızmayın sizleri aşıp da *kendi* zirvesine çıkan kişiye!

Sizin tohumunuzdan bir gün hakiki bir oğul ve mükemmel bir mirasçı doğabilir belki benim için: fakat daha çok var o zamana. Siz kendiniz benim mirasımın ve ismimin kalacağı kimseler değilsiniz.

Sizler değilsiniz benim bu dağlarda beklediğim; sizinle olamaz benim son kez aşağılara inişim. Sizler, daha üstün kişilerin bana doğru yola çıktıklarını haber veren bir alamet olarak geldiniz ancak, – büyük özleme, büyük tiksintiye, büyük tokluğa tutulmuş kişilerin *değil,* hani şu Tanrı'nın son kalıntıları dediğiniz kişilerin de değil.

–Hayır! Hayır! Üç kere hayır! *Başkalarını* bekliyorum ben bu dağlarda; ve onlarsız bir adım atmam buradan.

–Daha üstün kişileri, daha kuvvetli kişileri, daha muzaffer kişileri, daha neşeli kişileri, beden ve ruhça levent yapılı kişileri bekliyorum ben: *gülen aslanlar* gelmelidir!

Ey benim misafirlerim, ey garip kişiler – duymadınız mı siz hiç benim çocuklarımı? Ve bana doğru yola çıktıklarını onların?

Bahçelerimden, Mutlu Adalarımdan, yeni güzel soyumdan bahsedin bana, – neden bana bunlardan bahsetmiyorsunuz?

Misafir armağanı olarak bunu diliyorum sizin sevginizden, bana çocuklarımdan bahsetmenizi. Onlar için zenginim ben, onlar için fakir düştüm: neler vermedim ki neler.

–Neler vermem ki, benim olsun yalnız bu bir şey diye: *bu* çocuklar, *bu* canlı fidanlık, *bu* hayat ağaçları benim irademin, en yüksek umudumun!"

Böyle diyordu Zerdüşt; sonra konuşurken durdu birden. Çünkü özlemi tutmuş, kalbindeki heyecan yüzünden, gözlerini ve ağzını kapamıştı. Bütün misafirleri de susuyor, kıpırdamadan duruyorlardı, şaşkınlık içinde: yalnız ihtiyar falcı elleriyle, hareketleriyle işaretler yapıyordu.

AKŞAM YEMEĞİ

Çünkü bu noktada falcı Zerdüşt'le misafirleri arasındaki selamlaşmayı kesti: kaybedecek vakti olmayan biri gibi ileri atıldı, Zerdüşt'ün elini yakaladı ve bağırdı: "Ama Zerdüşt!

'Her şey birbirinden daha lüzumludur,' demedin mi sen: peki öyleyse, bir şey var ki şimdi daha lüzumlu *benim için* her şeyden.

Tam sırasında bir söz işte sana: sen davet etmedin mi beni *yemeğe?* Burada da uzun yoldan gelmiş bunca insan var. Lafla doyurmak niyetinde değilsin herhalde karnımızı?

Sonra, hepiniz donma, suda boğulma, havasızlıktan boğulma ve bedenin karşılaşabileceği diğer tehlikeler üzerine bu kadar uzun boylu zihin yordunuz da, hiçbiriniz ama *benim* tehlikemi, yani açlıktan ölmeyi düşünmediniz." –

(Böyle dedi falcı. Zerdüşt'ün hayvanları işitince bu sözleri, korku içinde kaçıştılar. Çünkü gördüler ki, gündüz mağaraya toplayıp getirdiklerinin hepsi bir falcının karnını doyurmaya bile yetmeyecek.)

"Susuzluktan ölmeyi de," diye devam etti falcı. "Gerçi burada ben suların, bilgelik sözleri gibi çağıldadığını, yani bol bol ve usanmadan çağıldadığını duyuyorum ama, ben *şarap* isterim!

Herkes Zerdüşt gibi anadan doğma su içen değildir pek. Yorgun ve sararıp solmuş olanlara iyi gelmez de hem su: *bize* şarap gerek, – ancak o hemencecik şifa verir, sağlık getirir tez elden!"

Bu sırada işte, falcı şarabın özlemini çekerken, soldaki kral, o sessiz kişi, bir kerecik olsun konuştu. "*Biz* icabına baktık," dedi, "kardeşim sağdaki kralla, ben, şaraptan yana: kâfi şarabımız var, – bir eşek yükü tam. Bir eksiğimiz yok ekmekten başka."

"Ekmek mi?" diye cevap verdi Zerdüşt gülerek, "Yalnızlarda bulunmayan da işte ekmektir asıl. Ama yalnız ekmekle yaşanmaz ya, enfes kuzu etiyle de yaşanır; iki kuzum var benim:

–*Bu* kuzular kesilsin çabucak ve adaçayı ekilerek baharatla pişirilsin: böyle hoşuma gider benim. Titizlerin ve ağzının tadını bilenlerin bile beğenecekleri köklerimiz, meyvelerimiz de eksik değil, – kırılacak cevizlerimiz, çözülecek bilmecelerimiz de.

Böylece güzel bir yemek yiyeceğiz çok geçmeden. Fakat bizimle yemek yemek isteyenler işe de yardım etmelidirler, krallar bile. Çünkü Zerdüşt'ün yanında bir kral dahi aşçılık edebilir."

Bu teklif gönlünce oldu herkesin, yalnız gönüllü dilenci ete, şaraba ve baharata itiraz etti.

"Bakın siz hele şu obur Zerdüşt'e!" dedi şaka ederek: "İnsan mağaralara ve yüksek dağlara böyle yemekler pişirmek için mi çekilir?

Şimdi anlıyorum doğrusu bir zamanlar bize öğrettiği şeyi: Övgüler olsun küçük fakirliğe!" Ne için ortadan kaldırmak istediğini de anlıyorum dilencileri."

"Neşeli ol, neşeli," diye cevap verdi Zerdüşt, benim gibi. Bağlı kal kendi âdetlerine, ey mükemmel adam: öğüt tahıl tanelerini, iç suyunu, öv aşçılığını, – yeter ki seni neşelendirsin bu!

Ben ancak benden olanın kanunuyum; herkes için kanun değilim ben. Ama benden olanların da kemikleri pek, ayaklarıysa çevik olmalıdırlar, – savaşta neşeli, şölende neşeli; mahzun, hayalsever değil; şölene olduğunca en güç işlere hazır, sağlam ve dinç.

En iyi şeyler benden olanlarındır ve benimdir, bize verilmezse, almasını biliriz biz onları: – en iyi yiyecek, en duru gök, en sağlam düşünceler, en güzel kadınlar!" –

Böyle diyordu Zerdüşt; fakat sağdaki kral cevap verdi: "Tuhaf! Kimse duydu mu hiç böyle akıllıca şeyler çıktığını bir bilgenin ağzından?

Ve doğrusu en tuhaf şey de bu bir bilgede, böylesi akıllı olsun da eşek olmasın."

Böyle dedi sağdaki kral ve şaştı; fakat eşek, onu bu konuşmasına, Yİ-A diyerek, yezitçe cevap verdi. Bu ama, tarih kitaplarında "Akşam Yemeği" diye bahsi geçen uzun yemeğin başlangıcıydı. Bu yemekte *yüksek insan*'dan başka bir şey konuşulmadı.

YÜKSEK İNSAN ÜZERİNE

1

Ben insanlar arasına ilk gidişimde, yalnızlara özgü bir delilik ettim, büyük bir delilik: Pazar yerinde göründüm.

Ve herkese söz söyleyeyim derken, kimseye söz söylememiş oldum. Akşam olunca da, ip cambazlarıyla cesetler yoldaşlarım oldular; kendim de hemen hemen bir ceset gibiydim.

Halbuki, yeni sabahla birlikte, yeni bir hakikat doğmuştu bana: o zaman öğrenmiştim şöyle demeyi: "Bana ne pazar yerinden, yığından yığın-gürültüsünden ve uzun yığın-kulaklarından!"

Ey yüksek insanlar, *şunu* öğrenin siz benden: pazar yerinde kimse inanmaz yüksek insanlara. Yine de konuşmak isterseniz orda, keyfiniz bilir! Ama yığın göz kırpar. "Eşitiz biz hepimiz."

"Ey yüksek insanlar," – diye göz kırpar yığın – "yüksek insan diye bir şey yoktur, eşitiz biz hepimiz; insan insandır, Tanrı önünde – eşitiz biz hepimiz!"

Tanrı önünde ha! – Ama bu Tanrı öldü artık. Yığın önündeyse, istemeyiz biz eşit olmak. Ey yüksek insanlar, uzaklaşınız pazar yerinden!

2

Tanrı önünde ha! – Ama bu Tanrı öldü artık! Ey yüksek insanlar, bu Tanrı sizlerin en büyük tehlikenizdi.

Ancak o mezara gireli beri dirildiniz sizler yeniden. Ancak şimdi geliyor büyük öğle, şimdi ancak yüksek insan efendi olacak!

Anladınız mı bu sözü, ey kardeşlerim? Korkuyor musunuz yoksa: yürekleriniz mi sersemleşiyor? Uçurum mu açılıyor önünüzde? Cehennem köpeği mi havlıyor size?

Haydi bakalım! Haydi! Ey yüksek insanlar! Şimdi ancak doğum sancıları içindedir insan geleceğinin dağı. Tanrı öldü: şimdi *biz,* – Üstüninsanın yaşamasını istiyoruz.

3

En çok endişe duyanlar soruyorlar bugün: "İnsan nasıl korunacak?" Zerdüşt ise ilk ve tek kişi olarak soruyor: "İnsan nasıl *aşılacak?*"

Üstüninsan, benim gönlümde olan; benim için ilk ve yegâne şey *odur* – insan *değil:* komşu değil, en fakir değil, en mustarip değil, en iyi değil. –

Ey kardeşlerim, insanoğlunda sevebileceğim benim, onun bir karşıya geçiş ve bir batış olmasıdır. Kendinizi bana sevdiren ve bana umut veren çok şey var sizlerde de.

Horgörünüz, ey yüksek insanlar, umut veriyor bana, Zira büyük hor görenler büyük saygı duyanlardır da.

Umutsuzluğa düşmenizde sizlerin, saygı duyulacak çok şey vardır. Çünkü sizler boyun eğmeyi öğrenmediniz, küçük kurnazlıkları öğrenmediniz sizler.

Çünkü küçük insanlar efendi olmuşlardır bugün artık: onların hepsi bugün boyun eğmeyi, alçakgönüllülüğü, kurnazlığı, çalışkanlığı, özenmeyi ve küçük erdemlerin bir sürü abuk sabukluklarını vaaz ederler. Kadına benzer ne varsa, köleler soyundan gelen ne varsa; ve hele yığınların o karmakarışık çeşidi: – şimdi *bunlar* bütün insanlığın mukadderatına sahip olmak istiyorlar – ah Tiksinti! Tiksinti! Tiksinti!

Bunlar sorarlar da sorarlar ve hiç usanmazlar: "İnsan kendisini en iyi, en uzun, en hoş olarak nasıl koruyabilir?" Böylece işte – bugünün efendileri olurlar.

Aşın bugünün bu efendilerini, ey kardeşlerim, – bu küçük insanları: *onlardır* Üstüninsan için en büyük tehlike!

Aşın, ey kardeşlerim, küçük erdemleri, küçük kurnazlıkları, kılı kırk yaran özenmeyi, karıncalar misali kaynaşmayı, sefilce rahat düşkünlüğünü, "en büyük çoğunluğun saadetini"! –

Ve boyun eğmektense umutsuzluğa düşün daha iyi. Doğrusu, bugün yaşamayı bilmediğiniz için ben sizleri seviyorum, ey yüksek insanlar! Çünkü sizler en iyi böyle yaşarsınız!

4

Cesaretiniz var mı, ey kardeşlerim? Yiğit misiniz? Şahitler önündeki cesaret *değil,* fakat Tanrıların bile artık göremedikleri yalnızların ve kartalların cesareti hani?

Soğuk ruhlara, katırlara, körlere ve sarhoşlara yiğit demem ben. Korkuyu bilende, ama onu *yenende* vardır yürek; uçurumu görende, ama ona *gururla* bakanda, – kartal pençeleriyle uçurumu *kavrayanda:* onda vardır cesaret. –

5

"İnsan kötüdür" – böyle diyorlardı bana teselli için bütün bilge kişiler. Ah, keşke bugün de doğru olsa bu hâlâ! Zira kötülük, en iyi kuvvetidir insanın.

"İnsan daha iyi ve daha kötü olmalıdır" – böyle öğretirim ben. En kötü, Üstüninsanın en iyisi için lazımdır.

Istırap çekmek ve insanların günahlarını yüklenmek, o küçük insanlar vaizi için iyi olabilir. Halbuki büyük *tesellim* olarak ben büyük günahtan haz duyarım. –

Fakat bu gibi şeyler uzun kulaklar için söylenmiş değildir. Her söz de her ağza yakışmaz. Bunlar ince, uzak şeylerdir: koyun tırnakları kavramaya yeltenmemeli onları!

6

Ey yüksek insanlar, sizin boğduğunuz şeyleri düzeltmek için mi geldiğimi sanıyorsunuz benim?

Yoksa siz mustariplere bundan böyle daha rahat döşekler yapmak istediğimi mi? Ya da siz huzursuzlara, yolunu şaşıranlara, yanlış yere tırmananlara, yeni ve daha kolay yollar göstereceğimi mi?

Hayır! Hayır! Üç kere Hayır! Daima daha çok, daima daha iyi kişiler mahvolmalı soyunuzdan, – çünkü hayat sizin için daima beter olmalı, daha çetin olmalı daima. Böyle ancak –

–Böyle ancak büyür insan yıldırımın çarpıp paramparça edeceği yüksekliğe: yıldırım için yeterli yüksekliğe!

Aza doğru, uzuna, uzağa doğru meyleder benim gönlüm ve özlemim: sizin o biri sürü küçük, kısa sıkıntılarınız benim ne umurum!

Sizler henüz yeterince ıstırap çekmiyorsunuz bence! Çünkü kendinizden sizin çektiğiniz, *insan elinden* daha henüz çekmediniz. Yalan söylemiş olursunuz, başka türlü konuşursanız! Benim ıstırabını çektiğim şeyin elinden, acı çekmemiştir hiçbiriniz. –

7

Şimşeğin artık zarar vermemesi kâfi gelmiyor bana. Hedefinden çevirmek istemem ben şimşeği: *benim* için çalışmayı öğrenmelidir o. – Bilgeliğim bir bulut gibi toplandı ne zamandır, gittikçe durgunlaştı, gittikçe karardı. Bir gün *yıldırımlar* yaratacak her bilgelik böyle olur.

Bugünün insanları için ben *ışık* olmak istemem, ışık denilmesini de istemem. *Onları* – körleştirmek isterim ben: bilgeliğimin şimşeği! Mil çek onların gözlerine!

8

Kudretinizin üstünde bir şey dilemeyiniz: kudretinin üstünde şeyler dileyen kimselerde kötü bir sahtelik vardır.

Hele büyük şeyler istediklerinde! Çünkü güvensizlik uyandırırlar büyük şeylere karşı, bu ince kalpazanlar ve soytarılar:

–Kuvvetli sözlere, gösterişli erdemlere, parlak uydurma eylemlere bürünmüş bu şaşılar, bu yaldızlı kurt yenikleri, sonunda kendilerine karşı da sahteleşirler.

İyice sakınınız ha bundan, ey yüksek insanlar! Çünkü dürüstlükten daha kıymetli, daha nadir bir şey yoktur bugün bence.

Bugün yığınların değil midir? Ama yığınlar büyüğün küçüğün ne olduğunu bilmezler, doğrunun dürüstün bilmezler ne olduğunu: onlar masumca eğridirler, daima yalan söylerler.

9

İyi bir güvensizliğiniz olsun bugün, ey yüksek insanlar, ey yürekli kişiler! Ey açık yürekli kişiler! Sebepleriniz de gizli tutun! Zira bugün yığınlarındır.

Yığınların bir zamanlar sebepsiz inanmaya alıştığı şeyleri, kim yıkabilir sebepler gösterecek?

Pazar yerinde ise, el kol hareketleriyle olur inandırma. Sebepler halbuki, yığınları güvensiz yapar.

Ve bir kere gerçek zafer kazanırsa, iyi bir güvensizlikle sorun kendi kendinize: "Hangi zorlu yanlış savaştı acep bu zafer için?"

Böyle kişiler, 'yalan söylemeyiz biz' diye kurumlanırlar. Halbuki yalan söyleyememek, gerçek sevgisinden uzaktır henüz. Tetikte olun!

Ateşi olmamak, bilgi olmaktan uzaktır henüz! Soğumuş ruhlara inanmam ben. Yalan söyleyemeyen, bilmez gerçeğin ne olduğunu.

10

Yükseklere çıkmak istiyorsanız, kendi bacaklarınızı kullanınız! Kendinizi *taşıtmayın* yükseklere; başkalarının sırtına, kafasına binmeyin!

Fakat sen ata mı bindin? Hedefine mi gidiyorsun doludizgin? Pekâlâ, dostum! Topal ayağın da ama at üstünde!

Hedefine vardığında, atından indiğinde: tam *yüksekliğindeyken,* en yüksek insan, – o zaman sendeleyeceksin işte sen!

11

Ey yaratıcılar, ey yüksek insanlar! Kişi kendi çocuğuna gebe kalır ancak.

Aldanmayın, kanmayın! Kimdir peki *sizin* komşunuz? "Komşunuz için" bir şey yapsanız dahi, – yine de bir şey yaratmış olmazsınız ki onun için!

Unutun ne olur şu "için"i, ey yaratıcılar: erdeminiz sizin "için" ile, "ötürü" ile ve "çünkü" ile ilginizin olmasını ister. Bu uydurma, bu küçük sözlere tıkayın kulaklarınızı.

"Komşu için," küçük insanların erdemidir ancak: "her şey karşılıklı" derler onlar, "el eli yıkar" derler: ne hakları vardır onların *sizin gibi* bencil olmaya, ne güçleri!

Sizin bencilliğinizde, ey yaratıcılar, gebelerin sağgörüsü, öngörüsü vardır! Henüz hiçbir kimsenin görmediği meyve bütün sevginizle korunur, esirgenir ve beslenir.

Bütün sevginiz neredeyse, bütün erdeminiz de ordadır, çocuğunuzda yani! Eserinizdir, iradenizdir *sizin* "komşunuz": uydurma değerler kandırmasın sizi!

12

Ey yaratıcılar, ey yüksek insanlar! Her kim doğuracaksa hastadır; ama her kim doğurmuşsa kirlidir.

Sorun kadınlara: hoşlanıldığı için doğum yapılmaz! Sancı, tavuklarla şairleri gıdaklatır.

Ey yaratıcılar, çok şey var sizde kirli olan: Bunun için ana olmanız gerekli işte.

Yeni bir çocuk: ah, ne kadar çok yeni kir daha gelmiştir dünyaya! Çekilin bir kenara! Doğum yapan temizce yıkamalıdır ruhunu!

13

Gücünüzün üstünde erdemli olmayınız! Ve kendinizden ihtimale karşı bir şey istemeyiniz!

Babalarınızın erdem izinde yürüyünüz! Babalarınızın iradesi sizinle birlikte yükselmezse, sizler nasıl yükselebilirsiniz?

Fakat ilk olmak isteyen, dikkat etmeli sonuncu olmamaya! Babalarınızın ayıplarının bulunduğu yerde ermişlik taslamayın!

Ataları kadına, sert şaraba ve yaban domuzu etine düşkün olan adam, kendi kendinden namus beklerse ne olur?

Delilik olur, delilik! Çok görünür doğrusu bana, böyle bir adamın, bir yahut iki, ya da üç kadına kocalık etmesi.

Ve manastırlar yaptırsa ve kapılarının üstüne: "Kutsallık Yolu" diye yazdırsa, – yine de derim ki ben: Neye yarar! Yeni bir deliliktir bu!

O kendisine bir ıslahevi, bir sığınak yaptırmıştır: hayırlı uğurlu olsun! Ben buna inanmam ama.

Ne götürürse insan, o büyür yalnızlıkta, – içteki hayvan bile öyledir. Onun için salık verilmez birçoklarına yalnızlık.

Yeryüzünde çöl ermişlerinden daha kirli bir şey olmuş mudur hiç? *Etrafında onların* yalnız iblis değil, – domuzlar da ipini koparmış dolaşır.

14

Sıçrayışı boşa gitmiş bir kaplan gibi çekingen, mahcup, beceriksiz, – ey yüksek insanlar, – sizi ben çok kez böyle gördüm sıvışırken bir kenara. Tutmadı *attığınız zar.*

Ne çıkar halbuki bundan, ey barbutçular! Oynamayı ve alay etmeyi, şöyle gereğince oynamayı ve alay etmeyi, öğrenmediniz sizler! Bizler daima büyük bir alay ve oyun masasında oturmuyor muyuz?

Peki giriştiğiniz büyük işler başarısızlığa uğramışsa, sizler de başarısız mı sayılırsınız bu yüzden? Peki sizler başarısızlığa uğramışsanız, başarısız mı sayılır insanoğlu bu yüzden? İnsanoğlu da başarısızlığa uğramışsa: haydi haydi! adam sen de!

15

Ne kadar yüksek olursa cinsi, o kadar seyrek olur daima başarısı bir şeyin. Ey yüksek insanlar, sizler hepiniz – başarısız değil misiniz?

Neşeli olun neşeli, ne çıkar bundan? Daha neler neler mümkün! Gülmeyi öğrenin kendinize, gerektiğince gülmeyi!

Ne var bundan şaşılacak, başarısızlığa uğramışsanız, ya da yarı yarıya muvaffak olmuşsanız, ey yarı-parçalanmışlar! Uğraşan, çırpınan içinizde sizin – insanın *geleceği* değil mi?

İnsanın en uzak, en derin, yıldızlarca yüksek meseleleri, o dev kudreti onun, – bütün bunlar birbirlerine karşı köpürmüyorlar mı sizin kabınızda?

Ne var bunda şaşılacak, nice kaplar parçalanmışsa! Gülmeyi öğrenin kendinize, gerektiğince gülmeyi! Ey yüksek insanlar, ah neler neler mümkün daha!

Ve doğrusu, ne kadar çok şey başarılmıştır şimdiden! Ne kadar zengindir şu yeryüzü küçük, iyi, mükemmel ve başarılmış şeylerden yana!

Küçük, iyi, mükemmel şeyler yerleştirin etrafınıza, ey yüksek insanlar. Onların altın olgunluğu şifa verir gönüle. Mükemmel şey umudu öğretir insana.

16

Neydi bu yeryüzünde bugüne dek en büyük günah? "Vah haline, burada gülenlerin!" diyen kişinin sözleri değil miydi?

O kendisi bir sebep bulamıyor muydu gülmek için yeryüzünde? Aramasını bilmiyordu öyleyse. Bir çocuk bile gülecek şeyler bulur.

O – sevmiyordu yeterince: yoksa bizleri de severdi, biz gülenleri! Fakat nefret ediyordu o bizden, alay ediyordu bizimle; hıçkırıklı gözyaşları ve diş gıcırtısı vaat ediyordu bizlere.

Peki, sevmeyince insan beddua mı etmeli hemen? Bu zevksizliktir bence. Böyle yaptı ama, bu zorba. O, yığınlardan çıkmıştı.

Yeterince sevmiyordu o sadece: bu kadar kızmazdı yoksa sevilmemesine. Her büyük sevgi, sevgi *istemez:* – daha fazlasını ister.

Bütün bu zorbaların yolundan çekilin! Onlar bir zavallı, hasta cinstirler, bir yığın-cinsidirler: kötü gözle bakarlar onlar bu hayata; gözleri değer onların bu yeryüzüne.

Bütün bu zorbaların yolundan çekilin! Ağırdır onların ayakları, yürekleri sıkıntılıdır: – raks etmesini bilmezler. Yeryüzü nasıl hafif gelsin böylelerine!

17

Bütün iyi şeyler eğri yaklaşırlar hedeflerine. Kediler gibi kamburlarını çıkarırlar, yaklaşan mutluluklarıyla mırlarlar içlerinden, – bütün iyi şeyler gülerler.

Bir kimsenin *kendi yolunda* yürüyüp yürümediği belli olur adımından: baksanıza benim yürüyüşüme! Ama gayesine yaklaşan, raks eder.

Ve gerçek, heykelleşmedim ben; kaskatı, duygusuz, taş kesilmiş, direk gibi dikilmiyorum daha orda ben; hızla koşmayı severim.

Yeryüzünde bataklıklar da olsa, kopkoyu keder de olsa, ayağı hafif olan, koşarak çamur üstünden dahi geçer ve süpürülmüş buz üstündeymiş gibi sanki raks eder.

Yükseltiniz yüreklerinizi, kardeşlerim, yükseltiniz, daha yükseltiniz! Bacaklarınız da, ey güzel raks edenler, daha iyisi ise bunun: başınızın da üstünde durun!

18

Bu gülenin tacını, gülden örülmüş bu tacı: kendim geçirdim ben başıma, gülüşümü kendim kutsadım. Bugün buna gücü yetecek başka hiçbir kimseye rastlamadım.

Raks eden Zerdüşt, hafifçecik Zerdüşt, çırpınan kanatlarıyla işaret eden, uçmaya hazır ve tetikte, saadet içinde şen kişi:

Falcı Zerdüşt, gerçekten gülen Zerdüşt, sabırsız olmayan kişi, zorba olmayan kişi, sıçrayıp yan adımlar atmaya bayılan kişi; bu tacı kendim geçirdim ben başıma!

19

Yükseltiniz yüreklerinizi, kardeşlerim, yükseltiniz, daha yükseltiniz! Bacaklarınızı da unutmayınız ha! Yükseltiniz bacaklarınızı da, ey güzel raks edenler, daha iyisi ise bunun: başınızın da üstünde durun!

Saadette dahi ağır hayvanlar vardır, doğuştan çarpık ayaklılar vardır. Başınızın üstünde durmaya çabalayan bir fil gibi, didinip dururlar bunlar acayip acayip.

Ama saadetten deliye dönmek, felaketten deliye dönmekten yeğdir; hantal hantal raks etmek, topallamaktan yeğdir. Onun için öğrenin şu bilgeliğimi: en kötü şeyin bile iki iyi ters yanı vardır, – en kötü şeyin bile iyi bacakları vardır raks için: onun için, ey yüksek insanlar, kendinizi elverişli bacaklar üstünde tutmayı öğrenin!

Onun için dertli iç çekişleri, bütün o yığın-hüzünlerinizi unutunuz! Ah, ne kadar mahzun görünüyorlar bugün bana yığın soytarıları! Bugün halbuki, yığınların günüdür.

20

Dağ-mağaralarından kopan rüzgârların yaptığınca yapın: kendi havasına göre oynar o, denizler titreşir, sıçrar, adımları altında onun.

Eşeklere kanat takan, dişi aslanları sağan, bütün bu bugünlerin ve yığınların üstüne bir kasırga gibi gelen o iyinin iyisi, baş eğmez ruha övgüler olsun! –

Devedikeni kafalara, mankafalara ve bütün sararıp solmuş yapraklara ve muzır otlara düşman: – bataklıklar ve kederler üstünde, yeşil çayırlar üstündeymiş gibi raks eden bu yabani, iyinin iyisi, başına buyruk fırtına ruhuna övgüler olsun!

O bitkin yığın köpeklerine, bütün o biçimsiz, asık suratlı güruha kin besleyen: – bütün başına buyruk ruhların bu ruhuna, her şeyi kapkara görenlerin ve kapkara üzüntüler içine gömülenlerin hepsinin gözlerine toz savuran, bu gülen fırtınaya övgüler olsun!

Ey yüksek insanlar, en kötü tarafınız sizin, hiçbirinizin raks etmeyi gereğince öğrenmemiş olmasıdır, – kendinizden öte raks etmeyi! Ne çıkar sizin başarısız kişiler olmanızdan!

Daha neler, neler mümkün! Onun için kendinizden öte gülmeyi *öğreniniz!* Yükseltiniz yüreklerinizi, ey güzel raks edenler, yükseltiniz, daha yükseltiniz! Güzel gülmeyi de unutmayınız ha!

Bu gülenin tacını, gülden örülmüş bu tacı: sizlere, kardeşlerim benim, sizlere atıyorum bu tacı! Ben gülmeyi kutsadım; ey yüksek insanlar, sizler de *öğrenin* – gülmeyi!

KEDERLER TÜRKÜSÜ

1

Zerdüşt böylece konuşurken, mağarasının kapısına yakın duruyordu; fakat bu son sözlerle misafirlerinin yanından sıvıştı ve kısa bir zaman için açık havaya attı kendini.

"Ey etrafımdaki temiz kokular," diye bağırdı, "ey etrafımdaki mübarek sessizlik! Peki ama nerde benim hayvanlarım! Buraya gelin, buraya gelin, kartalım, yılanım benim!

Söyleyin bana, hayvanlarım: bu yüksek insanların hepsi, – kötü mü kokuyorlar ne? Ey etrafımdaki temiz kokular! Şimdi ancak anlıyorum, hissediyorum ne kadar sevdiğimi sizleri, hayvanlarım benim."

–Ve Zerdüşt bir daha dedi: "Seviyorum sizleri, hayvanlarım benim!" Kartalla yılan ise onun yanına sokuldular o bu sözleri söylerken, yüzüne baktılar onun. Bu vaziyette üçü de sessiz duruyorlar, güzelim havayı koklayarak yudum yudum içiyorlardı bir arada. Bu dışarıdaki hava zira, yüksek insanların yanındaki havadan daha iyiydi.

2

Fakat Zerdüşt henüz çıkmıştı ki mağaradan, ihtiyar büyücü ayağa kalktı, kurnaz kurnaz etrafına bakındı ve dedi: "Gitmiş!

Ve şimdiden, ey yüksek insanlar – onun gibi ben de sizi övücü, pohpohlayıcı sözlerle gıdıklayayım – şimdiden o hilekâr habis ruhum, büyücü ruhum musallat oldu bana, o kederler iblisim.

–Şu Zerdüşt'ün can düşmanı olan hani: bağışlayın kendisini! Şimdi o sizin önünüzde büyü yapmak *istiyor,* tam saati şimdi bu *onun;* beyhude boğuşuyorum ben bu habis ruhla.

Hepinize, ne türlü şerefli adlar takarsanız takın kendinize, ister 'özgür ruhlar' deyin, ya da 'doğrular', ister 'ruh tövbekârları', 'zincirden çözülmüşler' deyin, ya da 'büyük özlemliler', – hepinize, benim gibi *büyük tiksintiden* mustarip sizlere, eski Tanrısı ölmüş ve henüz beşiğinde kundaklı yeni bir Tanrısı olmayan sizlere, – hepinize tutkundur benim habis ruhum ve büyücü iblisim.

Tanırım sizleri, ey yüksek insanlar, onu da tanırım, – kendime rağmen sevdiğim bu ifriti, bu Zerdüşt'ü de tanırım: çok kereler o bana güzel bir aziz maskesi görünür, – habis ruhumun, kederler iblisimin keyiflendiği yeni, tuhaf bir soytarılık gibi: – ben Zerdüşt'ü, öyle geliyor ki bana çok defa, kendi habis ruhumun hatırı için seviyorum. –

Ama şimdiden musallat oluyor o bana, zorluyor beni, bu kederler ruhu, bu akşam alacakaranlığı iblisi: gerçek, ey yüksek insanlar, hasret içinde o.

–Gözünüzü açın! – *O çıplak* gelmeye hasret, erkek olarak mı, kadın olarak mı, daha bilmiyorum: ama geliyor, zorluyor beni, eyvah! Uyanık olun!

Gün eriyip gidiyor, bütün şeyler üstüne şimdi akşam iniyor, en iyi şeyler üstüne de; dinleyin, görün, ey yüksek insanlar, neyin nesi bir iblistir o, – erkek mi, kadın mı – bu akşam-kederlerinin ruhu!"

Böyle diyordu ihtiyar büyücü; kurnaz kurnaz etrafına bakındı, aldı eline sazını.

3

Lekesiz saf havada,
Tesellisi çiğin
Yağarken yeryüzüne,
Görünmeden, duyulmadan –
Yumuşak pabuçlardır çünkü giydiği,
Teselli eden çiğ'in, tatlı tatlı teselli eden her şey gibi –
Hatırlar mısın, söyle hatırlar mısın, ey yanan gönül,
Nasıl susuzdun bir zamanlar
Göğün gözyaşlarına, çiğ tanelerine, süzülün,
Yanmış ve yorgun susuzluktan,
Çimenleri sararmış yollar boyunca
Hain bakışları akşam güneşinin
Süzülüp karanlık ağaçlar arasından, koşup etrafında,
Gözler kamaştıran kızgın güneş bakışları, hain mi hain?
"*Gerçeğe mi* âşık oldun? Sen ha? – böyle eğlenirlerdi seninle –
Hayır! Şairin biri sadece!
Bir hayvan, kurnaz, yırtıcı, sinsice sokulan,
Yalan söylemek zorunda,
Bile bile, isteye isteye yalan söylemek,
Ava arzu içinde,
Rengi parlak maske yüzünde,
Kendi kendinin maskesi,
Kendi kendinin avı –
Bu – gerçeğin âşıkı ha?
Hayır! Soytarının biri sadece! Şairin biri!
Renkli renkli konuşur sırf,
Soytarı maskelerinden çığlıklar atar renk renk,
Caka satar yalan söz-köprüleri üstünde,
Rengârenk gökkuşakları üstünde,
Bir uydurma gökle
Bir uydurma yer arasında
Gezer avare, uçuşur oradan oraya, –
Soytarının biri sadece! Şairin biri!
O – gerçeğin âşıkı ha?
Sessiz, katı, düz ve soğuk değil,

Dönmüş bir hayale,
Bir tanrı heykeline
Mabetler önüne konmayan,
Bekçilik etmeyen bir tanrıya:
Hayır! düşman bütün bu gerçek-heykellerine,
Çöllere alışık daha çok mabetlerden,
Bir kedi pervasızlığıyla,
Atlayarak her pencereden,
Hoop! diye rastlantılara,
Bâkir ormanları koklaya koklaya,
Aç aç, arzu dolu, koklaya koklaya,
Sen bâkir ormanlar içinde koşasın diye,
Yırtıcı hayvanlar arasında benekli renk renk,
Günahkârca sıhhatli, renkler içinde ve güzel,
Şehvetli dudaklarla,
Mutluca alaycı, mutluca cehennemlik, susamış kana mutluca,
Çalarak, sokulup gizlice, yalanla – koşasın diye:

Bir kartal gibi yahut, uçurumlara bakan,
Uzun uzun bakan şaşmadan,
Kendi uçurumlarına:
Hey, nasıl inerler döne dolaşa,
Aşağılara, aşağılara,
Gittikçe derinlere ta! –
Sonra
Birdenbire,
Yıldırım gibi,
Titreyen kanatlarla,
Atılıp üstüne *kuzuların,*
Dalarak aç kurt gibi,
Kuzu diye hırsla yanarlar,
Kuzu ruhlarının hepsine kin bağlarlar,
Ateş püskürürler ne varsa
Koyun halli, kuzu gözlü, kıvırcık yünlü,
Bozlaşmış, kuzuların koyunların iyi niyetleriyle!
Böyledir işte
Kartalcadır, parsçadır

Şairin arzuları
Arzuların *senin,* altındadır bin maskenin,
Ey soytarı! Ey şair!

Sen ey, insanı
Tanrı gibi, koyun gibi gören:
Tanrıyı *parçalayan* insandaki,
Koyunu da insandaki,
Parçalarken de *gülen*
Budur, budur senin saadetin!
Pars saadeti, kartal saadeti!
Şair saadeti, soytarı saadeti!" –
Lekesiz saf havada,
Hilalin orağı,
Erguvani renkler arasında, yeşil
Ve kıskanç, ilerlerken ağır ağır:
–gündüze düşman,
Usul usul her adamı
Gül tarhlarını biçip sererek,
Hepsi, sararıp soluncaya dek,
Geceye gömülünceye dek:
Böyle gömülmüştüm ben de bir zamanlar
Gerçeğe aşkım yüzünden,
Gündüz hasretlerim yüzünden,
Gündüzden usanmış, hasta düşmüş ışıktan,
–gömülürdüm aşağılara doğru, akşamlara doğru, gölgeye doğru:
Tek gerçekle
Yanmış ve susuz:
–hatırlar mısın ey yanan yürek, hatırlar mısın,
Nasıl susuzluk çekerdin? –
Sürüldüm diye ben
Gerçeklerin hepsinden!
Soytarının biri sadece! Şairin biri!

BİLİM ÜZERİNE

Böyle türkü söylüyordu büyücü; ve orda bulunanların hepsi, kuşlar gibi farkına varmadan, büyücünün kurnaz ve hüzünlü şehvetinin ağına düştüler. Yalnız ruhça vicdanlı kişi düşmemişti bu ağa: büyücünün elinden kapıverdi o sazı birden ve bağırdı: "Hava! Temiz hava girsin içeri! Zerdüşt gelsin! Boğucu hale getirdin, zehirledin sen mağarayı, seni habis, ihtiyar büyücü!

Ey sahte, cingöz herif, bizi sen bilinmeyen arzulara, bilinmeyen çöllere ayartıyorsun. Eyvahlar olsun artık senin gibiler de *gerçek* üzerine çene çalıp gürültü patırtı koparınca!

Yazıklar olsun, *böylesi* büyücülere karşı tetikte olmayan özgür ruhların cümlesine! Gitti demektir özgürlükleri onların. Bizlere zindanları öğretiyorsun sen, zindanlara ayartıyorsun bizleri.

–Ey kocamış hüzünlü iblis, sızlanmalarında senin baştan çıkaran bir davet var: sen, namusu överken gizlice şehvete çağıran kimselere benziyorsun!"

Böyle diyordu vicdanlı kişi, fakat ihtiyar büyücü etrafına bakınıyor, zaferinin tadını çıkarıyor, bundan ötürü de vicdanlı kişinin kendisini rahatsız edişini yutuyordu. "Sakin ol!" dedi alçakgönüllü bir sesle, "Güzel türküler güzel yankılanmak ister; güzel türkülerden sonra susmak gerekir uzun müddet.

Böyle yaparlar hepsi, bu yüksek insanların. Benim türkümden pek bir şey anlamadın mı yoksa? Pek az sende büyücülük ruhu."

"Beni övmüş oluyorsun," diye cevap verdi vicdanlı kişi, "kendinden ayırmakla; pekâla! Ama, siz ötekiler, neler görüyorum? Hâlâ oturuyorsunuz orada şehvetli gözlerle: –

Ey özgür ruhlar, nereye gitti özgürlüğünüz! Bana öyle geliyor ki, sizler nerdeyse, uzun süre kötü, çıplak oynayan kızları seyretmiş erkeklere benziyorsunuz: gönülleriniz oynuyor!

Ey yüksek insanlar, büyücünün o habis ve yalan büyü ruhum dediği şeyden, daha çok bulunsa gerek sizlerde: – gerçekten biz ayrı olmalıyız.

Gerçekten, mağarasına dönmeden önce Zerdüşt, yeterince konuşmuş, düşünmüştük hep birlikte, onun için biliyorum işte: *biz ayrıyız.*

Başka şeyler *arıyoruz* bu yücelerde bile, sizle ben. Ben daha çok *güvenlik* arıyorum; bundan ötürü geldim Zerdüşt'e. Çünkü hâlâ o en sağlam kale, en sağlam irade –

–her şeyin sallandığı, bütün yeryüzünün sarsıldığı bugünkü günde. Halbuki, gözlerinize baktığımda, sanki daha çok *güvensizlik* arıyorsunuz gibi geliyor bana,

–daha çok dehşet, daha çok tehlike, daha çok yer sarsıntısı. Hasret çektiğimiz sizlerin (öyle diyeceğim nerdeyse affedin bu düşüncemi, ey yüksek insanlar) –

–sizin hasret çektiğiniz, en çok korkutan *beni,* en kötü, en tehlikeli hayat, – vahşi hayvanların hayatı, ormanlar, mağaralar, sarp dağlar, dik uçurumlar.

Ve en çok hoşunuza gidenler sizin, tehlikeden *kurtaranlar* değil, sizi bütün yollardan saptıranlardır. Ama böyle bir hasret gerçekten varsa içinizde, yine de *imkânsız* görünür bana bu.

Çünkü korku – insanın ilk ve temel duygusudur; korkuyla açıklanabilir her şey, ilk günah da, ilk fazilet de. Korkudan doğmuştur *kendi* faziletim de, yani bilim.

Vahşi hayvan korkusu – insanın kendi içinde barındırdığı hayvandan korkusu dahil, en uzun zamandır beslediği korkudur bu; – Zerdüşt buna 'içerdeki hayvan' der.

Nihayet incelen, ruhsallaşan ve usçul olan, bu uzun eski korkuya – bugün, sanırım, *bilim* denmektedir." –

Böyle diyordu vicdanlı kişi; fakat mağarasına henüz dönen ve bu son konuşmayı duyup anlayan Zerdüşt, bir el dolusu gül attı vicdanlıya ve güldü onun "gerçeklerine": "Nasıl!" diye haykırdı, "Neler işittim demincek? Gerçekten, öyle geliyor ki bana, ya sen delisin, ya da ben: sessizce, çabucak tepetaklak edeceğim şimdi senin 'gerçeğini'.

Çünkü *korku* – bir istisnadır bizde. Cesaret, halbuki, macera ve belirsizden ve henüz cüret edilmemişten duyulan zevk, – *cesaret,* bana öyle gelir ki, bütün tarih öncesidir insanın.

İnsan, en vahşi ve en cesur hayvanları kıskanıp bütün erdemlerini yağma etmiştir onların: böylece ancak, insan olmuştu o.

Nihayet incelen, ruhsallaşan ve usçul olan, kartal kanatlı ve yılan zekâlı *bu* cesarete, bu insan cesaretine: *buna,* sanırım, diyorlar bugün." –

"*Zerdüşt!*" diye bağırdılar bir arada oturanlar bir ağızdan ve büyük bir kahkaha attılar; fakat ağır bir bulut kalktı sanki üstlerinden. Büyücü bile güldü ve kurnaz kurnaz dedi: "Oh ne âlâ! Gitti, habis ruhum gitti artık!

Uyarmamış mıydım ben sizi kandırıcının biridir o, yalan ve hile ruhudur o, dediğim zaman?

Hele çıplak göründüğümde. Ama ne yapabilirim *ben* onun hilelerine karşı! *Ben* mi yarattım onu ve dünyayı?

Haydi öyleyse! Yeniden barışalım, neşelenelim yeniden! Ve Zerdüşt fena fena baksa bile – bakındı şuna! öfkeleniyor bana:

–Gece olmadan öğrenecektir yine beni sevip övmeyi, uzun zaman yaşayamaz o böyle delillikler etmeden.

O – sever düşmanlarını: bu sanatı en iyi bilen odur, benim gördüğüm insanlar içinde. Fakat intikamını – dostlarından alır!"

Böyle dedi ihtiyar büyücü, yüksek insanlar da alkışladılar kendisini; öyle ki Zerdüşt dolaşıp muzip muzip ve sevgiyle ellerini sıktı dostlarının, – sanki bir şeyi düzeltmesi ve herkesten af dilemesi gereken biri gibi. Fakat böylelikle mağarasının kapısına geldiğinde, işte yine dışarıdaki o güzelim havaya ve hayvanlarına özlem duyuyor, – ve sıvışıvermeyi arzuluyordu.

ÇÖL KIZLARI ARASINDA

1

"Gitme!" dedi o sıra Zerdüşt'ün gölgesi olduğunu söyleyen gezgin, "bizimle kal, – o eski ağır hüzün çöker yoksa yine üstümüze.

Şu ihtiyar büyücü zaten yaptı bize en büyük kötülüğünü, baksanıza şuradaki iyi kalpli, sofu papaya, gözleri yaşlı, açılmış yine keder denizine.

Bu krallar cesur görünebilirler hâlâ önümüzde: çünkü bunu en iyi *onlar* öğrendi bugün içimizde! Şahit olmasaydı ama yanlarında, bahse girerim onlar için de o uğursuz oyun başlardı yeniden,

–sürüklenen bulutların, nemli hüznün, kapalı göklerin, çalınmış güneşlerin, uluyan sonbahar rüzgârlarının uğursuz oyunu,

–bizim ulumamızın ve yardım çığlıklarımızın uğursuz oyunu! Bizimle kal, ey Zerdüşt! Dile gelmek isteyen nice sefalet var burada, nice akşamlar, nice bulutlar, nice bunaltıcı havalar!

Sen bizi kuvvetli erkek gıdalarıyla, güçlü özdeyişlerle besledin: zayıf, kadınca ruhlar, yemek sonrası tatlı zamanı saldırmasın bizlere yeniden!

Yalnız sen etrafındaki havayı sağlam ve berrak kılarsın. Mağaranda, senin yanında bulduğum bu güzelim havayı ben dünyanın bir yerinde buldum mu hiç?

Nice ülkeler gördüm ben, burnum türlü türlü havaları deneyip değerlendirmeyi öğrenmiştir: ama burun deliklerim en büyük zevki senin yanında duyuyor!

Yalnız, – yalnız –, affet eski bir hatırayı! Bir zamanlar çöl kızları arasında yazdığım, yemekten sonra söylenen eski bir türküyü affet:

–Zira o kızların etrafında da aynı böyle güzelim, berrak, Doğulu bir hava vardı; bulutlu, nemli, hüzünlü eski Avrupa'dan orada uzaklaşmıştım ben en çok!

Doğulu kızları ve üstlerine hiçbir bulutun hiçbir düşüncenin sarkmadığı göklerin öbür mavi ülkelerini ben o zamanlar sevdim.

İnanmazsınız, ne sevimli otururlardı orda raks etmedikleri zaman, derin, ama düşüncelerden uzak, küçük sırlar gibi, kurdelalara sarılı bilmeceler gibi, yemek sonrası çerez cevizleri gibi – renk renk ve acayip, doğrusu! Ama bulutsuz: çözülebilecek bilmeceler: bu genç kızların hatırı için, o zamanlar, yemekten sonra okunan bir "ilahi" yazmıştım.

Böyle diyordu Zerdüşt'ün gölgesi olduğunu söyleyen gezgin; ve daha kimse cevap vermeden, ihtiyar büyücünün sazını kaptı elinden, bacak bacak üstüne attı, sakin sakin ve bilgece etrafına bakındı: – fakat, yeni ülkelerde yeni, yabancı bir havanın çeşnisine bakan biri gibi, burun delikleriyle yavaş yavaş yoklarcasına çekti havayı içine. Sonra bir çeşit kükremeyle başladı türkü söylemeye.

2

Çöl büyüyor: vay haline çöl gizleyenin!
–Ha! Vekarlı!
Vekarlı doğrusu!
Layık bir başlangıç!
Afrikavari vekarlı!
Bir aslana layık,

Ya da ahlak diye uluyan bir maymuna –
–ama size göre değil,
Ey en sevgili kızlar,
Ayaklarınız dibinde oturmak
İlk olarak,
Şu hurmalar altında bir Avrupalıya,
Bana nasip oldu. Selam.

Şaşılacak şey doğrusu!
Oturmuşum şimdi işte,
Çöle yakın, yine de ama
O kadar uzağım ki çölden,
Hiçbir şeyim çölleşmemiş:
Zira beni yutmuş
Şu vahaların en küçüğü:
–açıp esneyerek,
Güzelim ağzını,
En güzel kokulusu bütün küçük ağızların:
Düşüverdim sonra işte,
Aşağı, geçerek aradan – ortanıza,
Ey en sevgili kızlar! Selam.

Selam, selam olsun o balinaya,
Eğer misafirlerine o böyle
İkram ediyorsa! – Anladınız mı
Bilgince ima ettiğim nedir?
Selam onun karnına,
Onun da şayet
Vaha-karnı böyle sevimliyse
Bu vaha gibi sevimli: şüpheliyim ya bundan.
–Avrupa'dan geliyorum zira ben,
Şüpheci mi şüpheci hepsinden
Bütün ihtiyar evli kadınların.
Tanrı onu ıslah etsin!
Amin!

Oturmuşum şimdi işte,
Şu küçücük vahada,
Bir hurmaya benzer,
Kızarmış, tatlı mı tatlı, altın sızan
Dudakları dolgun bir kıza hasret,
Lakin daha genç kızca,
Buz gibi soğuk, kar gibi beyaz, keskin
Dişlere hasret: işte bunlar için
Yanar hasretle gönülleri bütün kızgın hurmaların. Selam.
O güney meyveleri gibi,
Onlar gibi tıpkı,
Uzanmışım ben şuraya; küçük
Kanatlı böcekler
Konup oynaşırlar etrafta,
Daha küçük,
Daha deli, daha günahkâr
Arzular, düşünceler de öyle hani, –
Sizlerle kuşatılmış,
Ey susan önsezilerle dolu
Genç kızlar, kediler sizi,
Dudu ile Züleyha.
–*Sfenksle çevrili,* tek bir kelimeye
Ben çok duygu sığdırayım diye:
(Affet Tanrım
Dille işlediğim bütün günahlarımı!
–Otururum burada ben, en güzel havayı koklayarak.
Cennet havası, gerçek,
Parlak, hafif hava, altın çizgili,
En güzeli hani
Aydan düşen havaların –
Tesadüf mü bu,
Hoppalıktan mı yoksa?
Anlattıklarınca eski şairlerin.
Ama ben, şüpheci,
Şüpheleniyorum bundan,
Avrupa'dan geliyorum ben zira,
Şüpheci mi şüpheci hepsinden

Bütün ihtiyar evli kadınların.
Tanrı onları ıslah etsin!
Amin!

Bu en güzel havayı içerek,
Burun deliklerim kabarmış, kadehler gibi,
Geleceksiniz, hatırasız,
Öylece oturmuşum şuraya, ey
En sevgili kızlar,
Ve seyrederim şu hurmayı,
Tıpkı bir rakkase gibi,
Bakın nasıl eğilip bükülür, çalkalar kalçalarını,
–Uyulur kendisine bakınca uzun zaman!
Bir rakkase gibi, hani,
Uzun zaman, korkulacak kadar uzun zaman
Hep *tek* ayak üstünde duran?
–Unutulmuş olmasın, hani,
Öteki bacağını?
Beyhude
Aramışım, kayıp
Mücevherin öbür tekini
–Öteki bacağını, yani–
Kutsal çevresinde
O en sevimli, o en zarif
Açılıp çırpınan, uçuşan, dalgalanan eteklerinin.
Eve dilber sevgililer,
İnanmak isterseniz bana tam:
O kaybetmiş bacağını!
Gitmiş,
Temelli gitmiş,
Öteki bacak!
Ah, yazık o güzel öteki bacağa!
Nerelerdedir acep – terk edilmiş yas içinde?
O yalnız bacak?
Korkar mı ki şimdi yoksa
Kızgın, sarışın, kıvırcık yeleli
Aslan azmanından! Yoksa hatta

Kemirilmekte mi şu anda, yenilmekte mi parça parça –
Ne fena, yazık! yazık! Yenilmekte mi parça parça! Selam.

Ah, ağlamayın,
İçli gönüller!
Ağlamayın, ey Hurma-gönüller! Süt-göğüsler!
Meyan köküyle dolu
Gönül kesecikleri!
Ağlama artık,
Solgun Dudu,
Erkek ol, Züleyha! Cesaret! Cesaret!
–Yoksa burada
Kuvvet verici, kalbe kuvvet verici
Bir şey mi uygun düşerdi?
Kutsal bir özdeyiş mi?
Vekarlı bir nasihat mı? –

Ha! Çık yukarı, vekar!
Erdemli vekar! Avrupa vekarı!
Üfle, üfle yeniden,
Ey erdem körüğü!
Ha!
Yeniden kükre,
Kükre ahlak ahlak,
Bir ahlak aslanı gibi
Çöl kızlarının karşısında kükre!
–Zira erdem uluması,
Ey en sevgili kızlar,
Daha çok her şeyden
Avrupalı ateşliliği, Avrupalı hırsıdır!
Ve dururum işte burada,
Bir şey gelmez elimden, Tanrı yardımcım olsun!
Amin!

Çöl büyüyor: vay haline çöl gizleyenin

UYANIŞ

1

Gezgin ve gölgenin türküsünden sonra, mağara birdenbire gürültü ve kahkahayla doldu; ve toplanmış misafirlerin hepsi bir ağızdan konuştukları, bundan cesaretlenen eşek de artık sessiz kalamadığı için, Zerdüşt'te biraz tiksinti ve küçümseme uyandı misafirlerine karşı: her ne kadar sevindiyse de neşelerine. Çünkü bu ona bir iyileşme belirtisi gibi geliyordu. Böylece sıvışıp dışarı çıktı, hayvanlarıyla konuştu.

"Nerde hani sıkıntıları şimdi?" dedi, o anda attı üstünden küçük tiksintisini – "Benim yanımda unuttular anlaşılan yardım çığlığı atmayı!

–Ama ne yazık ki, çığlık atmayı unutmadılar henüz." Ve Zerdüşt kulaklarını tıkadı, zira tam o sırada eşeğin Yİ-A'sı, tuhaf tuhaf karışıyordu o yüksek insanların büyük sevinç gürültüsüne.

"Neşeleri yerinde," diye başladı yeniden, "ve kimbilir? Belki ev sahiplerinin zararına; benden öğrenmiş olsalar da gülmeyi, yine de *benim* gülüşüm değil öğrendikleri.

Ama ne çıkar bundan! Onlar yaşlı insanlar: kendi bildiklerince iyileşirler, kendi bildiklerince gülerler; benim kulaklarım evvelce daha beterlerine katlandı da, huysuzlaşmadılar.

Bugün bir zaferdir: geri çekiliyor işte, kaçıyor, *ağırlığın ruhu,* benim eski baş düşmanım! O kadar kötü, o kadar kasvetli başlayan bugün ne güzel bitiyor!

Bitmekte *istiyor.* Geliyor işte akşam: denizin üstünden sürüyor atını buraya doğru, o yaman süvari! Nasıl da salınıyor, o mutlu, yuvaya dönen yolcu, al eğerinin üstünde!

Gök berrak, bakıyor ona, dünya derin: siz ey bana gelmiş garip kişiler, hepiniz, değer benimle yaşamaya!"

Böyle diyordu Zerdüşt. Ve çığlıklarıyla kahkahaları geldi yine yüksek insanların mağaradan: bunun üzerine başladı yeniden:

"Isırıyorlar, oltamın yemi gösteriyor etkisini, düşmanları onlardan da çekiliyor, ağırlığın ruhu. Şimdiden öğreniyorlar kendilerine gülmeyi: yanlış işitmiyorum ya?

Benim erkekçe gıdam gösteriyor etkisini, özlü ve güçlü sözlerim. Doğrusu, karın şişiren sebzelerle beslemedim ben onları! Savaşçı gıdasıyla, fatih gıdasıyla besledim: yeni arzular uyandırdım.

Yeni umutlar var kollarında bacaklarında, yürekleri genişliyor. Yeni sözler buluyorlar, yakında neşe teneffüs edecek ruhları.

Bu türlü gıda elbet uygun olmayabilir çocuklar için, özlem içindeki yaşlı, genç kadıncıklara göre de olmayabilir. Bağırsakları başka türlü kandırılır; hekimleri, hocaları değilim ben onların.

Tiksinti, çekiliyor şu yüksek insanlardan: pekâlâ işte! benim zaferimdir bu. Benim ülkemde emniyette hissediyorlar kendilerini, her aptalca utanç kaçıp gidiyor; içlerini döküyorlar.

Yüreklerini boşaltıyorlar, iyi saatler geri geliyor kendilerine, bayram edip geviş getiriyorlar, – *kadirbilir* oluyorlar.

Bunu ben en iyi belirti sayıyorum: kadirbilir oluyorlar. Çok geçmeden şenlikler düzenleyecekler, anıtlar dikecekler eski sevinçlerine.

Onlar *nekahattaki* kişilerdir! – Böyle diyordu Zerdüşt sevinç içinde gönlüne ve uzaklara bakıyordu; hayvanları ise yanına sokuldular, saadetine ve sessizliğine saygı gösterdiler.

2

Fakat ansızın korkuya kapıldı Zerdüşt'ün kulağı: çünkü o âna kadar gürültü ve kahkahayla dolup taşan mağara, birden ölüm sessizliğine bürünmüştü; – burnu ama, tatlı bir tütsü ve günlük kokusu aldı; yanan çam kozalaklarından geliyordu sanki.

"Ne oluyor? Ne yapıyorlar?" diye sordu kendi kendine; ve misafirlerini kendisi görünmeden görmek için, usulca kapıya yaklaştı. Fakat, hayret mi hayret! Neler görse beğenirsiniz orada gözleri! "Cümlesi yeniden *sofulaşmış, dua ediyorlar,* çıldırmışlar!" – dedi ve son derece hayret etti. Gerçekten de! bütün bu yüksek insanlar, o iki kral, emekli papa, uğursuz büyücü, gönüllü dilenci, gezgin ve gölge, ihtiyar falcı, ruhça vicdanlı kişi ve en çirkin insan, – hepsi, çocuklar gibi, sofu kocakarılar gibi diz çökmüşler, tapıyorlardı eşeğe. İşte tam o sırada en çirkin insan guruldamaya ve horuldamaya başladı, içindeki dile gelmez bir şey çıkmak istermiş gibi sanki; fakat aradığı sözleri gerçekten bulunca, bakın siz şu işe! tapılan tütsülü eşeğe övgüler döktüren sofuca, acayip bir dua idi bu. Bu dua şöyleydi:

Amin! Ve şeref ve şan: ve bilgelik ve şükran ve övgü ve kadirlik Mevlamıza olsun, ta ezelden ebede!

–Eşek de anırıyordu Yİ-A diye.

Konuşmaz da hiç: yarattığı dünyaya Yİ-A der yalnız: böyle över dünyasını. Kurnazlığındandır konuşmayışı: böylece az yanılır.

–Eşek de anırıyordu Yİ-A diye.

Gösterişsiz dolaşır dünyayı. Bozdur en beğendiği renk, ona bürür erdemini. Ruhu varsa eğer, saklar onu; ama herkes onun uzun kulaklarına inanır.

–Eşek de anırıyordu Yİ-A diye.

Ne gizli hikmettir bu, uzun kulaklı olması ve sadece Yİ-A demesi, Hayır dememesi hiç! Dünyayı o kendi suretince yaratmadı mı, yani, mümkün olduğu kadar aptal?

–Eşek de anırıyordu Yİ-A diye.

Sen doğru ve eğri yollarda yürürsün; pek aldırış etmezsin, biz insanların doğru ya da eğri bildiğimiz şeylere. İyi ile kötünün ötesindedir senin ülken. Senin masumluğundur, masumluğun ne olduğunu bilmemen.

–Eşek anırıyordu Yİ-A diye.

Bak işte, nasıl da kovmuyorsun yanından kimseyi, ne dilencileri, ne kralları. Küçük çocukların aldırmıyorsun yanına gelmelerine ve haylaz oğlanlar oyun oynadıklarında sana Yİ-A diyorsun sadece.

–Eşek de anırıyordu Yİ-A diye.

Bayılırsın kancık eşeklere ve taze incire, yemek beğenmemezlik etmezsin. Bir deve dikenini bile gönlün çeker, şayet acıkacak olsan. Bir tanrı hikmeti var bunda.

–Eşek de anırıyordu Yİ-A diye.

EŞEK BAYRAMI

1

Fakat duanın burasında, Zerdüşt kendini tutamadı artık; eşekten de gür sesle Yİ-A diye bağırdı ve çıldırmış misafirlerinin arasına atladı. "Ne yapıyorsunuz orda, koca bebekler sizi?" diye haykırdı, tapınanları kaldırarak yerden: "Yazık olurdu Zerdüşt'ten başka biri görseydi sizi:

Yeni imanınızla gören herkes, sizin, tanrısızların beteri, ya da kocakarıların zır delisi olduğunuza hükmeder!

Ve hele sen, ey yaşlı papa, nasıl yakıştırırsın sen kendine, bir eşeğe tanrıya tapar gibi tapmayı." –

"Ey Zerdüşt," diye cevap verdi papa, "affet beni, ama Tanrı'yla ilgili konularda ben senden bile daha aydınımdır. Doğrudur da böyle olması.

Tanrı'ya bu şekilde tapmak, hiçbir şekilde tapmamaktan hayırlıdır! Düşün bu özdeyiş üzerine, ey yüce dostum: hemen göreceksin böyle bir özdeyişte bilgelik olduğunu.

'Tanrı bir ruhtur' – en büyük adımı atmış oluyordu, en büyük sıçrayışı yapmış oluyordu yeryüzünde imansızlığa doğru: böyle bir özdeyiş kolay kolay düzeltilemez bir daha yeryüzünde!

Kocamış yüreğim hoplayıp sıçrıyor, yeryüzünde hâlâ tapılacak bir şey var diye. Affet, bu kocamış, sofu papa yüreğini ey Zerdüşt!" –

"Peki sen," dedi Zerdüşt gezgin ve gölgeye, "sen kendine özgür bir ruh mu diyorsun, öyle mi sanıyorsun kendini? Ve burada putperestlik ve papazlık yapmaya kalkışıyorsun ha?

O hain esmer kızlarınla yaptığından, daha beter gerçekten, senin burada yaptığın, ey kötü, yeni iman sahibi!"

"Çok kötü," diye cevap verdi gezgin ve gölge, "sen haklısın: fakat ne gelir elimden! Eski Tanrı yaşıyor yeniden, ey Zerdüşt, ne söylersen söyle sen.

En çirkin insanda bütün suç: o uyandırdı Tanrı'yı. Onu bir zamanlar öldürdüğünü söylese de: *Ölüm* tanrılar için daima bir peşin hükümdür ancak." –

"Peki sen," dedi Zerdüşt, "ey uğursuz, ihtiyar büyücü, sen ne yaptın? Böyle tanrısal eşekçiliğe inanırsan *sen,* bu özgür çağda sana artık kim inanır?

Bir aptallıktı senin yaptığın; nasıl oldu da, ey kurnaz kişi, bu aptallığı işledin!"

"Ey Zerdüşt," diye cevap verdi kurnaz büyücü, "sen haklısın bu bir aptallıktı, – çok ağrıma gitti benim de."

–"Ya hele sen," dedi Zerdüşt ruhça vicdanlı kişiye, "bir düşün parmağını götür de burnuna! Bir şey yok mu burada aykırı gelen vicdanına? Bu duaya ve şu sofulardan gelen tütsüye dayanamayacak kadar temiz değil mi senin ruhun?"

"Bir şey var bunda," dedi ruhça vicdanlı kişi ve elini burnuna götürdü, "benim vicdanıma bile iyi gelen bir şey var bu oyunda.

Belki de benim Tanrı'ya inanmamam gerek: fakat muhakkak ki Tanrı bana bu şekilde ibadete daha layıkmış gibi geliyor.

Tanrı ebediymiş, en dindarların tanıklığına göre: zamanı bunca bol olanın acelesi yoktur. Olabildiğince yavaş ve aptal: *bu şekilde* de ama hayli yol alabilir böyle biri.

Ve aşırı ruhlu biri pekâlâ sırılsıklam âşık olabilir aptallığa ve çılgınlığa. Bir düşünsene kendini, ey Zerdüşt!

Kendini – doğru ya! Bilgeliğinin fazlalığından sen bile eşekleşebilirdin pekâlâ. Mükemmel bir bilge seve seve yürümez mi eğri yollarda? Görünüşten bu anlaşılıyor, ey Zerdüşt, *senin kendi* görünüşünden!"

"Ve hele sen, nihayet," dedi Zerdüşt ve en çirkin insana döndü; o hâlâ yatıyordu yerde, elini eşeğe kaldırmıştı (şarap ikram ediyordu ona). "Söyle bakalım, ey tarif olunamayan kişi, sen ne yaptın orda?"

Değişmiş görüyorsun bana, gözlerin ışıldıyor, ulululuğun örtüsü çirkinliğini bürümüş: sen *ne* yaptın?

Dedikleri doğru mu, senin yeniden uyandırdığın onu? Neden peki? Hak etmemiş miydi o öldürülmeyi ve ortadan kaldırılmayı? Söyle, ey tarif olunamayan kişi!"

Sen de uyanmış görünüyorsun: ne yaptın? *Sen* neden döndün? *Sen* neden değiştirdin imanını? Konuş bakalım, ey tarif olunamayan kişi!"

"Ey Zerdüşt," diye cevap verdi en çirkin insan, "sen ne iblissin sen!"

O hâlâ sağ mı, yaşıyor mu yeniden, yoksa öldü mü tamamen, – hangimiz daha iyi bilir bunu? Sorarım sana.

Bir şeyi biliyorum ama, – senden öğrendim onu bir zamanlar, ey Zerdüşt: tamamen öldürmek isteyen, *güler.*

'Öfkeyle değil, gülmeyle öldürülür insan' – böyle demiştin sen bir zaman. Ey Zerdüşt, ey gizli kişi, ey öfkesiz mahveden, ey tehlikeli ermiş, – sen ne iblissin sen!"

2

Fakat öyle oldu ki o sıra, sırf böyle iblisçe cevaplar almaktan hayrete düşen Zerdüşt, gerisingeriye mağarasının kapısına fırladı ve misafirlerine dönerek, gür bir sesle haykırdı:

Sizi gidi maskara deliler, soytarılar sizi! Ne diye mürâilik edip gizliyorsunuz önümde kendinizi!

Nasıl da hepinizin yüreği çırpınıyor sevinçten ve habislikten, küçük çocuklar gibi oldunuz diye, yani sofulaştınız diye nihayet yeniden, –

–nihayet yeniden çocuklar gibi yaptınız diye yani, dua ettiniz, ellerinizi kavuşturup 'sevgili Tanrı' dediniz diye!

Fakat artık çıkın *şu* çocuk odasından, bugün her türlü çocukluğun yer bulduğu benim mağaramdan. Ateşli çocuk haşarılığınızı ve kalp çarpıntılarınızı şurada, dışarıda serinletin!

Elbette: küçük çocuklar gibi olmadan, giremezsiniz o cennete (ve Zerdüşt elleriyle yukarıları gösteriyordu).

Ama biz hiç mi hiç istemiyoruz cennete girmeyi: koca adamlar olduk biz artık, – *onun için biz yeryüzü ülkesini istiyoruz.*

3

Ve yeniden Zerdüşt konuşmaya başladı. "Ey benim yeni dostlarım," dedi, – "ey garip kişiler, ey yüksek insanlar, öyle hoşuma gidiyorsunuz ki şimdi sizler, – yeniden neşeleneli beri! Gerçekten, çiçek vermişsiniz hepiniz: bana öyle gelir ki, sizin gibi çiçeklere, *yeni bayramlar* gerekir.

–Şöyle küçük, korkusuz bir zırva, bir tapınma, bir eşek bayramı, neşeli koca bir Zerdüşt-kaçığı, gönüllerinizi aydınlatacak yaman esen bir rüzgâr.

Unutmayın bu geceyi ve bu eşek bayramını, ey yüksek insanlar! *Onu* siz benim yanımda buldunuz, hayırlı bir belirti sayıyorum ben onu, – böyle şeyleri nekahetteki kişiler bulur ancak!

Ve kutlayacak olursanız bunu tekrar, bu eşek bayramını, kendi hatırınız için kutlayınız, benim hatırım için de kutlayınız! *Ve beni* anmak için!"

Zerdüşt böyle diyordu.

SARHOŞ TÜRKÜ

1

Bu arada birbiri ardından açık havaya, serin, düşünceli geceye çıktılar; fakat Zerdüşt kendi gece-âlemini, kocaman yuvarlak ayı ve mağarasına yakın gümüş çağlayanları göstermek için, en çirkin insanı elinden tutmuş yürüyordu. Nihayet sessizce durdular orada yan yana; hepsi de kocamış kişilerdi, ama rahat ve yiğit yürekliydiler ve şaşıyorlardı kendilerine böylesine iyi oldukları için yeryüzünde; gecenin esrarı fakat, yaklaştıkça yaklaşıyordu gönüllerine. Ve yeniden Zerdüşt düşündü kendi kendine: "Ah, öyle hoşuma gidiyorlar ki şimdi, şu yüksek insanlar!" – Ama yüksek sesle söylemiyordu bunu, mutluluklarına ve sessizliklerine zira saygı duyuyordu. –

Fakat, bu şaşılacak uzun günün en şaşılacak şeyi oldu o sırada: en çirkin insan yeniden ve son bir defa guruldamaya ve horuldamaya başladı, sonunda ise aradığı sözleri bulunca, bakın siz şu işe! dolgun ve temiz bir soru fırladı ağzından, kendisini dinleyenlerin hepsini içlendiren güzel, derin, duru bir soru.

"Dostlarım hepinize söylüyorum," dedi en çirkin insan, "sizler ne dersiniz? Bugünün hatırı için – ilk defa memnun oluyorum, hayatımın tamamını yaşadığıma.

Bu kadarına tanıklık etmem de benim için yeterli değil. Yaşamaya değer yeryüzünde: bir günceğiz, kutlanan bir bayram Zerdüşt'le, yeryüzünü sevmeyi öğretti bana.

'Bu muydu hayat?' demek isterim ölüme. 'Peki öyleyse! Bir daha!'

Dostlarım, ne dersiniz sizler? Sizler de benim gibi demek istemez misiniz ölüme: 'Bu muydu hayat? Zerdüşt'ün aşkına, pekâlâ! Bir daha!" –

Böyle diyordu en çirkin insan; vakit ise geceyarısına yaklaşıyordu. Acep sonra ne oldu, dersiniz? Yüksek insanlar onun sorusunu duyar duymaz, hepsi değişikliklerinin, nekahette olduklarının ve kendilerine bunu kimin sağladığının farkına vardılar birdenbire: o zaman Zerdüşt'e koştular; her biri kendi garip usulünce teşekkür ediyor, saygı gösteriyor, kendisini okşuyor, ellerini öpüyordu: öyle ki, kimi gülüyor kimi ağlıyordu. İhtiyar falcı ise sevinçten oynuyordu; gerçi o ara, bazılarının hikâye ettiklerine göre, içi tatlı şarapla doluydu, ama şüphesiz daha da doluydu tatlı hayatla, bütün bezginliklerden de el çekmişti. O sırada eşeğin oynadığını anlatanlar bile var: zira en çirkin insan daha önce ona boşuna şarap vermemişti ya içsin diye. İster öyle olsun, ister başka türlü olsun; ve gerçekten eşek oynamamış bile olsa o akşam, bir eşeğin oynamasından daha büyük, daha şaşılacak garip şeyler olmuştu. Lafın kısası, dediği gibi o özdeyişinde Zerdüşt'ün: "Ne çıkar!"

2

Bu şeyler olup biterken en çirkin insanla Zerdüşt sarhoş biri gibi duruyordu orada: bakışları donuklaşmış, dili peltekleşiyor, ayakları birbirine dolanıyordu. Ve kimbilir ne gibi düşünceler geçiyordu o sırada Zerdüşt'ün içinden? Ama belli ki, ruhu çekilip kendisinden önce kaçmış, ta uzaklardaydı; sanki, yazıldığı gibi kitapta, "iki deniz arasındaki yüce dağ sırtlarında – geziniyordu geçmişle gelecek arasında bir ağır bulut gibi." Fakat, yavaş yavaş, kolları arasında tutarlarken kendisini yüksek insanlar, biraz kendine geldi, saygı ve özlem gösterenler kalabalığını elleriyle itti; yine de konuşmadı. Ama birdenbire başını çevirdi, bir şey işitmiş gibiydi çünkü: o zaman parmağını ağzına götürdü ve dedi: "*Gel!*"

Ve hemen sessizleşip esrara büründü etraf; fakat ağır ağır bir çan sesi geliyordu derinlerden. Zerdüşt de bu sesi dinliyordu yüksek insanlar gibi; bu ara, parmağını ağzına götürdü ikinci defa, tekrar dedi: "*Gel! Gel! Geceyarısı oluyor!*" – sesi ise değişmişti. Fakat hâlâ kımıldamıyordu yerinden. Sonra etraf daha da sessizleşti, daha da esrara büründü; her şey dinliyordu, eşek bile, Zerdüşt'ün soylu hayvanları, kartalla yılan bile, – mağarasıyla Zerdüşt'ün, ipiri serin ay ve gecenin kendisi bile. Fakat Zerdüşt parmağını ağzına götürdü üçüncü defa ve dedi:

Gel! Gel! Haydi artık gezelim! Saat erişti: süzülüp gidelim geceye

3

Ey yüksek insanlar, geceyarısı oluyor: şimdi bir şey söylemek istiyorum kulağınıza, o eski çanın söylediği gibi benim kulağıma, –

–bir insanoğlundan fazla görüp geçirmiş o geceyarısı çanının bana söylediği gibi esrarlı, o kadar korkunç ve o kadar içten:

–babalarınızın ağrılı kalp atışlarını da saymıştır o – ah! ah! nasıl iç çekiyor! Nasıl gülüyor rüyasında! Eski, derin, derin gece!

Sus! Sus! Nice şeyler duyulabilir artık, gündüz ses vermeyen; şimdiyse, serin havada, kalplerinizin telaşlı gürültüsünün bile dindiği şu anda, –

–şimdi konuşuyor, şimdi duyuluyor, şimdi sokuluyor gizlice gecelere eş, her dem uyanık ruhlara: ah ah nasıl iç çekiyor geceyarısı! Nasıl gülüyor rüyasında!

–duymuyor musun nasıl esrarlı, korkunç ve içten sesleniyor *sana,* o eski, derin, derin geceyarısı?

Ey insanoğlu, dinle iyice!

Vah bana vah aman! Nereye gitti zaman? Derin kuyulara dalmadım mı ben? Dünya uyuyor –

Ah! Ah! Köpek uluyor, ay ışıldıyor. Şimdi neler düşündüğünü söylemektense size geceyarısı-gönlümün, ölürüm, daha iyi ölürüm.

Zaten öldüm ben. Bitti her şey. Örümcek, ne örüyorsun böyle etrafımda? Kan mı istiyorsun? Ah! Ah! Çiğ düşüyor, saat geliyor –

–Beni soğuktan titreten, donduran saat, soran da, soran da, soran: "Kimde var yeterli cesaret buna dayanacak?

–Efendisi dünyanın kim olacak? Kim diyecek: *böyle* akacaksınız siz, ey büyük, ey küçük ırmaklar!"

–Saat yaklaşıyor: Ey insan, ey yüksek insan, dinle iyice! Bu sözler nazik kulaklar için, senin kulakların için – *ne der geceyarısı, derin gece?*

5

Sürükleyip götürüyor beni oraya, gönlüm raks ediyor. Günün işi! Günün işi! Kim olacak dünyanın efendisi?

Ay serin, rüzgâr durmuş. Ah! Ah! Havladınız mı bari yeterince? Raks ettiniz: ama bir bacak, bir kanat değildir ki.

Ey mükemmel raks edenler, şimdi bütün neşe son buldu: şarap tortu oldu, her kadeh kırılıverecek gibi, mezarlar mırıldanıyor.

Siz yeterince havalanmadınız: mırıldanıyor işte kabirler. "Kurtarın ölüleri! Neden uzun gece böyle? Bizi sarhoş etmiyor mu ay?"

Ey yüksek insanlar, kurtarın mezarları, uyandırın cesetleri! Ah, neden kemiriyor hâlâ kurt? Yaklaşıyor, yaklaşıyor saat. – Uğulduyor işte çan, çarpıntı içinde hâlâ kalp, ağaç kurdu hâlâ kemirip oyuyor, kalbin kurdu. Ah! Ah! *Dünya derin!*

6

Tatlı çenk! Tatlı çenk! Bayılıyorum senin sesine, sarhoş, tekinsiz sesine! – ne geçmiş uzak zamanlardan gelir bana sesin, ta uzaklardan, sevgi havuzlarından:

Ey eski çan, ey tatlı çenk! Her ağrı senin yüreğini parçaladı, baba ağrısı, babalar ağrısı, atalar ağrısı; konuşman olgunlaştı,

–altın güz ve ikindi gibi olgunlaştı, yalnız gönlüm gibi benim – dersin artık: dünyanın kendisi olgunlaştı, üzüm kızarıyor,

–artık ölmek istiyor, ölmek saadetinden. Ey yüksek insanlar, kokusunu almıyor musunuz siz? Bir koku yükseliyor gizli gizli oradan,

–bir ebediyet ıtrı, ebediyet kokusu, bir gül-mutlusu, güneşten kızarmış, altın-şarap-kokusu eski mutluluğun,

–sarhoş mutluluğun geceyarısı ölümündeki, hani türkü çağıran: dünya derin, *gündüzün düşündüğünden daha derin!*

7

Bırak beni! Bırak beni! Fazla temizim ben senin için. Dokunma bana! Dünyam benim daha henüz mükemmelleşmedi mi?

Cildim benim fazla temizdir senin ellerin için. Bırak beni, donuk, salak, ahmak gündüz! Geceyarısı daha parlak değil mi?

En temizler olacaklar efendileri dünyanın, en az tanınan, en kuvvetli geceyarısı-ruhları, daha parlak, daha derin olan bütün gündüzlerden.

Ey gündüz, yoklayıp aradığın ben miyim? Araştırdığın benim saadetim midir? Ben zengin, yalnız mıyım, bir define, bir altın odası mıyım senin gözünde?

Ey dünya, istediğin *ben* miyim? Dünyalı mıyım ben sence? Ben ruhla mı ilgiliyim sence? Tanrıyla mı ilgiliyim sence ben. Ama ey gündüz ve ey dünya, pek ağırsınız siz de:

–Daha mahir elleriniz olsun, daha derin saadetlere uzansın, daha derin felaketlere elleriniz, herhangi bir Tanrı'ya uzansın, bana uzanmasın.

–Benim felaketim, benim saadetim deridir, ey garip gündüz, ama ben Tanrı değilim henüz, Tanrı cehennemli değilim: *derindir onun ıstırabı.*

8

Tanrı'nın ıstırabı daha derindir, ey garip dünya! Tanrı'nın ıstırabına uzansın ellerin, bana değil! Neyim ki ben! Bir sarhoş, tatlı çenk, – bir geceyarısı çengi, bir çan-sesli kurbağa, kimsenin anlamadığı ama sağırlara seslenmesi *gereken,* ey yüksek insanlar! Beni zira anlamazsınız sizler!

Geçti! Geçti! Ey gençlik! Ey öğle! Ey ikindi! İşte erişti akşam ve geceyle geceyarısı, – köpek uluyor, rüzgâr.

–Bir köpek değil mi rüzgâr? İnler, havlar, ulur. Ah! Ah! nasıl iç çekiyor! Nasıl gülüyor, nasıl hırıldayıp soluyor, geceyarısı!

Nasıl ayık konuşuyor şimdi, bu sarhoş kadın şair! Fazla mı kaçırdı yoksa sarhoşluğunu? Fazla mı uyanık yoksa? Geviş mi getiriyor ne?

–Istırabını geviş getiriyor rüyada, o eski, derin geceyarısı, – geviş getirdiği, zevki, daha çok. Çünkü zevk, ıstırap derin olsa da: *zevk gönül ağrısından da derin.*

9

Ey asma! Neden översin beni? Kesmedim ben seni! Ben merhametsizim, sen kınarsın – manası nedir benim sarhoş merhametsizliğimi övmenin?

"Mükemmelleşen her şey, her olgun şey ölmek ister?" böyle dersin sen. Mübarek, mübarek olsun bağcının bıçağı! Ama ham olan her şey yaşamak ister: heyhat!

Istırap der: "Çekil git! Defol, ey ıstırap!" Ama ıstırap çeken her şey yaşamak ister, olgunlaşsın, canlılaşsın ve hasret duysun diye.

–Hasret duysun diye daha uzağa, daha yükseğe, daha parlağa, "Ben mirasçılar isterim," – böyle der ıstırap çeken her şey, "ben çocuklar isterim, *kendini* istemem." –

Zevk, halbuki, mirasçılar istemez, çocuk istemez – zevk kendini ister, ebediyet ister, geri dönüş ister, her şeyi ebediyen aynı ister.

Istırap der: "Parçalan, kana, ey kalp! Gez dolaş, ey bacak! Ey kanat, uç! İleri! Yukarı! Ağrı!" Haydi bakalım! Pekâlâ! Ey benim koca yüreğim: *Istırap der, "Çekil git! Defol!"*

10

Ey yüksek insanlar, ne dersiniz sizler? Ben bir falcı mıyım? Bir hayalci miyim yoksa? Sarhoş muyum? Bir rüya yorumcusu muyum? Ya da bir geceyarısı-çanı mıyım?

Yoksa bir çiğ damlası mıyım? Bir ebediyet buğusu, ebediyet ıtrı mıyım? Duymuyor musunuz? Kokusunu almıyor musunuz? Henüz şimdi dünyam mükemmelleşti benim, geceyarısı öğledir aynı zamanda. –

Istırap bir zevktir aynı zamanda, lanetlemek bir kutsamadır da, gece bir güneştir de, – çekilip gidin! Yoksa öğrenirsiniz ki, bir bilge bir delidir aynı zamanda.

Siz hiç Evet dediniz mi bir tek zevke? Ey dostlarım, öyleyse siz *bütün* ıstıraplara da Evet dediniz. Her şey birbirine bağlıdır, dolanmıştır, tutkundur. –

Siz hiç, bir kez olanın ikinci kez olmasını istediniz mi? Dediniz mi hiç: "Hoşuma gidiyorsun, Mutluluk! Geçme dur! Ah!" Öyleyse siz *her* şeyin geri gelmesini istemiş oldunuz!

–Her şey yeni baştan, her şey ebedi, her şey birbirine bağlı, dolanmış ve tutkun, ah, öyleyse siz *sevdiniz* dünyayı. –

–Siz ey ebedi onlalar, onu siz ebediyen ve bütün zaman için sevdiniz: ıstıraba da siz dersiniz: Çekil git! Defol! Ama gel yine! *Çünkü bütün zevklerin istediği – Ebediyettir!*

11

Her zevk, ebediliğini ister her şeyin, bal ister, tortu ister, sarhoş geceyarısı ister, mezarlar ister, mezar gözyaşlarının tesellisini ister, yaldızlı akşam kızıllığı ister.

–*Ne* istemez ki zevk! O, bütün ıstıraplardan daha susuz, daha candan, daha aç, daha korkunç, daha esrarlıdır: o, *kendini ister, kendini* sokar, halkanın iradesidir onda cenkleşen, –

–O sevgi ister, nefret ister, aşırı zengindir, armağan eder, fırlatır atar, alsın diye birine yalvarır, alana teşekkür eder, nefret edilmekten hoşlanır.

Öyle zengindir ki zevk, susuzluk duyar ıstıraba, cehenneme, nefrete, utanca, sakatlara, *dünyaya,* – bu dünyaya, ah, bilirsiniz siz elbet!

Ey yüksek insanlar, size hasret çeker o, bu zevk, bu zaptedilmez, bu kutlu zevk, – sizin ıstırabınıza hasret çeker, ey başarısızlar! Başarısızlıklara hasret çeker her ebedi zevk.

Çünkü her zevk kendini ister, onun için elemi de ister! Ey saadet, ey ağrı! Ah, parçalan, ey kalp! Ey yüksek insanlar, öğrenin şunu, zevk ebediyet ister.

–Zevk her şeyin ebediliğini ister, *derin ebediliğini ister, derin!*

12

Öğrendiniz mi artık benim türkümü? Anladınız mı ne demek istediğini? Pekâlâ! Haydi bakalım! Ey yüksek insanlar, söyleyin hep beraber artık benim türkümü!

Söyleyin şimdi siz o türküyü, adı "Bir Daha", manası "Bütün Ebediyete!" olan türküyü – söyleyin, ey yüksek insanlar, Zerdüşt'ün korosunda!

Ey insanoğlu! Dinle iyice!
Ne der geceyarısı, derin gece?
"Uyudum, uyudum, –
"En derin uykudan uyandım dedim şöylece: –
"Dünya derin,
"Gündüzün düşündüğünden daha derin
"Istırabı derin, –

"Zevk – gönül ağrısından da derin:
"Istırap der. Silinip git!
"Ebedilik ister ama hepsi zevklerin, –
"–Derin ebedilik ister, derin!"

BELİRTİ

Bu gecenin sabahında Zerdüşt döşeğinden fırladı, kuşağını sardı, mağarasından dışarı çıktı, pırıl pırıl ve güçlü, karanlık dağlardan doğan bir sabah güneşi gibi tıpkı.

"Ey ulu yıldız," dedi, bir zamanlar dediği gibi, "ey derin saadet gözü, kendilerine ışık saçtıkların olmasaydı, saadetin nerde kalırdı!

Ve odalarında kalsalardı şayet onlar, sen uyanmış gelirken, armağanlar verip dağıtırken, kimbilir o mağrur utancın nasıl kızardı!

İşte halbuki onlar hâlâ uyuyorlar, şu yüksek insanlar, ben uyanmış olduğum halde: *onlar* benim hakiki yoldaşlarım değil! Onlar değil benim beklediğim dağlarımda.

Eserime gitmek isterim ben, gündüzüme: ama onlar anlamazlar benim sabahımın belirtilerini, benim adımım onlar için kalk-borusu değil.

Uyuyorlar hâlâ mağaramda; rüyaları hâlâ benim sarhoş türkülerimden içiyor. *Beni* dinleyen kulak, *söz dinleyen* kulak oluşmamış henüz onlarda."

–Bunları söyledi gönlüne Zerdüşt güneş doğarken: sonra yukarılara baktı araştırırcasına, çünkü üstünde keskin çığlığını duymuştu kartalının. "Güzel!" diye seslendi yukarılara doğru, "Hoşuma gidiyor bu, ve tam bana göre. Hayvanlarım uyanmışlar, uyanmış olduğum için ben.

Kartalım uyanmış, benim gibi saygı gösteriyor güneşe. Kartal pençeleriyle kavrıyor yeni ışığı. Sizlersiniz benim gerçek hayvanlarım; seviyorum sizleri.

Ama gerçek insanlarım hâlâ yok!" –

Zerdüşt böyle diyordu; fakat o sırada öyle oldu ki, sanki etrafının üşüşen, uçuşan, sayısız kuşlarla sarıldığını hissetti birdenbire, – ama bunca kanat sesi ve başı etrafındaki üşüşme öylesine büyüktü ki, gözlerini kapadı. Ve gerçek, bir bulut çökmüştü sanki üstüne, bir ok bulutu sanki, bir yeni düşman üstüne boşanan. Ama bakın siz şu işe, bir sevgi bulutuydu bu, bir yeni dost üstüne yağan.

"Ne oluyor bana?" diye geçirdi Zerdüşt hayret içindeki gönlünden, mağarasının çıkış yeri yakınındaki büyük taşın üstüne oturdu yavaşça. Fakat ellerini etrafına, üstüne ve altına sallayarak o narin kuşları kovalarken, bakın hele, daha da garip bir şey oldu o sıra: farkına varmadan sıcak, sık bir tutam yeleyi kavradı eli; aynı zamanda da bir kükreme koptu önünde, – bir uzun, yumuşak aslan-kükremesi.

"Belirti geliyor," dedi Zerdüşt ve bir değişme oldu gönlünde ve gerçekten, daha aydınlanınca önü, orada bir sarı, kuvvetli hayvan yatıyordu ayakları dibinde, dizlerine yaslamıştı başını, – sevgisinden bırakmak istemiyordu Zerdüşt'ü ve eski efendisini yeniden bulmuş bir köpek gibi hareket ediyordu. Güvercinler ise, sevgilerinde geri kalmıyorlardı aslandan; ne zaman bir güvercin hızla geçse burnunun üstünden, aslan başını sallıyor, şaşıyor ve gülüyordu.

Bütün bunlar olurken Zerdüşt bir tek şey söyledi yalnız: "*Çocuklarım yakında, benim çocuklarım,*" – sonra sustu tamamen. Fakat yüreği erimişti, gözlerinden yaşlar damlıyor, ellerinin üstüne düşüyordu. Aldırmıyordu artık hiçbir şeye, oracıkta oturmuş duruyordu kımıldamadan, kovmuyordu artık hayvanları. O sıra güvercinler uçuştular oraya buraya, omzuna kondular, ak saçlarını okşadılar ve sevgilerinden, sevinçlerinden bakmadılar. Fakat kuvvetli aslan Zerdüşt'ün ellerine dökülen gözyaşlarını yalayıp duruyor ve kükreyip homurdanıyordu ürkek ürkek. Böyle yaptılar işte bu hayvanlar. –

Bütün bunlar uzun bir zaman, ya da kısa bir zaman sürdü; çünkü doğrusunu söylemek gerekirse, böyle şeyler için dünyada zaman diye bir şey *yoktur.* – Fakat bu arada, Zerdüşt'ün mağarasındaki yüksek insanlar uyanmışlar, sabah selamını sunmak için, Zerdüşt'ün karşısına çıkmak üzere alay halinde sıralanmışlardı: uyandıklarında zira artık kendi aralarında olmadığını görmüşlerdi Zerdüşt'ün. Fakat mağaranın kapısına vardıklarında ve ayaklarının sesi kendilerinden önce eriştiğinde, ürküp hiddetle sıçradı aslan; birdenbire Zerdüşt'ün yanından ayrıldı ve vahşi vahşi kükreyerek fırladı mağaraya doğru. Ama yüksek insanlar, duyunca aslanın kükremesini, sanki hep bir ağızdan haykırıştılar, geri kaçıştılar ve bir anda kayboldular ortadan.

Zerdüşt ise, sersemlemiş ve bir tuhaf, yerinden kalktı, etrafına bakındı, şaşkın şaşkın durdu orda, gönünle sordu, düşündü ve yalnız kaldı. "Neydi işittiğim!" dedi nihayet yavaşça, "Ne oldu bana şimdi?"

Ve birden yerine geldi hafızası, bir bakışta kavradı dünle bugün arasında olup bitenleri. "Burada işte o taş," dedi, sakalını sıvazladı, "*onun* üstünde oturuyordum dün sabah; burada çıkmıştı falcı karşıma ve ilk burada duymuştum demin duyduğum çığlığı, o büyük yardım çığlığını.

Ey yüksek insanlar, *sizin* sıkıntınızdı ihtiyar falcının dün sabah bana bildirdiği.

–Sizin sıkıntınıza ayartmak, baştan çıkarmak istiyordu beni: 'Ey Zerdüşt,' demişti o bana, 'ben seni ayartmaya geldim son günahına.'"

"Son günahıma mı?" diye haykırdı Zerdüşt ve öfkeli öfkeli güldü kendi sözlerine: "*neymiş* bana ayrılan son günahım olarak?"

–Ve bir daha Zerdüşt kendi içine kapandı ve yeniden oturdu iri taşın üstüne ve düşünceye daldı. Birden ayağa sıçradı:

"*Merhamet! Merhamet yüksek insanlara!*" diye haykırdı ve yüzü değişti, tunç kesildi. "Pekâlâ! O *da* tamamladı vaktini!

Benim ıstırabım ve benim merhametim – ne ola ki bunlardan! Demek ki ben *saadet* için mi çırpınıyorum? *Eserim* için çırpınıyorum ben!

Haydi bakalım! Aslan geldi, çocuklarım yakında, Zerdüşt olgunlaştı, saatim erişti: –

Bu *benim* sabahım, *benim* gündüzüm başlıyor: *gel artık, gel, ey büyük öğle!"*–

Böyle diyordu Zerdüşt; mağarasından ayrıldı, pırıl pırıl ve güçlü, karanlık dağlardan doğan bir sabah güneşi gibi tıpkı.